Exorzismus

Der Autor

Fotograf: Maciej Szymula

Manuel Stübecke ist Theologe und Kulturwissenschaftler. Im Hauptberuf arbeitet er als evangelischer Pfarrer in der Nähe von Hannover (Schwerpunkte u.a. Seelsorge und Ökumene). Im Rahmen seines Promotionsvorhabens hat er sich mit dem historischen Vampirglauben sowie mit dem diesbezüglichen religiösen Diskurs beschäftigt. Zu seinen wissenschaftlichen Schwerpunkten gehören die Auseinandersetzungen mit Weltanschauungsfragen sowie die Bearbeitung von Fragestellungen in interdisziplinärer Perspektive (unter anderem die Rezeption religiöser Themen in Medien). Nebenberuflich war er zudem immer wieder journalistisch tätig. Im Jahr 2019 hatte sein Dokumentarfilm „Erinnerungen und Entwicklungen in Siebenbürgen" über die Zeitgeschichte der rumäniendeutschen Minderheit Kinopremiere.

Manuel Stübecke

EXORZISMUS

Hintergründe und Institutionalisierung einer Praxis – eine kulturgeschichtliche Entdeckungsreise

ldib Verlag

Bibliografische Information der Deutschen Nationalbibliothek
Die Deutsche Nationalbibliothek verzeichnet diese Publikation in der Deutschen Nationalbibliografie; detaillierte bibliografische Daten sind im Internet über http://dnb.ddb.de abrufbar.

Oldib Verlag, Waldeck 14, 45133 Essen
www.oldib-verlag.de, info@oldib-verlag.de

Coverbild: Exorzismus durch den heiligen Franziskus in Arezzo, Gemälde von Giotto

Druck: BoD, Norderstedt

ISBN 978-3-910869-07-3

Inhaltsverzeichnis

Exorzismus – Einleitung zu einer Praxis

Liebe Leserinnen und Leser,

die erste Fassung dieses Vorworts entstand am 5. Oktober 2023 unter den Eindrücken des neuen Exorzist-Films. Den Bundesstart von Der Exorzist – Bekenntnis (bzw. international The Exorcist: Believer) habe ich in einem Brandenburger Provinzkino erlebt. Hier in der Provinz hat der Film keinen würdigen Start erlebt. Außer mir war nur ein junges Paar im Saal. Gerne hätte ich beide im Anschluss etwas gefragt, doch sie waren schon hörbar mit den Vorbereitungen ihres Wochenendes beschäftigt.
Meine Frage hätte gelautet, was sie meinen, vom Film verstanden zu haben. Dies meine ich gar nicht überheblich, sondern in Anbetracht der voraussetzungsreichen Geschichte, die uns über fast zwei Stunden präsentiert wurde. Voraussetzungsreich in Form der christlichen Symbolik, in der Darstellung von christlichen und weltanschaulichen Gruppen – überhaupt in der Darstellung eines Glaubenssystems, das als Grundlage für den *Kampf gegen das Böse* auf der Kinoleinwand herangezogen wird.
Die beiden großen Kirchen in Deutschland (evangelisch und katholisch) sind gemeinsam, von ihren Mitgliederzahlen her, unter die Marke von 50 Prozent gerutscht. In den sogenannten Neuen Bundesländern hat die Geschichte dafür gesorgt, dass viele Menschen keine christliche Sozialisation durchlaufen haben. Es ist also eine naheliegende Vermutung, dass dem Paar, das mit mir im Kinosaal war, einige Aspekte des Films verschlossen blieben (vielleicht irre ich mich).
In den letzten Jahren habe ich verschiedene Filme zum Thema gesehen – alle eint, dass sie sehr voraussetzungsreich sind, will man die theologischen oder kulturgeschichtlichen Anspielungen erfassen. Letztlich geht es gleichwohl um die Unterhaltung, wenn solche Fil-

me gesehen werden. Dieses Buch, das Sie in Ihren Händen halten, trägt als Untertitel *Hintergründe und Institutionalisierung einer Praxis – eine kulturgeschichtliche Entdeckungsreise*. Gerne möchte ich Sie einladen, dieses als *Entdeckungsreise* zu sehen, eine kulturgeschichtliche Entdeckungsreise.

Allerdings will ich betonen: Dieses Buch schreibe ich nicht als Pastor, sondern als Theologe und Kulturwissenschaftler.

Übrigens: Es ist nicht so leicht, über dieses Thema wirklich zu reden. Nicht nur, weil Praktiker (also tatsächliche Exorzisten) dies ungerne tun – schließlich stehen Exorzismen – oder besser gesagt *Befreiungsdienste* – als Seelsorge unter der Schweigepflicht. Tatsächlich ist dieser Dienst weniger schillernd als es die medialen Darstellungen sind – was ja bisweilen im Leben so der Fall ist. Und ach ja, die medialen Darstellungen. Nicht nur hat es der Exorzismus ins Kino geschafft, auch kommt es immer wieder zu Fernsehdokumentationen oder bisweilen zu Zeitungsberichten, wo dieses Themenfeld aufgegriffen wird. Gerne sind es dann Bilder eines Priesters, der, das Kruzifix vor sich herhaltend, in die Kamera blickt. Geradeso als sei die Kamera der Leibhaftige persönlich. Ein katholischer Theologe, den ich im Rahmen einer Forschungsarbeit interviewt habe, verriet mir, dass sich bisweilen Journalistinnen und Journalisten mit wenig Zeit bei ihm melden. Sie seien auf die Kuriositäten aus, auf Fälle, wo er zu beschreiben wüsste, dass sich Personen auf den Boden werfen und mit Bibel und Kreuz ein Kampf gegen das Böse geführt wird. Für die Hintergründe dieser Praxis zeigten sich, so der Theologe, die Journalisten als wenig aufgeschlossen.

Doch genau um diese Hintergründe soll es hier gehen. Wichtig ist dabei zu beachten, dass Exorzismen, die in die Medien geraten, zeitlich gar nicht so weit von uns entfernt sind. Freilich, es gibt den bekannten Fall um die Religionspädagogik-Studentin Anneliese Michel, der hier auch seine Berücksichtigung finden wird. Der Fall ereignete sich in den 1970er-Jahren. Doch so weit müssen wir nicht zurückgehen. Im Jahr 2005 kam es in Rumänien zum Tod einer jungen Nonne mit dem Namen Maricica Cornici. Im Alter von etwa 23 Jahren trat sie in ein ostrumänisches Kloster ein. Fast gleichzeitig wurde bei ihr die Krankheit Schizophrenie diagnostiziert, weshalb sie sich wieder bei den Ärzten vorstellen sollte. Doch zur Wiedervorstellung kam es nicht. Der Vorsteher des Klosters ging davon aus, dass sie vom Teufel besessen sei. Daraufhin schritten er und vier weitere Nonnen zur Tat, um sie zur exorzieren. Im Rahmen dieser Behandlung oder eigentlich einer Folter wurden ihr Nahrung und Wasser verwehrt und sie erfuhr Gewalt. Da es ihr immer schlechter ging, wurde der Notdienst verständigt. Doch ins Krankenhaus kam sie nicht mehr, da sie noch vorher verstarb. Die orthodoxe Kirche Rumäniens übergab den Fall an die Staatsanwaltschaft. Ähnlich wie Fall Michel hatte dies auch kirchenrechtliche Konsequenzen: Die orthodoxe Kirche setzt inzwischen eine psychologische Testung voraus, wenn sich jemand dafür entscheidet, ein Mönch oder eine Nonne zu werden.

Ein Jahrzehnt später, in der Adventszeit des Jahres 2015, starb eine 41-jährige Frau in einem Frankfurter Hotel an den Folgen eines Exorzismus. Das Opfer gehörte einer freikirchlichen Gruppe an und ihr Zustand der Verwirrung mit unkontrollierten Schreien habe Menschen in ihrer Umgebung dazu veranlasst zu glauben, dass sie von Dämonen besessen sei. Im Gegensatz zum Fall in Rumänien war aber kein Theologe während des Exorzismus anwesend. Nach dem Versterben der Frau wurde ein Pastor gerufen, der am Leichnam Spuren von Gewaltanwendung feststellte und die Polizei verständigte.

Kurzum: Das Thema ist brisant. Als ich vor einigen Monaten in einem Podcast darüber sprach, meldete sich ein besorgter Hörer und sagte, er empfände es als schwierig, dass darüber überhaupt geredet werden würde. Psychisch labile Personen könnten dies schließlich alles „glauben“ und sich weiter in etwas hineinsteigern. Dieser Vorwurf lässt sich auch nicht so leicht von der Hand weisen (wobei er natürlich letztlich auch die Filme trifft, die sich mit dem Themenfeld beschäftigen). Es hat seine Gründe, weshalb der Exorzismus in der katholischen Kirche dem priesterlichen Amt zugeordnet ist – eben um damit nicht leichtfertig umzugehen.

Leichtfertig soll auch im Rahmen dieses Büchleins nicht mit dem Themenfeld umgegangen werden. Allerdings ist es als populärwissenschaftliches Buch zur unterhaltsamen Auseinandersetzung mit einem Thema geschrieben worden, welches uns vereinfacht in der Populärkultur begegnet. Das Thema berührt zwar das gesamte Spektrum der Fragestellung, auch Glaubensüberzeugungen und Weltanschauungen, doch eine Auseinandersetzung damit soll auf den folgenden Seiten in religionskundlicher Perspektive geschehen und nicht im Sinne eines praktisch-theologischen Wegweisers. Vielmehr will ich hier und da – quasi am Wegesrand der Reise – auf erzähltechnische Besonderheiten hinweisen. Denn die Erzählmuster um Teufel und Dämonen sind lange schon kulturell verankert. Wenn man also ins Kino geht, um einen Exorzisten auf der Leinwand zu sehen, sieht man auch die Ergebnisse von über 2000 Jahren Kulturgeschichte.

Apropos, dass Exorzismen in Wahrheit weniger schillernd sind: Im Jahr 2021 hatte ich die Möglichkeit an einem öffentlichen Gottesdienst in Polen – einem sogenannten „Befreiungsgebet" – teilzunehmen. Beim Befreiungsgebet handelt es sich um eine vereinfachte Form des Exorzismus. Dieser Gottesdienst enthielt kein Geschrei, niemand warf sich auf den Boden. Es waren einschlägige Texte aus der Bibel zu hören, Lieder, die von Gitarrenklängen begleitet wurden, ein ausführliches Fürbittengebet und die Möglichkeit, individuell den Segen zugesprochen bekommen.

Da Gottesdienste zu meinem Beruf gehören, ist mir das alles nicht fremd. Erstaunt war ich, Fernsehdokumentationen und ein Buch über den Exorzismus in Polen zu lesen (immerhin gehören über 80 Prozent der Bevölkerung des Landes zur katholischen Kirche – wobei Austritte in Polen nicht melderechtlich erfasst werden – und es gab sogar ein eigenes Exorzismus-Magazin). Zu erkennen war für

mich in den Beiträgen eine große Mühe mit Formen verbindlicher Religiosität. Eine verbindliche Religiosität, die *hier*, also im deutschsprachigen Raum, nicht mehr vorausgesetzt werden kann. Die folgenden Seiten, die sich zunächst mit den (biblischen) Hintergründen der Praxis auseinandersetzen und anschließend mit der Institutionalisierung des Exorzistenamtes, enthalten Einschübe und Fußnoten, um Aspekte zu erläutern, die ich nicht als bekannt voraussetzen will und mitunter eine Erinnerungsfunktion haben. Der kundige Leser und Leserin kann dies schnell überblättern.
Lassen Sie sich überraschen und kommen Sie mit auf eine Reise zwischen verschiedenen Zeiten, verschiedenen Ländern und verschiedenen Glaubensvorstellungen.
Kommen Sie mit und: keine Angst.

Ihr

Manuel Stübecke

Exorzismus - Hintergründe zu einer Praxis

Eine Einführung: Wie das Böse in die Welt kam...

Zunächst eine kleine Einführung,[1] denn mit der Bibel, dem *Buch der Bücher* ist es gar nicht so eindeutig, wie man vielleicht meinen könnte. Bei der Bibel handelt es sich nämlich nicht um *ein Buch*, sondern um eine ganze Reihe von Büchern. Der altgriechische Begriff βιβλία *(Biblia)* meint ohnehin den Plural und bedeutet übersetzt eben genau dies: *die Bücher*. Tatsächlich wird zur Erklärung, etwa im Religionsunterricht oder in kirchlichen Unterrichtsformaten (Christenlehre, Konfirmanden- bzw. Firmunterricht), oft das Bild einer Bibliothek verwendet. Im Bücherregal nimmt dabei das sogenannte *Alte Testament* den größten Raum ein. In diesem ersten Teil (daher bisweilen auch *Das Erste Testament*) ist die Geschichte des Volkes Israel mit ihrem Gott zu finden. Judentum und Christentum teilen sich diesem ersten Teil der Bibel. Auf Hebräisch ist dafür der Begriff תנ"ך *(Tanach)* gewählt worden. Dieses Wort leitet sich den Anfangsbuchstaben der Bezeichnungen der in ihr enthaltenen Schriften ab. Der Einfachheit halber sind sie hier in lateinischer Umschrift wiedergegeben: *Tora* (Weisung), *Nevi'im* (Propheten) sowie *Ketuvim* (Schriften). Die Tora umfasst die *Fünf Bücher des Mose*. Diese enthalten im ersten Teil (auf Latein *Genesis*, was *Ursprung* oder *Entstehung* bedeutet) unter anderem die Erzählungen, die sich mit dem Schöpfungsakt Gottes beschäftigten. Gott wird darin als Schöpfer allen Seins vorgestellt, der auch den Menschen erschafft und ihm den *Odem des Lebens* eingibt (Genesis 2,7), wie es Martin Luther übersetzt hat. Rasch kommt mit den ersten Menschen auch das Böse in die Welt. Damit geht es bereits früh los: Die ersten Menschen, Adam und Eva, leben gemeinsam in einem wunderbaren

---

[1] *Wie werden eigentlich Bibelstellen gelesen?*
Erst wird das biblische Buch angegeben, dann das Kapitel und dann der Vers. Auf Abkürzungen der Bücher wird hier verzichtet, nicht aber auf die lateinischen Namen bei den sogenannten fünf Büchern des Mose. Ein Beispiel:
Genesis 2,7 ist das erste Buch Mose, Kapitel 2, Vers 7.

Garten, von dem Gott ihnen sagt, dass sie von allen Früchten des Gartens essen dürfen, nur nicht von jenem Baum in der Mitte des Gartens. Mehr noch, ihnen wird gedroht und erklärt, würden sie davon essen, müssten sie sterben. Die Schlange tritt auf den Plan, die spätere christliche Autoren als den Teufel verstanden. Eva wird von der Schlange verführt, die ihr versichert, sie würde nicht sterben, wenn sie von den Früchten des Baumes esse, sonders es würden ihre „Augen aufgetan“ werden. Sie, also die ersten Menschen, wären dann wie Gott und „wissen, was gut und böse ist“. Der weitere Verlauf der Geschichte ist weitgehend bekannt: Eva findet Gefallen an den Früchten des Baumes und sie gibt auch Adam davon. Gott wandelt durch seinen Garten und bemerkt dabei, dass sich die Menschen vor ihm verstecken. Es stellt sich heraus, dass sich Adam und Eva verstecken, weil sie nackt sind. „Wer hat euch gesagt, dass Ihr nackt seid?“, fragt Gott. Und das Unglück nimmt seinen Lauf: Adam erklärt, dass ihm Eva von der Frucht des Baumes gab und Eva, ja, Eva schiebt es auf die Schlange. Gott vertreibt die Menschen aus dem Garten, der *Eden* genannt wird. Den Mann straft er damit, dass er fortan Mühe haben werde, den Acker zu bestellen, die Frau straft er mit dem Mühen der Schwangerschaft. Auch die Schlange wird nicht verschont, sie soll fortan auf dem Bauche kriechen. Den Zugang zum Garten Eden lässt Gott daraufhin von Engeln versiegeln (Genesis 3,1-24). Dass der *Baum der Erkenntnis* ein Apfelbaum gewesen sein soll, das wird übrigens erst später in der Kunstgeschichte so dargestellt – in der Bibel ist es schlicht ein Baum in der Mitte des Gartens.

Bild 1: Der Garten Eden im Stundenbuch des Herzogs von Berry
Dieses Bild stammt aus dem 15. Jahrhundert und ist dem sogenannten *Stundenbuch des Herzogs von Berry* entnommen. Dargestellt wird die schicksalhafte Geschichte der ersten Menschen im Garten Eden.

Doch nicht genug der bösen Untaten: Zu den ersten Menschen, von denen die biblische Urgeschichte berichtet, gehören auch Kain und Abel. Beide sind die Söhne von Adam und Eva. Die Brüder werden als Ackerbauer und als Hirte dargestellt, womit sie ganz ursprüngliche Berufe ausüben, die sich in der Menschheitsgeschichte herausgebildet haben. Kain, der Bauer, und Abel, der Hirte, wollen Gott etwas von dem opfern, dass sie produziert haben. Das Unglück nimmt seinen Lauf, indem Gott die Gabe Abels annimmt und die von Kain ausschlägt. Kain wird aus diesem Grund zornig und erschlägt seinen Bruder. Daraufhin wird Kain von Gott vertrieben, er bekommt ein Zeichen von Gott, das ihn zwar als Mörder kennzeichnet, ihn aber doch vor Blutrache schützt, das *Kainsmal*. Kain macht sich damit auf ins Land Nod (Genesis 4,1-16).

Beide Geschichten erzählen davon, wie die *Sünde* in die Welt kam. Was bedeutet denn eigentlich *Sünde*? Insbesondere in der katholischen Theologie haben sich darum viele Vorstellungen entwickelt. So gibt es die *lässliche Sünde*, welche sich vom Lateinischen *peccatum veniale* herleitet. Übersetzt bedeutet der Begriff, dass es sich um eine *verzeihliche Sünde* handelt. Diese kleineren Sünden führen zwar zu einer Störung der Gottesbeziehung, sind aber kein Anlass, insbesondere in mittelalterlicher Vorstellung, für die Reinigung der Seele im Fegefeuer. Problematisch sind allerdings die *Sieben Todsünden*. Hier gibt es einen ganzen Katalog von Verfehlungen, die darunter gefasst werden. Dazu gehören unangebrachter Stolz und Eitelkeit (*Superbia*), eine besondere Habgier aber auch ein Geiz (*Avaritia*), die Wollust (*Luxuria*). Gemeint sind Ausschweifungen jeglicher Art, insbesondere sexuelle, der Zorn und die Rache (*Ira*), die Maßlosigkeit, also die Völlerei beim Essen (*Gula*), der Neid (*Individia*) sowie abschließend die Faulheit, die blumig auch Trägheit des Herzens genannt wird (*Acedia*).

Heute, wo die Beichte auch immer mehr aus der Alltagspraxis von Katholikinnen und Katholiken verschwindet, verkommt der Sündenbegriff. Im modernen Sprachgebrauch gibt es kleine Sünden,

wie zum Beispiel eine ganze Tafel Schokolade auf einmal zu essen oder es ist eine Modesünde, falsche Farben miteinander zu kombinieren. Die Beichte, welche die *Gewissenserforschung* beinhaltet, hat eigentlich eine entlastende Funktion. Der beichtende Mensch soll sich von dem, was seine Gottesbeziehung, seine Beziehung zu seinen Mitmenschen und/oder zu sich selbst belastet, befreien können. Dazu gehört, dass die Person, die beichtet, vom Priester an die Schuldvergebung erinnert wird, sofern sie denn aufrichtig bereut. Dies wiederum gehört zur Theologie des Neuen Testaments, worauf an späterer Stelle eingegangen werden wird (die Vergebung des Schuld aufgrund des Ostereignisses).
Doch verdeutlicht der Blick in die Geschichten um Adam und Eva oder um Kain und Abel Folgendes: Diese *Ursünde* (oder auch die *Erbsünde*), die Vertreibung aus dem Paradies, aus dem Garten Eden, hat eine topographische Konsequenz. Während die ersten Menschen den biblischen Erzählungen nach in paradiesischen Zuständen in unmittelbarer Nähe zu Gott lebten, führt die Vertreibung aus dem Paradies zu einer Entfernung von Gott. Damit ist die *Sünde* eine Art Zustandsbeschreibung: Der Mensch lebt im Diesseits in einer Entfernung zu Gott, die er durch sein Handeln verringern oder erhöhen kann.
Und dieses Ringen der Menschen mit ihrem Gott, ihre Entfernung zu ihm, das bleibt weiter ein Thema der biblischen Schriften. In Genesis 6,5-8,19 wird die Geschichte der Sintflut erzählt. Oftmals wurde aufgrund des Charakters der Geschichte daraus die *Sündenflut* gemacht. Dies geschah insbesondere ab dem 13. Jahrhundert. Doch tatsächlich legen Ableitungen aus dem mittel- bzw. althochdeutschen nahe, dass die damaligen Begriffe „sin(t)vluot" oder „sin(t)fluout" für eine allumfassende Überschwemmung gestanden haben und damit für eine Urerfahrung der Menschheit. Sintflutberichte finden sich in verschiedenen altorientalischen Erzählungen, zum Beispiel im Gilgamesch-Epos oder im Etana-Mythos. Aber auch indische, isländische und viele weitere Kulturen haben entspre-

chende Geschichten in ihrem Repertoire. Doch zurück zum Alten Testament. Die Einleitung zur Sintflut-Erzählung mutet geradezu phantastisch an (Genesis 6,1-4):

> *Gottessöhne und Menschentöchter*
> 1 Als aber die Menschen sich zu mehren begannen auf Erden und ihnen Töchter geboren wurden, 2 da sahen die Gottessöhne, wie schön die Töchter der Menschen waren, und nahmen sich zu Frauen, welche sie wollten. 3 Da sprach der HERR: Mein Geist soll nicht immerdar im Menschen walten, denn er ist Fleisch. Ich will ihm als Lebenszeit geben hundertzwanzig Jahre. 4 Es waren Riesen zu den Zeiten und auch danach noch auf Erden. Denn als die Gottessöhne zu den Töchtern der Menschen eingingen und sie ihnen Kinder gebaren, wurden daraus die Riesen. Das sind die Helden der Vorzeit, die hochberühmten.

Auffällig ist an dieser Einleitung, dass Gott die Lebenszeit begrenzt. Der *Odem des Lebens* wird nunmehr zu einer Leihgabe.[2] Außerdem ist von Gottessöhnen und von Riesen die Rede, die sich mit Menschenfrauen fortpflanzen. Es würde den Rahmen dieser Betrachtungen sprengen, doch ein kleiner Ausblick, der später noch einmal wichtig werden wird: Mit dem Herausbilden der *Prä-Astronautik* suchten Menschen nach Spuren vermeintlicher raumfahrender Spe-

---

[2] *Ein Wort zu den Seelenvorstellungen...*
Wie bereits deutlich wurde, zum Beispiel katholischen Vorstellungen nach, kann sich der Mensch so sehr in der Sünde verstricken, dass seine Seele einer Reinigung im Fegefeuer bedarf. Diese Vorstellung kam insbesondere im Mittelalter auf. Wenn im Alten Testament vom *Odem des Lebens* die Rede ist, steht dort im Hebräischen רוּחַ (Ruach). Das Wort ist lautmalerisch und meint den Windhauch. Später wurde dies in christlicher Interpretation auch als Heiliger Geist begriffen, der lebendig macht. Ebenfalls findet sich im Alten Testament das Wort נפש (Nephesch), was *Lebensenergie* oder *Leidenschaftlichkeit* bedeuten kann. Oft wurde dieses Wort mit *Seele* übersetzt, doch können unsere gegenwärtigen Seelenkonzeptionen nicht unmittelbar auf damalige Vorstellungen angewendet werden. Ein sogenannter Leib-Seele-Dualismus hat sich geistesgeschichtlich wohl erst später herausgebildet.

zies, unter anderem in den biblischen Schriften. In phantastischer Interpretation entstand, ergänzend zum zitierten Abschnitt, die Vorstellung, dass Außerirdische zeitweilig auf der Erde lebten, die so groß gewachsen waren, dass die Menschen sie für Riesen hielten. Wieder andere hielten sie aufgrund ihrer Fähigkeiten für die Söhne von Göttern. Im 20. Jahrhundert ist ein Wandel feststellbar: Während es vorher, je nach kultureller Prägung, Berichte von Personen gab, die meinten, dass sie Kontakt mit Engeln hatten, von diesen sogar mitgenommen wurden, oder gar in Kontakt mit Dämonen wären, mit diesen womöglich verkehrten, wird dieses Motiv durch das Auftauchen des UFO-Phänomens immer mehr verdrängt durch Erzählungen über Entführungen durch Außerirdische. Diese Geschichten folgen dabei ähnlichen Grundmustern. So sind es nicht mehr Dämonen, die sich an Menschen vergehen, sondern Aliens. Doch zurück zur Sintflut (Genesis 6, 5-8):

> *Ankündigung der Sintflut*
> 5 Als aber der HERR sah, dass der Menschen Bosheit groß war auf Erden und alles Dichten und Trachten ihres Herzens nur böse war immerdar, 6 da reute es den HERRN, dass er die Menschen gemacht hatte auf Erden, und es bekümmerte ihn in seinem Herzen, 7 und er sprach: Ich will die Menschen, die ich geschaffen habe, vertilgen von der Erde, vom Menschen an bis hin zum Vieh und bis zum Gewürm und bis zu den Vögeln unter dem Himmel; denn es reut mich, dass ich sie gemacht habe. 8 Aber Noah fand Gnade vor dem HERRN.

Noah, von dem die Rede ist, wird damit beauftragt ein großes Schiff zu bauen, eine *Arche*. Gott setzt die Welt auf *Reset*: Die Sintflut vernichtet die Menschen, die böses tun. An Bord der Arche geht Noah mit seiner Familie und mit Tieren, um eine neue Zivilisation aufzubauen. Die Geschichte schließt mit einem Bund zwischen Gott und Noah, einen von vielen Bünden zwischen Gott und den Menschen, von denen die Bibel erzählt (Genesis 8). Den Bund schließen sie, nachdem Noah mit seiner Arche nach Tagen des Regens und Wochen auf dem Wasser wieder festes Land erreicht hat und Gott ein Brandopfer darbringt. Doch auch dieser *Reset* misslingt: Schon in Genesis 11 versuchen sich die Menschen am *Turmbau zu Babel*. Die Erbauer des Turms wollen Gott gleich werden und ein Bauwerk errichten, das bis in den Himmel reicht. Zu einer Sintflut oder etwas Ähnlichem kommt es nicht. Gott verwirrt ihre Sprache, so dass die Bauleute sich nicht mehr miteinander koordinieren können und das Vorhaben abbrechen.

Bild 2: Turmbau zu Babel
Der französische Maler Gustave Doré nahm sich 1865 die biblische Geschichte um den Turm zu Babel und die damit verbundene Sprachverwirrung zum Vorbild dieser Bibelillustration.

Wie bei der Sintflut ist davon auszugehen, dass damit auch eine grundsätzliche Erfahrung der Menschheit in erzählerische Form gegossen wurde: Die Gründung der ersten Städte verwirrt den Menschen, die Anpassung an diese neue Lebensart führt zu neuen Konflikten. Dass Stadtbewohner in Sünde leben, und damit in größerer Entfernung zu Gott, zeigt sich dann noch einmal an den Sündenpfuhlen Sodom und Gomorra (Genesis 18 und 19). Abraham[3], eine wichtige Person innerhalb der biblischen Erzählung, wird in Gestalt von drei Engeln darüber informiert, dass Gott die Städte zerstören will – wieder einmal eine Tilgung des Bösen auf Erden, nach der Sintflut. In Sodom lebt sein Neffe Lot mit seiner Familie, der daraufhin ebenfalls von Engeln gewarnt wird. Die Geschichte endet mit der Zerstörung der Städte, auf die es Feuer und Schwefel regnet (im Übrigen auch eine Projektionsfläche der Prä-Astronautik, die in den Engeln Raumfahrer sehen wollen, welche auserwählte Personen vor einem Nuklearangriff warnen).

Das zweite Buch Mose, das *Exodus* (Auszug) heißt, bringt Mose selbst auf den Plan. Später wurden ihm diese Bücher zugeschrieben, er ist also nicht der Autor. Im *Exodus*-Buch brechen die Israeliten aus der Sklaverei in Ägypten auf, um in ein Land zu gehen, das Gott ihnen versprochen hat. Nicht nur auf dem Weg, sondern auch später reißen die Probleme nicht ab. Sowohl das Ringen mit Gott

[3] *Abrahamitische Religionen*
In Genesis 12,1-3 erhält Abraham eine Verheißung Gottes: Er soll zum Vater eines großen Volkes werden. Abraham gilt als Religionsstifter, die abrahamitischen Religionen zählen zu den Schriftreligionen, da in ihren Heiligen Schriften die Geschichten der Menschen mit Gott festgehalten sind. Die Schriften des Judentums wurden etwa 800 bis 250 vor Christus zusammengefasst, das heißt kanonisiert (für Heinrich Heine ist die hebräische Bibel die *portative Heimat* der Juden, also die tragbare Identität, die auch ins Exil mitgenommen werden kann). Das bedeutet, es wurde festgelegt, welche Schriften dazu gehören. Aus dem Judentum heraus entstand eine Jesus-Bewegung, aus der wiederum das Christentum wurde. Schriften dazu wurden etwa im Jahr 400 kanonisiert. Der Islam ist die jüngste der großen abrahamitischen Religionen und entstand etwa im 7. Jahrhundert nach Christus. Auch der Koran, die Heilige Schrift des Islam, berichtet von Jesus, dort heißt er ʿĪsā ibn Maryam (Jesus, Sohn der Maria). Aber er gilt hier, ebenso wenig wie im Judentum, nicht als Messias. Im Koran wird er zu den Propheten gezählt.

führt zu Problemen, wie auch die Konflikte zwischen den Menschen. Es sind nicht nur Gotteserfahrungen, von denen biblische Autorinnen und Autoren berichten, sondern auch Erfahrungen über das Menschsein als solches. Die Bücher des Alten Testaments berichten von Königen und von Propheten, sie enthalten Lieder (Psalme) und Weisheitsliteratur. Immer wieder verstricken sich die Menschen selbst in der Sünde, im Bösen und die Propheten rufen sie zur Umkehr auf. Ebenfalls findet sich in der Prophetie ein Versprechen auf den משיח (Messias), was übersetzt *Gesalbter* bedeutet, also jemand, der wie ein König gesalbt wurde und das Volk Israel retten soll. Ja, man könnte sagen, es soll jemand kommen, der das Böse endgültig überwinden wird. Der hebräische Begriff wurde in die griechischen Schriften als Χριστός übertragen: *Christus.*
Übrigens hierzu ein Witz eines Rabbis:
Wer hat Recht? Das Judentum oder das Christentum? Wenn am Ende aller Tage der Messias kommt und sagt: *„Leute, endlich bin ich da!"* dann haben die Juden Recht. Wenn der Messias aber sagt: *„Leute, wie schön, dass ich wieder bei euch bin!"* Dann haben die Christen Recht. Bis dahin gibt es keinen Grund, sich zu streiten.
Doch zurück zum *Bösen*: Es wird deutlich, dass sich das Ringen um *Gut* und *Böse* durch das Alte Testament zieht. Philosophisch betrachtet, ist das natürlich gar kein einfaches Thema. Das, was als *böse* angesehen und das, was als *gut* angesehen wird, das kann ganz individuell abweichen. Philosophisch betrachtet, gibt es dafür keine Norm. Dennoch kann es einen gesellschaftlichen Konsens geben. In den verschiedenen heiligen Schriften der Menschheit wird dieser Konsens sozusagen für eine Gruppe von Menschen, für die Gläubigen, normiert. In den Büchern Exodus (Exodus 20,2-17) und Deuteronomium (Deuteronomium 5,6-21), dem fünften Buch Mose, finden sich beispielsweise die Zehn Gebote. Dazu gehören unter anderem das Tötungsverbot, das Verbot zu stehlen oder das Verbot des Ehebruchs. In den ersten zwei Aspekten wird sich sicher ein sehr breiter gesellschaftlicher Konsens finden (wobei auch anzumerken

ist, dass zum Beispiel die Todesstrafe stets zu Diskussionen mit einer großen Meinungsvielfalt führt). Doch schon beim ersten Gebot („Ich bin der HERR, dein Gott, du sollst keine anderen Götter haben neben mir.“) zeigt sich, dass diese Regelungen nur von einer bestimmten Gruppe von Menschen angenommen werden. Auch wenn im Buch Exodus erzählt wird, dass Mose auf dem Berg Sinai die Gebote auf Steintafeln von Gott erhielt (die er in erster Auflage zerschlug, als das Volk am Fuß des Berges um ein goldenes Kalb tanzte, wovon wir noch lesen werden), ist forschungsgeschichtlich davon auszugehen, dass diese Regelungen über lange Zeit mündlich weitergegeben wurden und in den biblischen Büchern, in zusammengefasster Form und eingebunden in eine Erzählung, Einzug gehalten haben.
Was Gott selbst als gut ansieht, davon berichten die Schriften des Alten Testaments. So sah er etwa den Schöpfungsakt als gut an: „Und Gott sah, dass es gut war.“ (Genesis 1,12). Der regelhaften Vorstellung nach ist es der Teufel, der diese *gute* Ordnung durcheinanderbringt. Ihm wollen wir uns gleich eingehender widmen – vorläufig seiner Rolle im Alten Testament. Doch in der biblischen Prophetie ist hier gar kein so offenkundiger Dualismus zu entdecken: *Gott = gut / Teufel = böse*. So etwa beim Propheten Jesaja. In Jesaja 45,6b-7 ist zu lesen:

> 6b Ich bin der HERR, und sonst keiner mehr, 7 der ich das Licht mache und schaffe die Finsternis, der ich Frieden gebe und schaffe Unheil. Ich bin der HERR, der dies alles tut.

Bei Jesaja ist also Gott im Hintergrund von allem, was gut ist, und von allem, was böse ist.

Der Teufel im Alten Testament

Seit jeher leben Geschichten von Strukturen. Selbst im Alltag, wenn wir Erlebnisse in Form solcher Geschichten weitergeben, dann sind die *guten* Geschichtenerzählerinnen und -erzähler meistens jene, die sich bewusst oder unbewusst an etablierten Erzählformen orientieren. Bei einer Episode aus dem Büro, ist es dann schnell der fiese Chef oder bei einem Nachbarschaftsstreit die schrullige Frau von gegenüber, die einem das Leben schwermachen. Die Geschlechter sind hierbei durchaus bewusst gewählt, denn Erzählungen leben immer wieder auch von Schablonen und manchmal auch vom Schubladendenken. Und das ist durchaus sinnvoll: Durch diese Schablonen bauen Erzählerinnen und Erzähler auf Mustern auf, die sie als bekannt voraussetzen können. Entweder können sie dies pragmatisch nutzen (der geizige Schwabe, ohne schwäbischen Leserinnen und Lesern zu nahe zutreten, dient als geeigneter Prototyp im Witz – ohne die Figur lang und breit einführen zu müssen) oder bewusst mit Erwartungen brechen – und bisweilen kann so ein Erwartungsbruch eine ganz eigene Geschichte werden. Charles Dickens schuf mit *A Christmal Caro*l (*Eine Weihnachtsgeschichte*) eine Geschichte um einen prototypischen miesen Chef, der obendrein auch noch geizig ist: Ebenezer Scrooge. Seinen Wandel vom Saulus zum Paulus (um eine biblische Redewendung zu verwenden), also vom Bösen zum Guten, bildet Rahmen und Struktur von Dickens Erzählung, die erstmalig 1843 veröffentlicht wurde.

Doch grundsätzliche Erzählmuster gehen geschichtlich weit zurück. Die griechische Tragödie kannte verschiedene Figurentypen: Zum einen gab es da den Protagonisten, die Hauptfigur. Spätere Überlegungen zu Erzählungen sahen in dieser Figur die Heldin oder den Helden einer Geschichte. Oft ist die Figur davon getrieben, ein bestimmtes Ziel zu verfolgen und gegen die Widerstände vorzugehen, die sich ihr in der Welt bieten. In klassischen Drei-Akt-Strukturen lernen wir zu Beginn einer Geschichte die Welt in einem Ordnungszustand kennen, während sich das Chaos zusammenbraut, gegen das vorgegangen werden muss. Hinter diesem Chaos steckt dann zumeist der Antagonist. Er ist der Gegenspieler des Protagonisten. Der Antagonist kann als Spiegelbild der Heldin oder des Helden auftreten. Wenn die heldenhafte Figur gut und rechtschaffen ist, dann stellt der Antagonist das genaue Gegenteil dar. Ein großes Beispiel aus der Filmgeschichte ist dabei das *Star Wars*-Universum. Im ersten erschienen Film, der später zur vierten Episode einer ganzen Filmreihe erklärt wurde, *Krieg der Sterne* (1977), war ganz klar der dunkle Lord Darth Vader ein antagonistischer Bösewicht. Später wurde das Vader-Bild vielschichtiger – aus dem Antagonisten wurde eine Figur, die vom Bösen verführt wurde – und das Böse wurde personifiziert durch den durchtriebenen Imperator (oder in der ersten deutschen Synchronisation noch „Kaiser"). Kurzum: teuflisch-verführerische Rollen sind in unseren Storys allgegenwärtig – und das weltweit.

Nun wäre es ein Leichtes, davon auszugehen, dass der Teufel die Rolle des Antagonisten einnimmt. Gewohnheitsmäßig sozusagen. Dies mag für christliche oder christlich-inspirierte Stoffe oftmals der Fall sein, doch lässt sich diese Denkweise auf das Alte Testament – den umfangreicheren Teil der Bibel – nicht anwenden. Auch wenn die biblischen Erzählungen verschiedene Protagonisten und Antagonisten in den Vordergrund rücken (bei der Exodus-Erzählung, dem Auszug aus Ägypten des Volkes Israel, ist der Pharao der Widersacher, dem Mose sagt: „Lass mein Volk ziehen!"; Exodus 9,13), kann hier zunächst auf einen besonderen Protagonisten geblickt werden: auf Gott selbst.

Bereits im vorherigen Abschnitt haben wir erfahren, dass die biblischen Texte Gott eine ganz besondere Rolle zuweisen. Er wird als Schöpfergott vorgestellt, als Erschaffer allen Seins. An der Stelle Exodus 3,14 stellt sich Gott mit einem Namen vor. Mose, von dem wir schon gehört haben, wird von Gott beauftragt: Er soll zum ägyptischen Pharao gehen und für die Befreiung der versklavten Israeliten vorsprechen. Dabei verspricht Gott ihm ein Land. Sein Volk soll in ein Land ziehen, in dem Milch und Honig fließen. Doch Gott offenbart sich ihm nicht in Gestalt eines Menschen.

Gott spricht aus dem Feuer eines brennenden Dornbusches zu ihm. Mose will den Namen dieses Gottes wissen, der sich als Gott der Vorväter vorstellt. Zu Antwort bekommt er: „Ich werde sein, der ich sein werde.“ Hinter dieser kryptischen Angabe steht im Hebräischen das Wort יהוה (JHWH). Da das Hebräische keine Vokale kennt, entstanden dadurch verschiedene Varianten der Aussprache. Zu den populärsten Formen zählen *Jehovah* und *Jahweh*. In verschiedenen Bibelübersetzungen findet sich an entsprechenden Stellen auch oft einfach nur die Übersetzung HERR. Eine andere Bezeichnung ist für Gott das Wort אֱלֹהִים (Elohim). Wie bereits an anderer Stelle festgestellt wurde (denn dies machen sich Phantasten der Prä-Astronautik zunutze, welche sich in der Bibel auf Spurensuche begeben), handelt es sich dabei um einen Plural. Es ist also eigentlich von *den Göttern* die Rede und überlegt werden kann hier, ob es sich nicht um einen *Pluralis majestatis* handelt, also um die pluralisierte Ehrenanrede eines Herrschers.
Es gibt verschiedene Überlegungen und Hypothesen dazu, etwa woher der Name kommt und, ob es eventuell im Vorfeld andere Götter vielleicht ähnlichen Namens gab, die von den nomadischen Völkern in dieser Region verehrt wurden. In Bezug auf JHWH lässt sich aber eine gewisse Karriere auch in den biblischen Schriften nachvollziehen. Vielfach wird folgender Abschnitt (Exodus 13,17-22) als Schlüsseltext dafür gedeutet:

> *Die Wolken- und Feuersäule*
> 17 Als nun der Pharao das Volk hatte ziehen lassen, führte sie Gott nicht den Weg durch das Land der Philister, der am nächsten war; denn Gott dachte, es könnte das Volk gereuen, wenn sie Kämpfe vor sich sähen, und sie könnten wieder nach Ägypten umkehren. 18 Darum ließ er das Volk einen Umweg machen, den Weg durch die Wüste zum Schilfmeer. [...]
> 21 Und der HERR zog vor ihnen her, am Tage in einer Wolkensäule, um sie den rechten Weg zu führen, und bei Nacht

in einer Feuersäule, um ihnen zu leuchten, damit sie Tag und Nacht wandern konnten. 22 Niemals wich die Wolkensäule von dem Volk bei Tage noch die Feuersäule bei Nacht.

Eine Wolkensäule bei Tag und eine Feuersäule bei Nacht. Während es Erklärungen aus dem Glauben heraus gibt, dass diese Verse dafür stehen, dass Gott bildlich gesprochen für die Israeliten auf ihrem Wege immerwährend da war, da er sich ihnen des Nachts und Tags zeigte, gibt es unromantische religionsgeschichtliche Erklärungen: Es gibt die Vermutung, dass diese Verse ein Beleg dafür sind, dass sich der Gott der Israeliten von einem lokalen Wettergott zum alleinigen Gott nach oben gearbeitet hat. Wissenschaftlich wird davon ausgegangen, dass eine erste Verschriftlichung dieser Erzählungen, die vorher nur mündlich weitergegeben wurden, im 9. Jahrhundert vor Christus stattfand. Doch es gibt auch jüngere Bücher, die erst im zweiten vorchristlichen Jahrhundert entstanden und Einzug in das Alte Testament gefunden haben.
In den Zehn Geboten wird eingangs (erstes Gebot) gleich klargestellt: „Ich bin der Herr, dein Gott, du sollst keine anderen Götter haben neben mir." Rasch darauf kommt das Bilderverbot („Du sollst dir kein Bildnis machen", drittes Gebot). Gemeint sind damit Bildnisse, sogenannte Götzen, mit denen sich Menschen andere Götter zuvor verdinglicht hatten, um sie sich so besser vorstellen zu können. Anstatt mit Worten in eine unbestimmte Richtung zu beten, konnte die Götzenfigur angebetet werden. Doch diese anderen Gottesvorstellungen haben in den biblischen Schriften ihre Spuren hinterlassen. Dies betraf aber nicht nur Götter anderer Völker, denen oft das unvorteilhafte Schicksal zuteil wurde, dass sie, wenn man sie denn überhaupt in den Blick nahm, als Dämonen betrachtet wurden. Eine kleine Besonderheit findet sich in der Niederschlagung des *Aschera*-Kults. Ein Engel des Herrn befielt zum Beispiel im Richter-Buch (Richter 6,25) unter anderem einen Aschera-Altar zu zerstören und stattdessen einen Altar für JHWH aufzustellen. Auch

im ersten Buch der Könige (1. Könige 15,13) ist von der Zerstörung eines Aschera-Altars zu lesen und davon, dass Anhängerinnen und Anhänger durchaus ihre berufliche Stellung verlieren konnten, wenn sie am Kult festhielten. Ebenfalls dem ersten Buch der Könige (1. Könige 18,19) ist zu entnehmen, dass dieser Aschera-Kult etwa 400 Propheten im Lande Israel hatte. Das zweite Buch der Könige (2. Könige 23) berichtet schließlich von der brutalen gänzlichen Niederschlagung dieses Kults. Doch wer war Aschera? Aschera war nicht einfach nur eine Konkurrenz-Göttin, wie etwa der Gott *Baal* der Kanaaniter, der auch vielfach in der Bibel erwähnt wird. Während die alttestamentlichen Texte nur davon berichten, wie der Verehrung von Aschera ein Ende gesetzt wird, sind die außerbiblischen Schriftzeugnisse spannend und aufschlussreich: So fand sich beispielsweise an einer Karawanenstation ein Krug, der auf das 8. bis 7. vorchristliche Jahrhundert datiert wurde. Zu lesen ist darauf von JHWH und *seiner* Aschera. Vielfach gehen Interpretationen in die Richtung, dass JHWH, wie es einem altorientalischem Gott gut zu Gesicht stand, im Glauben des Volkes selbstverständlich nebst Gattin verehrt wurde. Doch der Anspruch des Alten Testaments ist deutlich: JHWH ist als alleiniger Gott zu verehren. Ein Alleinherrscher sozusagen. Die abrahamitischen Religionen sind daher *monotheistische Religionen*.[4]

Doch auch ein Alleinherrscher kann nicht alles allein machen: Es gibt die Engel, die Gott dienen. Ein hebräischer Begriff für Engel lautet מַלְאָךְ (Mal'ak) und gemeint ist damit der (Send-)Bote, was deutlich wird an Parallelstellen, in denen es nicht Wesen des himm-

[4] Unter Monotheismus ist bekanntlich der *Glaube an einen Gott* zu verstehen. Daneben gibt es zum Beispiel den Polytheismus, als der Glaube und die Verehrung vieler Götter. Zu unterscheiden ist der Monotheismus von *Monolaterie*. Dies bedeutet wiederum, dass lediglich ein Gott verehrt wird, andere Götter aber anerkennt werden. Der Monotheismus des Volkes Israel stellte ein Novum dar, insbesondere im Vergleich zur Umwelt. Tatsächlich gab es aber frühere Versuche, einen Monotheismus zu etablieren. Zum einen durch den Pharao Echnaton im 14. Jahrhundert vor Christus. Für ihn war Aton der einzige Gott, an den es zu glauben und den es zu verehren galt. Doch damit ging keine Leugnung oder gar Zerschlagung anderer Kultur einher.

lischen Hofstaates sind, die Botschaften an die Menschen bringen, sondern ganz irdische Gesandte. Das deutsche Wort *Engel* leitet sich vom griechischen Begriff ἄγγελος (angelos) ab. Aus diesem Wort heraus entstand der Begriff *Angelologie*, die Lehre über die Engel. Doch auch hierbei handelt es sich um christliche Deutungen vom Bestand der hebräischen Bibel. Über die Erschaffung der Engel schweigen sich die alttestamentlichen Schriften aus. Lediglich ist im Buch Hiob, das im Folgenden noch eine größere Rolle spielen wird, eine Stelle so lesbar (Hiob 38,7), dass bei der Erschaffung der Gestirne die Gottessöhne jubelten. Die Gottessöhne werden vielfach als ein Synonym für die Engel (wir erinnern uns an die Gottessöhne vor der Sintflut). gesehen. Spätere christliche Autoren (mutmaßlich keine Autorinnen) schlussfolgerten hieraus, dass diese Stelle so zu deuten wäre, dass die Erschaffung der Engel vor dem vierten Tag stattgefunden haben müsste, da der vierte Tag durch die Erschaffung der Gestirne gekennzeichnet ist (Genesis 1). Die Engel werden im Alten Testament in menschlicher Gestalt präsentiert. So bekommen der Stammvater Abraham und seine Frau Sara (Genesis 18; bzw. zuvor Abram und Sarai). beispielsweise Besuch von drei Engeln, die als Männer auftreten.
Vielfach ist in der Forschung diskutiert worden, ob die Engel nicht vorher Lokalgötter waren, die im Zuge des Monotheismus in den Hofstaat von JHWH aufgenommen wurden. Das bedeutet konkret, dass manche Figuren, die lokal als Götter verehrt wurden, weiterhin positiv betrachtet wurden. Ihnen konnte dann eine Funktion als Engel zugeschrieben werden. Wurden sie allerdings negativ wahrgenommen, dann war der Stempel „Dämon“ vorprogrammiert. Diese Annahme stellt nur eine Interpretationsmöglichkeit der Religionsgeschichte dar, dennoch kann es helfen, das Verhältnis zwischen Engeln und Dämonen nähern zu bestimmen.
Doch bleiben wir zunächst bei den Engeln: Die Texte des Alten Testaments beschreiben verschiedene Gruppen von Engeln, wie die *Cherubim* und die *Seraphinen*. Die Seraphinen sind nicht menschen-

ähnlich, wovon der Prophet Jesaja (Jesaja 6,1-7) zeugt, in dessen Beschreibung die Seraphinen sechs Flügel haben. Auch einem Cherub (der Singular von Cherubim) werden Flügel zugeschrieben. Die Cherubim sind Engel mit Schutzfunktionen (aber keine Schutzengel). So schützen sie den Garten Eden nach der Vertreibung der Menschen aus dem Paradies (Genesis 3,24) und beim Propheten Hesekiel (Hesekiel 28,14-16) den Berg Gottes. Eine besondere Rolle im biblischen Hofstaat nehmen die sogenannten *Erzengel* ein.

Bild 3:
Darstellung eines Seraph
Eine mittelalterliche Darstellung eines Seraph.

Im biblischen Buch Tobit (Tobit 12,15) stellt sich einer der Erzengel vor, er nennt sich Rafael. Erzengel stammen aus einem besonderen Kreis von sieben Engeln. Der Begriff *Erzengel* tauchte aber wohl zunächst prominent im Buch Henoch[5] auf, das nicht in die Schriften des Alten

[5] *Apokryphen und Pseudepigraphien*
Die heutigen Texte, die man in einer Bibel vorfindet, sind kanonisiert worden, darauf wurde bereits eingegangen. „Kanon“ bedeutet „Richtschnur“. Doch was ist mit den Texten, die sich dieser Richtschnur nicht zuordnen lassen? Die sogenannten Apokryphen gelten als außerkanonische Schriften. Das Wort kommt vom griechischen ἀπόκρυφος (apokryphos) und heißt „dunkel“ oder „verborgen“. Oftmals sind diese Bücher im Umfeld der biblischen Schriften entstanden, ihnen wurde aber nicht die Autorität zugesprochen (das konnte auch theologische Grunde habe, wie etwa eine zu sehr abweichende Lehre, die nicht in den Gesamtkontext passte oder auch ein Anzweifeln der historischen Zufälligkeit konnte ein Ausschlusskriterium sein) oder sie spiel-

Testaments eingeordnet, also im Prozess der Kanonisierung berücksichtigt wurde. Die Vorsilbe „Erz“ geht auf einen griechischen Ursprung zurück, der Begriff ἀρχή (archē) lässt sich übersetzen mit „Führung“. Eine interessante Übertragung ist dabei das Wort „Engelsfürst“. Im Buch Daniel wird der Erzengel Michael als ein solcher bezeichnet (zum Beispiel Daniel 10,13 und Daniel 12,1). Neben Michael und Rafael sind Gabriel und Uriel wohl am bekanntesten. Im Henoch-Buch gesellen sich dazu noch Raguel, Sariel und Remiel.

Kennen Sie den fiktiven Geisterjäger *John Sinclair*? Seit dem Jahr 1973 begeistert diese Figur, die vom Autor Jason Dark (bzw. bürgerlich Helmut Rellergerd) erdacht wurde, nicht nur Leserinnen und Leser, sondern seit einigen Jahrzehnten auch Hörspielhörerinnen und -hörer. Die Erzengel Michael, Gabriel, Raphael und Uriel werden auch von Sinclair angerufen, wenn es gegen die Dämonen zur Sache geht. Übrigens: Im Jahr 1997 erschien auf dem zweiten Rammstein-Album *Sehnsucht* das Lied „Engel“. Zu hören ist darin: „Gott weiß, ich will kein Engel sein“. Hier kann eine Entwarnung gegeben werden, denn es besteht jüdisch-christlicher Vorstellung nach keine Gefahr, dass ein Mensch zum Engel wird. Die Engel stellen demnach eine ganz andere Kategorie der Schöpfung dar.

Wir wollen kurz rekapitulieren:

Wir haben Gott als Protagonisten etwas weiter kennengelernt. Gott als alleiniger Herrscher, der die Engel schuf, ihm zu dienen. Um einen möglichen Kandidaten für die Rolle des Antagonisten sind wir bislang erfolgreich herumgeschlichen. Doch dieser Antagonist reiht sich in die Liste der Engel ein. Denn: Das Daniel-Buch beschreibt einen Kampf des Engelsfürsten Michael. Spätere Vorstellungen gingen davon aus, dass er damit einen anderen, einen weiteren Engelsfürsten, bekämpft haben wollte. Diese Vorstellungen gelten als le-

---

ten in der Tradition nur eine untergeordnete Rolle. Übrigens ließ ein bedeutender Name, wie etwa Buch des Mose, noch längst keinen Rückschluss auf die Autorenschaft zu. Vielfach sind diese Bücher Pseudepigraphien, das bedeutet, dass aus unterschiedlichen Grüßen anderen Personen diese Texte zugeschrieben wurden.

gendarische Ergänzungen zu den biblischen Schriften. Auch wenn es im Daniel-Buch nicht erwähnt wird, soll es sich bei Michaels Widersacher um *Lucifer* gehandelt haben. Ein Name, der uns in den Betrachtungen des Neuen Testaments noch einmal begegnen wird. Bei ebenjenem Widersacher soll es sich – wohlgemerkt entsprechenden Legenden nach, nicht den biblischen Schriften – um einen weiteren Engel gehandelt haben, der im himmlischen Hofstaat eine Revolte anzettelte und dann im Verlauf des phantastischen Kampfes in die Hölle hinab gestürzt wurde. Bei diesem sind wir nun bei dem großen Unbekannten angekommen.

Der katholische Dogmatiker[6] Willibald Sandler vertritt in einem Text auf der Seite der Universität Innsbruck, dass sich „nur im Rahmen eines unangefochtenen Eingottglaubens“[7] Vorstellungen von Teufel und Dämonen etablieren konnten. Dieser Auffassung soll nicht weiter nachgegangen werden, da sie religionskundlich durchaus diskutierbar wäre. Doch spielt die Aussage auf einen Dualismus an: Protagonist und Antagonist, Gut gegen Böse, Gott gegen Teufel. Der Alleinherrscher benötigt einen Gegenspieler, der seine gute Ordnung durcheinander wirbelt. Doch hier mag man ins Staunen geraten: Im Alten Testament ist der Teufel mitnichten ein gewiefter Gegenspieler. Der Teufel ist kein James Bond-Bösewicht, der in der Hölle seine Pläne zur Vernichtung ersinnt und von dort aus seine

[6] *Theologische Disziplinen*
Die im Text erwähnte Dogmatik ist die „Glaubenslehre“. Während sie in der katholischen Theologie einen eigenen Bereich darstellt, ist sie in der evangelischen Theologie zusammen mit der Ethik Teil der systematischen Theologie. Klassisch gehören zu den theologischen Disziplinen noch die Bibelwissenschaften (Altes Testament und Neues Testament), die Kirchengeschichte (bisweilen auch zusammen mit der Theologie- und Dogmengeschichte, wobei sich diese Themen auch in der systematischen Theologie wiederfinden können) und die Praktische Theologie (hierzu gehören in erster Linie die Liturgie, also die Gestaltung von gottesdienstlichen Handlungen, die Homiletik, die Predigtlehre, die Poimenik, also die Seelsorgelehre) sowie die Religionspädagogik. Vielfach gehören heute zu einem theologischen Studium auch Einführungen in die Religionswissenschaften. Das sogenannte Kirchenrecht, das nicht nur das Staatskirchenrecht umfasst, sondern auch die kirchlichen Ordnungen, ist ebenfalls Teil dieses Fächerkanons.

[7] Der Link findet sich im Literaturverzeichnis.

Schergen, die Dämonen, befehligt. Tatsächlich kann der Teufel des Alten Testaments zu den Engeln gezählt werden.
Bezeichnet wird der Teufel mit dem Begriff שָׂטָן (śāṭān), der sich wortgeschichtlich nicht ganz erklären lässt. Das Wort *Satan* kann im Alten Testament durchaus einen *Gegner* oder (politischen) *Widersacher* meinen. In verwandten Sprachen kann der Satan auch ein Rädelsführer sein oder ein Herumtreiber – es ist also keineswegs eindeutig. In der *Septuaginta*, in der griechischen Übertragung des Alten Testaments, haben sich die Übersetzer für einen bestimmten weiteren Begriff entschieden, um eine Angleichung an das Neue Testament zu schaffen, wenn eine bestimmte Figur gemeint ist: Διάβολος (Diábolos – hierfür leitet sich dann auch unser Wort *Teufel* ab). Wobei sich dieser Diábolos als *Durcheinanderbringer* übersetzen lässt; also einer, der Chaos stiftet. Er bringt also Unordnung in die göttliche Ordnung. Begrifflich benannt wird der Satan nur an wenigen Stellen des Alten Testaments. Im ersten der Chronik-Bücher „reizt" er den israelischen König David, er stellt sich gegen Israel und bringt den König dazu, eine Volkszählung durchzuführen. Satan als Wutbürger, der den Verwaltungsapparat durch sinnfreie Maßnahmen lahmlegt? Beim Propheten Sacharja wird der Satan in einer Weise dargestellt, die später zu einer Rollenzuweisung im Rahmen der Betrachtung des Alten Testaments werden sollte (Sacharja 3,1-7):

> 1 Und er ließ mich sehen den Hohenpriester Jeschua, wie er vor dem Engel des HERRN stand, und der Satan stand zu seiner Rechten, um ihn zu verklagen. 2 Und der HERR sprach zum Satan: Der HERR schelte dich, du Satan! Ja, der HERR schelte dich, der Jerusalem erwählt hat! Ist dieser nicht ein Brandscheit, das aus dem Feuer gerettet ist? 3 Jeschua aber hatte unreine Kleider an und stand vor dem Engel, 4 der anhob und sprach zu denen, die vor ihm standen: Tut die unreinen Kleider von ihm! Und er sprach zu ihm: Sieh her, ich

> nehme deine Sünde von dir und lasse dir Feierkleider anzie-
> hen. 5 Und ich sprach: Setzt ihm einen reinen Kopfbund auf
> sein Haupt! Und sie setzten ihm den reinen Kopfbund auf
> sein Haupt und zogen ihm Kleider an, und der Engel des
> HERRN stand dabei. 6 Und der Engel des HERRN bezeugte
> es Jeschua und sprach: 7 So spricht der HERR Zebaoth: Wirst
> du in meinen Wegen wandeln und meinen Dienst recht verse-
> hen, so sollst du meinem Haus Recht sprechen und meine
> Vorhöfe bewahren. Und ich will dir Zugang zu mir geben
> mit diesen, die hier stehen.

Auffällig ist, dass hier der Satan nicht nur namentlich benannt und dann fortan als „Engel des HERRN" bezeichnet wird, sondern ihm auch eine Funktion zugewiesen wird: Er steht rechts neben dem Alleinherrscher und er *verklagt*. Er ist ein Kläger oder, wie vielfach interpretiert: Er hat im Alten Testament die Rolle von einer Art Staatsanwalt.

Bild 4: Darstellung des Teufels von Doré
Eine Illustration von Gutave Doré (1866) zu *Paradise Lost* vom englischen Dichter John Milton (1667). In Miltons Werk wird die Geschichte des gefallenen Engels Satan erzählt, der dafür sorgt, dass Adam und Eva aus dem Garten Eden vertrieben werden und der selbst in die Hölle herabstürzt. Man beachte die Flügel, die ihm tatsächlich etwas Engelhaftes geben können, oder etwa nicht? Und die Schlange, die darf hier natürlich bereits nicht mehr fehlen.

Unlängst prominenter ist aber sein Auftritt im Buch Hiob. Zu Beginn des Buches wird Hiob als ein reicher und glücklicher Mann vorgestellt (Hiob 1). Er hat eine große Familie und besitzt siebentausend Schafe, dreitausend Kamele, fünfhundert Rinder, fünfhundert Eselinnen und allerhand Gesinde. Also von allem jede Menge. Er war sicherlich ein Großunternehmer. Doch gleichzeitig ist er vor allem eines: Hiob ist fromm. Hiob hält sich vom Bösen fern, er lobt und preist Gott und bringt ihm Opfer dar. Der Satan tritt mit weiteren Engeln (hier bezeichnet als Gottessöhne) vor Gott und erklärt, dass er „die Erde hin und her durchzogen" habe, so jemand wie Hiob, der sei ihn kein zweites Mal begegnet. Der Satan hat eine Vermutung: Er glaubt, dass Hiob nur so gottesfürchtig ist, weil er so viel besitzt, weil es ihm gut geht, weil ihm vom Gott so viel geschenkt wurde. Der Satan ist davon überzeugt, wenn ihm dies alles genommen wird, dann wird Hiob vom Glauben abfallen. Es geschieht etwas Unfassbares: Gott will dies prüfen lassen und sagt zum Teufel (Hiob 1,12): „Siehe, alles, was er hat, sei in deiner Hand; nur an ihn selbst lege deine Hand nicht." Das Unheil nimmt seinen Lauf: Hiob wird alles genommen, zuerst verliert er das Vieh und dann seine Kinder. Dennoch lehnt er sich nicht gegen Gott auf. Zu Beginn des zweiten Kapitels denkt der Satan, dass es Hiob immer noch zu gut geht. Ja es wird noch schlimmer, der Satan meint, würde Hiob noch mehr verlieren, dann würde er sich gegen Gott stellen. Gott erlaubt dem Teufel, noch weiterzugehen, unter der Voraussetzung, dass Hiob am Leben bleibt (Hiob 2,6). Hiob erkrankt, er hat Geschwüre am ganzen Körper. Seine Frau fordert ihn auf, sich doch nun von Gott abzuwenden. Ab dem dritten Kapitel beginnt die Klage Hiobs und es kommen seine Freunde, die in den Kapitel 4 bis 37 versuchen ihn zu trösten. Dabei gehen sie davon aus, dass er doch etwas getan haben muss, dass es ihm darum so schlecht gehe, ein *Tun-Ergehen-Zusammenhang*[8] wird angefragt. In den Kapiteln 38 bis 41 meldet sich Gott selbst zu Wort. Gott stellt sich als Schöpfer von allen großen und kleinen Dingen vor und ist unzufrieden damit, wie er von Hiobs Freunden und letztlich auch von Hiob selbst beurteilt wurde. Die Freunde von Hiob sollen Brandopfer darbringen, um sich zu entschuldigen. Da Hiob für sie bittet (Hiob 42), wird er schlussendlich für das all das, was er erleiden musste, entlohnt (Hiob 42, 12-17):

---

[8] *Tun-Ergehen-Zusammenhang*
Im Alten Testament gibt es Stellen, die einen sogenannten *Tun-Ergehen-Zusammenhang* nahelegen. Vereinfacht gesagt bedeutet dies, wer gute Dinge tut (also den Willen Gottes), der wird reichlich von Gott empfangen. Oder auch umgekehrt. Oftmals drückt sich dies im positiven Sinne in alttestamentlichen Texten auch am Reichtum einer Person aus. Jüngste Ausprägungen davon sind das Christentum entsprechend des *properity gospel*, das vielfach mit Wohlstandsevangelium übersetzt wird. Insbesondere US-amerikanische Prediger zeigen einen luxuriösen Lebensstil, den sie als Beweis dafür ansehen, dass sie ein gottgefälliges Leben führen und dies darum von ihm geschenkt bekommen. Anzumerken ist, dass der Tun-Ergehen-Zusammenhang dennoch ein eher alttestamentliches Thema ist.

12 Und der HERR segnete Hiob fortan mehr als zuvor, er be-
saß vierzehntausend Schafe und sechstausend Kamele und tau-
send Joch Rinder und tausend Eselinnen. 13 Und er bekam
sieben Söhne und drei Töchter 14 und nannte die erste Jemi-
ma, die zweite Kezia und die dritte Keren-Happuch. 15 Und
es fanden sich so schöne Frauen wie die Töchter Hiobs im
ganzen Land nicht. Und ihr Vater gab ihnen Erbteil unter
ihren Brüdern. 16 Und Hiob lebte danach hundertvierzig Jah-
re und sah seine Kinder und Kindeskinder bis in das vierte
Glied. 17 Und Hiob starb alt und lebenssatt.

Bereits einleitend zu den biblischen Betrachtungen hatten wir uns gefragt, wie das Böse in die Welt kam. Im Hiob-Buch wird deutlich, dass es hier Gott ist, der zulässt, dass Satan das Böse über Hiob aus vollen Kübeln ausschütten darf. Dies führte unter anderem in einigen jüdischen Auslegungen zu der Bekräftigung der Annahme, dass der Satan eben kein Gegenspieler Gottes ist, sondern ein Mitarbeiter, wenn auch ein sehr eigenwilliger – denn ohne die Erlaubnis Gottes, kann er nicht handeln. So viel sei vorweggenommen: Zum Neuen Testament hin wird sich diese Rolle noch wandeln. Zur Frage, wie das Böse in die Welt kam, gehört ganz deutlich etwas, das theologisch als *Theodizee*-Frage bezeichnet wird, die *Frage nach der Gerechtigkeit Gottes*. Oder einfach ausgedrückt: Warum lässt Gott das Böse in der Welt zu? Die Erzählung um Hiob bietet eine Auflösung des Tun-Ergehen-Zusammenhangs an. Es ist also durchaus möglich, dass auch Menschen unverschuldet in Unheil geraten können und Gott nicht handelt.

Sowohl in der Theologie als auch in der Philosophie gab es immer wieder Versuche, auf die Frage schlüssig zu antworten. Theologische Antwortmöglichkeiten bewegen sich dahingehend, dass Gott den Menschen den freien Willen gab. Schließlich haben sie seit dem Sündenfall im Paradies die Möglichkeit, selbst zu erkennen, was *gut* und was *böse* ist. Demnach lässt Gott uns die Freiheit, die in Bezug auf die Ewigkeit nicht weiter ins Gewicht fällt. Nicht zuletzt war der Kreuzestod Jesu Christi, des menschgewordenen Gottes (was im Abschnitt zum Neuen Testament noch genauer angeschaut werden wird), demnach die Zubilligung der größten Freiheit an die Schöpfung, den eigenen Gott ans Kreuz zu schlagen, womit er das Leid in der Welt selbst auf sich nahm und mit Kreuzestod und Auferstehung die Schuld aller Menschen zu allen Zeiten abwusch. Die menschliche Schuld der Tötung Gottes wurde insofern überwunden, da durch die Auferstehung neue Fakten geschaffen wurden. Doch vom Blickpunkt der Philosophie aus betrachtet, führen die Schwierigkeiten, die mit der Theodizee-Frage zusammenhängen, oftmals zu Zweifeln an einem gerechten Gott.

Doch zurück zum Satan: In der jüdischen Literatur ist er keine negative Figur, er ist ein Teil des himmlischen Hofstaates. Dies wurde bereits festgestellt. Im vierten Buch Mose (Numeri 22,22) ist er als Engel des Herrn im Einsatz, der für Widerstände eines Menschen auf seinem Weg sorgt. Diese Gedanken sind Wegbereiter eines *Dualismus*, der sich insbesondere im Neuen Testament zeigen wird. Der Begriff Dualismus stammt vom Lateinischen *dualis* und bedeutet „zwei enthaltend". Gemeint ist in diesem Fall das bereits aufgeführte Schema: das *Gute* gegen das *Böse*, *Protagonist* gegen *Antagonist*, also *Gott* gegen *Satan*. Einen Hinweis darauf gibt schon, das apokryphe Buch der Weisheit (Weisheit 2,23-25):

> 23 Denn Gott hat den Menschen zur Unvergänglichkeit erschaffen und ihn zum Bild seines eigenen Wesens gemacht.
> 24 Doch durch den Neid des Teufels kam der Tod in die Welt und ihn erfahren alle, die ihm angehören.

Der Teufel, bisweilen auch als *Vater aller Lügen* bezeichnet, wird als Widersacher in Gottes Plan dargestellt. Gott, der die Menschen nach seinem Ebenbild schuf (die Gottesebenbildlichkeit oder theologisch gesprochen die *Imago dei*), hat seine Schöpfung demnach zur

„Unvergänglichkeit“ geschaffen, also zu einem Leben ohne Tod. Der Teufel wird hier als Verursacher dessen gekennzeichnet, dass die Menschen sterben können. Er ist der *Durcheinanderbringer* (wir denken an das griechische Wort *Diabolos*), der diesen göttlichen Plan stört und – folgen wir den wenigen alttestamentlichen Belegen zum Teufel – der die Menschen in Versuchung führt, sich von Gott abzuwenden.

Dämonen im Alten Testament

Der mittelalterliche Theologe Thomas von Aquin (verstorben im Jahr 1274) sprach davon, dass es *gute* und *böse* Engel gäbe („Angeli boni et mali“). Auch wenn festzustellen war, dass der Teufel nicht als antagonistischer Gegenspieler des Gottes des Volkes Israel angesehen werden kann (da er im Alten Testament als Teil des biblischen Hofstaates vorgestellt wird), kann dennoch weiter über Vorannahmen zu Teufel und Dämonen nachgedacht werden: Zu einer häufigen Auffassung gehört es, dass die Dämonen dem Satan unterstehen. Diese Annahme scheint sich in ein dualistisches Gegenbild einzufügen – Gott mit seinen Engeln gegen den Satan mit seinen Dämonen. Im Jahr 1930 verfasste der Münsteraner Privatdozent Heinrich Kaupel eine Arbeit zu Dämonen im Alten Testament. Darin stellte er klar, dass es im Alten Testament keine „Wesensverwandtschaft“ zwischen dem Satan und den heidnischen Dämonen gäbe, auf keinen Fall könnten sie Anhang des Teufels sein. So schnell ist diese Vorannahme eigentlich schon entkräftet.
Doch zunächst muss hier ein Begriff geklärt werden. Das griechische Wort *δαιμῶν* (daimōn) lässt sich sprachgeschichtlich keineswegs eindeutig erklären. Insofern ist es doch komplizierter, als es auf den ersten Blick erscheint. Es gibt Überlegungen zur Herleitung des Wortes, die jedoch von dem wegführen, was gemeinhin mit Dämonen gemeint ist. In der griechischen Übersetzung des Alten Testaments wird der Dämonenbegriff als Übertragung verschiedener hebräischer Termini gebraucht. Aus der griechischen Antike kom-

mend, ist dabei der Begriff keineswegs in jedem Fall negativ. Dämonen können, wie auch die Engel, eine Mittlerfunktion einnehmen, indem sie Botschaften der Götter, denen sie somit untergeordnet sind, an die Menschen weitergeben.

Die evangelische Pfarrerin Henrike Frey-Anthes befasst sich in ihrer Doktorarbeit *Unheilsmächte und Schutzgenien, Antiwesen und Grenzgänger: Vorstellungen von „Dämonen" im alten Israel* (2007) mit verschiedenen Vorstellungen von Dämonen: Zum einen treten Dämonen als „Mischwesen" auf. Zum Beispiel sind Dämonenvorstellungen aus dem mesopotamischem Raum oftmals mit geflügelten Wesen verbunden. Es sind Wesen, die tierische, menschliche oder sogar monströse Aspekte in ihrem Aussehen aufweisen. Zum anderen gibt es Dämonenvorstellungen, die sich von „depotenzierten Göttern" her entwickelt haben. Also ehemalige Vorstellungen von Göttern, denen die Macht abgesprochen wurde, die sogar für das Unheil verantwortlich gemacht werden, das in der Welt geschieht. Weiterhin „repräsentieren" Dämonen demnach „Gegenwelten". Zudem sind auch Abwehrmaßnahmen aus dem mesopotamischem Raum bekannt, etwa zur Anwendung bei Wüstendurchquerungen, da angenommen wurde, dass sich Dämonen in lebensfeindlichen Umgebungen heimisch fühlen.

Krankheitsdämonen markieren gewissermaßen eine unkörperliche Dämonenvorstellung. Die Pest ist hier ein Thema der alttestamentlichen Schriften. Mitunter konnte ein Pestdämon als Verursacher dafür gesehen werden, diesem wurde aber keine Körperlichkeit zugesprochen. Oft sind solche Dämonen auch ein Zeugnis für den Kulturaustausch in der damaligen Welt. Beim Propheten Habakuk (Habakuk 3,5) ist zum Beispiel dies zu lesen: „Pest geht vor ihm her, und Seuche folgt, wo er hintritt." Das, was als „Seuche" übersetzt wurde, steht im Hebräischen als רֶשֶׁף, dahinter steckt *Reschef*. Reschef wurde im Umfeld der Israeliten als ein Gott verehrt, in dessen Zuständigkeitsbereich die Seuchen lagen. Bekannt war er im syrisch-palästinischen Raum und er wurde auch von weiteren lokalen

Gruppen verehrt. In Ägypten fand ebenfalls ein Import statt, wo Reschef als Kriegsgott angesehen wurde und gar von einzelnen Pharaonen als Schutzmacht eine besondere Würdigung erfuhr. Im Alten Testament ist er innerhalb der Kategorie der Krankheitsdämonen zu sehen. Eine missglückte Karriere – Reschef, vom Beschützer zum Krankheitsbringer. Ein klarer Abstieg.
Eine namentliche Nennung gelingt auch *Aschmodai*, der als Dämon des Zorns prominent im Tobit-Buch dargestellt wird. Gleichzeitig werden wir hier bereits Zeuge von einer Art Exorzismus. Beim Buch Tobit handelt es sich um eine späte Schrift des Alten Testaments, die bisweilen als apokryph eingeordnet wird. In diesem Buch sind die Erfahrungen eines Mannes namens Tobit aufgeschrieben. Zumindest ist dies der erklärte Anspruch des Buches. Besagter Tobit bzw. Tobias schwelgt in seinen Lebenserfahrungen und berichtet von einer jungen Frau, die bereits sieben Mal hätte heiraten sollen (Tobit 3,7-8):

> 7 Es begab sich nun an demselben Tage, dass auch Sara, die Tochter Raguëls, in der Stadt Ekbatana in Medien von einer der Mägde ihres Vaters geschmäht wurde. 8 Man hatte sie nämlich sieben Männern nacheinander zur Frau gegeben, aber ein böser Geist, Aschmodai genannt, hatte sie alle getötet, sobald sie mit ihr das Lager teilen wollten, wie es Brauch ist. Und die Magd sagte zu ihr: Du bist es, die deine Männer tötet! Siehe, schon sieben Männern wurdest du gegeben, doch nach keinem von ihnen bist du benannt!

Ein Dämon (hier übersetzt als „böser Geist“) ist es also, der dafür sorgt, dass all ihre Verlobten sterben. Und Tobit spielt in dieser grauslichen Moritat keine ganz unwichtige Rolle. Schließlich stellt er uns diese Episode als wichtige Lebenserfahrung vor. Wer könnte es ihm verübeln? Das, was sich laut Tobit zugetragen haben soll, ist geradezu phantastisch: Durch ein Gebet wird der Erzengel Rafael auf den Plan gerufen, der Aschmodai von ihr „lösen“ soll. Rafael gebietet Tobit, er solle einen Fisch ausnehmen und Galle sowie Leber behalten, denn (Tobit 6,7-9):

> 7 Da fragte Tobias den Engel: [... W]as für eine Arznei ist im
> Herzen und in der Leber des Fisches und in seiner Galle?
> 8 Und er antwortete ihm: Wenn ein Mann oder eine Frau mit
> einem Dämon oder einem bösen Geist geschlagen ist, lass das
> Herz und die Leber des Fisches in Rauch aufgehen. Dann
> wird jede Plage von ihnen fliehen, und alle bösen Geister werden ihnen in Ewigkeit nicht schaden. 9 Die Galle aber streiche auf die Augen eines Menschen, die mit weißen Flecken befallen sind; dann hauche gegen sie auf die weißen Flecken, und die Augen werden geheilt.

Die Instruktionen zum Exorzismus gehen weiter (Tobit 6,17-18):

> 17 Wenn du in das Brautgemach hineingehst, nimm von der
> Leber des Fisches und sein Herz und lege sie auf glühende
> Kohlen. Der Geruch wird aufsteigen 18 und der böse Geist
> wird ihn riechen und fliehen und nicht mehr bei ihr erscheinen in alle Ewigkeit. Und wenn du zu ihr eingehen willst, erhebt euch beide zuerst; betet und bittet den Herrn des Himmels, dass Gnade und Heil auf euch komme [...].

Schließlich kann auf diesem Wege der böse Geist gebändigt werden, der daraufhin nach Ägypten flieht (Tobit 8,2-3):

> 2 Und Tobias dachte an die Worte Rafaëls und nahm Leber
> und Herz des Fisches aus dem Beutel, den er bei sich trug,
> und legte sie auf die glühenden Kohlen. 3 Da hielt der Geruch
> des Fisches den bösen Geist zurück, und er entfloh bis nach Ägypten. Rafaël aber zog los, band ihm dort die Füße und fesselte ihn sogleich.

Wirklich auffällig ist an dieser Stelle, auch wenn die *Therapie* mit gebratenen Fischinnereien verwundern darf, aber dies: Diese Auszüge zeigen bereits Grundmuster exorzistischer Handlungskonzepte. Hierzu gehört, dass Erzengel um Hilfe ersucht werden und gebetet wird. Zudem ist es hier noch nötig, ein mit den Sinnen erfahrbares Ritual zu vollziehen (das Braten von Fischleber und -herz). Dass bereits sieben Verlobte der armen Frau starben, weist auf eine Zahlenmystik hin (sieben Schöpfungstage). Auffällig ist, dass die Frau selbst verdächtigt wird, die Gatten in Spe ermordet zu haben. Eine Kriminalgeschichte entspinnt sich hier nicht, denn dramaturgisch ist es klar (und hier bewegen wir uns in einem Protagonisten-Antagonisten-Verhältnis): Die Frau ist unschuldig, ein Dämon ist für die Tode verantwortlich. Es braucht übernatürliche Hilfe, diesen loszuwerden. Es liest sich somit fast schon wie die Zusammenfassung eines Plots moderner Exorzismus-Geschichten. Doch es lohnt sich ein spekulativer Blick hinter die Erzählung um einen dämonischen Angreifer. Wenn wir uns von der Zahl der sieben verstorbenen Anwärter lösen (im Sinne einer Zahlensymbolik), dann haben wir möglicherweise den Kern der Geschichte erreicht. Es geht um eine Frau, die wiederholt die Erfahrung gemacht hat, Partner zu verlieren.

Erzähltheoretisch könnte man hier vielleicht von einer *ekstatischen Wahrheit*[9] sprechen. Ein Mensch wird mehrfach mit negativen Erfahrungen konfrontiert und seine Umwelt sagt ihm (hier verkörpert durch die Magd): Wenn dir das immer wieder passiert, dann wirst du einen Eigenanteil daran haben. Auch ein Tun-Ergehen-Zusammenhang wie wir es bei Hiob hatten? Was macht die Gute nur

[9] *Ekstatische Wahrheit*
Der Begriff *ekstatische Wahrheit* geht auf den Filmemacher Werner Herzog zurück. In seiner *Minnesota Declaration* aus dem Jahr 1999 unterscheidet er zwischen einer buchhalterischen Wahrheit, die er als oberflächlich ansieht, und einer ekstatischen Wahrheit. Dies ist für ihn eine tieferliegende und poetische Wahrheit, die nur durch Dichtung und Inszenierung erzeugt werden könne. In einem Interview beschreibt er eine Wahrheit, wie man sie aus Gedichten kenne, wenn man spüre, dass es wahr ist, was darin beschrieben wird.

verkehrt, dass sie den Tod so anzieht? Und stimmt das überhaupt? In den 1970er-Jahren kam vermehrt der Begriff des *Victim blaming* auf, also die *Opferbeschuldigung* bzw. die *Täter-Opfer-Umkehr*. Gemeint ist damit, dass die Schuld an einer Sache den Opfern zugeschoben wird und nicht der Blick auf die Tat an sich gelegt wird. Ein einfaches Beispiel wäre das Spazierengehen nach Einbruch der Dunkelheit. Wenn dabei doch einmal etwas Schlimmes passiert und das Opfer dazu noch beschuldigt wird, *wärest du bloß nicht nach Einbruch der Dunkelheit spazieren gegangen*, dann haben wir eine menschliche Urerfahrung, wie sie auch im Tobit-Buch verhandelt wird.

Wenn wir die übernatürlichen Schichten wegkratzen, dann präsentiert uns die alte Erzählung die Möglichkeit, dass ein Mensch aus Gründen, die er kaum zu beeinflussen weiß, in so eine Situation geraten kann und dann starke Hilfe von außen benötigt. Wiederum ist es beispielsweise aus der Betrachtung des Werwolf-Glaubens bekannt, dass historisch bisweilen eine Verklärung von Zuständen stattgefunden hat, bei denen Personen, aufgrund (psychischer) Erkrankungen, mitunter besonders wild und aggressiv agiert haben. Zu erklären, jemand habe sich in einen Werwolf verwandelt, hat hier natürlich auch eine entlastende Funktion. Denkbar ist also auch, dass der Vorwurf der Magd vielleicht doch gar nicht so ganz unangebracht war und eine dämonische Verklärung die betroffene Frau entlastet hat. Doch dies liegt alles im Bereich der Spekulation. Vermutet wird übrigens als Entstehungszeit des Buches das später dritte bzw. frühe zweite vorchristliche Jahrhundert, also die Zeit des Hellenismus, eine Periode deutlich griechischer Einflüsse. Allerdings werden innerhalb der Geschichte die erzählten Zeiträume als weiter zurückliegend beschrieben. Dennoch ist hier auch ein Einfluss der *Dämonologie*, also dämonischer Vorstellungen anderer Kulturen zu vermuten.

Bild 5: Leviathian
Wieder einmal Doré – 1865 stellte er das biblische Seeungeheuer Leviathan dar. In späterer Vorstellung ein ziemlich körperlich Dämon, ein wirklich massiver Koloss. Doré hatte übrigens besonderen Gefallen an diesen Motiven. Nicht nur biblische Motive stellte er dar, auch den mythologischen Fluss Styx, dessen Überfahrt notwendig ist, um in die griechische Unterwelt zu gelangen. Ebenfalls widmete er sich Darstellungen der Hölle und des Fegefeuers, inspiriert durch die Göttliche Komödie Dante Alighieri. *The Raven* von Edgar Allan Poe, ein Meisterwerk phantastischer Literatur, wurde ebenfalls von ihm bebildert.

Neben Aschmodai gibt es im Alten Testament selbst nur wenig namentlich benannte Dämonenfiguren. Auffällig ist, dass Aschmodai im Text überhaupt als Dämon bezeichnet wird. Der *Leviathan*, ein riesiges Seeungeheuer, was im Buch Hiob erwähnt wird (Hiob 40,25), wurde später legendarisch als Dämonenfigur verstanden. Damit ist dieses Monstrum, aber eben erst in der späteren Deutung, eine sehr körperliche dämonische Figur. In enger Verwandtschaft steht dazu auch der *Behemoth*, ebenfalls ein Ungeheuer, das im Hiob-Buch beschrieben wird. Für den Leviathan gab es möglicherweise Vorläufer in der Mythologie anderer Kulturen, welche die Israeliten kannten. In der jüdischen Mythologie kommt noch ein weiteres Wesen hinzu: Während Leviathan im Wasser lebt und Behemoth auf dem Land, ist *Ziz* ein vogelartiges Ungeheuer, das in den Lüften schwebt. In mittelalterlichen Darstellungen werden die drei Monstren bisweilen zusammen dargestellt. In Psalm[10] 104 (Psalm 104,26) findet sich übrigens eine sehr eigenwillige Interpretation der Schaffung des Leviathan, demnach habe Gott dieses Wesen in seine Schöpfung aufgenommen, um „damit zu spielen".

Bild 6: Drei Ungeheuer
Und hier nun die Familie vereint: Leviathan, Behemoth und Ziz. Bei dem Bild handelt es sich um eine Bibelillustration aus dem 13. Jahrhundert.

An diesen drei Figuren wird deutlich, wie sehr sich verschiedene Vorstellungen mischen und es hierbei nicht zu einem einheitlichen Dämonenbegriff kommt. Das Volk Israel wurde inspiriert von gött-

[10] *Psalmen*
Die Psalmen oder auch der sogenannte Psalter sind ein Teil des Alten Testaments. Der Begriff ist vom altgriechischen Wort ψαλμός (psalmós) und bezeichnet ein „Saitenspiel" oder schlicht ein „Lied". Die Psalmen sind gebetsartige poetische Texte, die womöglich einmal tatsächlich Lieder waren. Dabei gibt es unterschiedliche Gattungen, wie zum Beispiele Psalmen der Klage, Bittpsalmen, Psalmen zum Lob und Dank und weitere Kategorien. Es sind also dezidiert Texte, die Menschen zur Anbetung Gottes verfasst haben, insofern geben die Texte auch Aufschluss über deren Gottesbild. Zum eigentlichen Psalter gehören 150 Einzeltexte, wobei weitere biblische Schriften den Charakter von Psalmtexten haben. Heute gehört die Psalmlesung zum gewöhnlichen Gottesdienstablauf, also zur Liturgie, in christlichen Gottesdiensten.

lichen und phantastischen Figuren aus ihrer Umwelt, dazu entstanden nicht nur die biblischen Texte und Legenden, sondern auch spätere Interpretationen und Zuordnungen. Es fand also nicht nur ein Kulturtransfer[11] statt, sondern später auch eine Einordnung in christliche Dämonologien. Ein Beispiel für so eine christliche Interpretation stellt „Gog aus Magog" dar. Beim Propheten Hesekiel (Hesekiel 38) ist Gog ein später als Dämon verstandenes Wesen, dem gedroht wird. Springen wir schon einmal kurz ins Neue Testament: Im Buch der *Offenbarung des Johannes*, der *Apokalypse*, einer Vision der Endzeit, stehen Gog und Magog im Text nebeneinander als zwei separate Figuren (es ist nicht mehr *Gog aus Magog* wie bei Hesekiel), da sind sie im Gespann des Teufels, mit dem sie gestürzt werden (Offenbarung 20,7-10).

Ein besonderes Wesen, das man sich auch körperlich vorstellt, ist zudem noch *Azazel*. Im dritten Buch Mose wird ein *Azazelritus* beschrieben (Levitikus 16): Es wurden zwei Ziegenböcke genommen und es wurde ein Los geworfen - einer der Böcke wurde so zum Sühneopfer, zum *Sündenbock*[12]. Die Vorstellung bestand wohl, dass

---

[11] *Kulturtransfer*

Der Begriff Kulturtransfer wurde in den Kulturwissenschaften vorwiegend seit den 1980er-Jahren verwendet. Zunächst beschäftigten sich viele Fragestellungen mit dem Kulturaustausch zwischen Deutschland und Frankreich. Darunter zu verstehen ist, dass sich (kulturelles) Wissen im Austausch befindet. Unlängst trägt die mediale Verbreitung dazu bei, dass beispielsweise Halloween als ursprünglich irisches Fest über die USA wieder in Europa gelangt ist. Bei einem Kulturtransfer können sich Kontexte verändern sowie auch die Handlungspraxis. Ein Beispiel ist hierbei Yoga, das ursprünglich eine religiöse Praxis im Buddhismus und Hinduismus darstellte. Doch vom philosophischen/religiösen Überbau ist beim heutigen Yoga, wie es hierzulande betrieben wird, im Grunde nichts mehr spürbar.

[12] *Von Sündenböcken und Hiobsbotschaften*

„Sündenbock" und „Hiobsbotschaft" sind in den alltäglichen Sprachgebrauch schon lange eingekehrt. Viele Begriffe leiten sich von biblischen Motiven ab oder sind geprägt durch die prominente Bibelübersetzung Martin Luthers. Etliche Redewendungen stammen aus seiner Übersetzung der Bibel, zum Beispiel aus dem Matthäusevangelium im Neuen Testament: Der Wolf im Schafspelz (Matthäus 7,15) oder die Perlen, die vor die Säue geworfen werden (Matthäus 7,6). Außerdem haben sich im Volksglauben verschiedene Elemente biblischer Zahlensymbolik verinnerlicht. Dreimal auf Holzklopfen ist zum Beispiel eine Referenz auf die Dreieinigkeit, die Trinität Gottes, Vater-Sohn-Heiliger Geist. Ebenfalls gilt es als Unglück bringend, unter einer Leiter hin-

dieser Bock alles böse in sich auflade, weshalb er hingerichtet wurde. Den Vorstellungen nach galt Azazel als sogar Herr sogenannter *Bocksdämonen* und ähnelte wohl den Vorstellungen nach dem griechischen Gott Pan oder der Sagenfigur des Satyrs, mit Hörnern auf dem Kopf und Füßen wie ein Ziegenbock. Dazu kamen eine starke Körperbehaarung und ein großer Gestank. Entsprechende Vorstellungen standen später auch für die bildlichen Teufelsvorstellungen Pate. Doch letztlich waren der Azazelritus und die Vorstellung, dass das Böse in einen Ziegenbock aufgeladen worden sei, ein Fortbestand eines heidnischen Kultes. Erinnern wir uns daran (was bereits randständig anklang): Das Buch Exodus beschreibt die Wut von Mose, der mit den Zehn Geboten zum Volk Israel kam, die um ein goldenes Kalb tanzten (Exodus 32). Der Wunsch des Menschen, etwas sichtbar zu machen, war scheinbar so groß wie Moses Zorn, sodass er die erste Auflage der Steintafeln zerstörte.

Übrigens: Solche Sündenbockvorstellungen sind gar nicht so sehr von gestern. Zum Beispiel gibt es im Düsseldorfer Karneval den *Hoppeditz*. Mit Beginn der neuen Karnevalsession, am 11.11. um 11:11 Uhr, wird der Hoppeditz zum Leben erweckt. Er „stirbt“ symbolisch zum Ende der Karnevalszeit und wird am Aschermittwoch zu Grabe getragen. Im Kölschen Karneval ist es der *Nubbel*, der verbrannt wird. Hoppeditz und Nubbel sind dabei aufgeladen mit allen großen und kleinen Sünden, die an den Karnevalstagen begangen wurden. Gemeint sind hier natürlich die Sünden in einem ganz alltäglichen, gegenwärtigen Sinne. Doch kirchlich wird es danach wieder, zumindest entsprechend der Tradition: Anschließend beginnt die Fastenzeit bis zum christlichen Osterfest.

Ein Wort zum Aschermittwoch: Es gehört zum Brauch (besonders in der katholischen Kirche), dass ein Kreuz aus Asche auf die Stirn der Gläubigen gezeichnet wird. Es gilt als Zeichen der Buße und leitet eine Fastenzeit von 40 Tagen bis zum Osterfest ein. Erinnert

---

durchzugehen, die an der Wand lehnt. So eine anlehnende Leiter lässt ein geometrisches Dreieck entstehen und daraus entstand die Vorstellung, bei einem Durchschreiten würde die Dreieinigkeit durchkreuzt werden.

wird dabei an 40 Tage, die Jesus, vor Beginn eines öffentlichen Auftretens, in der Wüste verbrachte. Und wie die Bibel bekanntlich berichtet, wurde er dort vom Satan in Versuchung geführt.

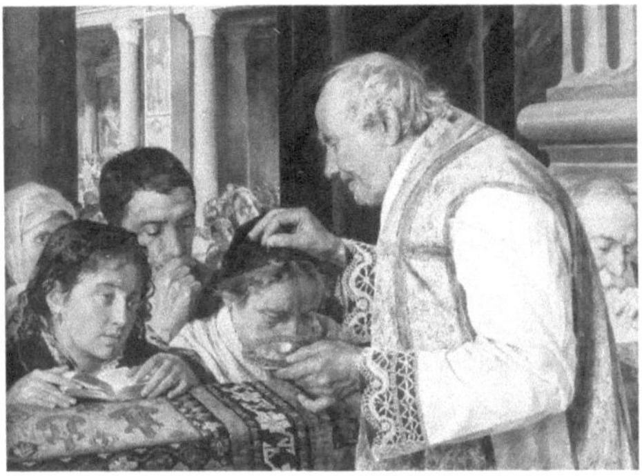

Bild 7: Asche auf mein Haupt
Asche auf mein Haupt! Dass nicht nur ein Aschekreuz auf die Stirn gezeichnet werden kann, als Zeichen der Buße, zeigt dieses polnische Bild von Julian Fałat (1881). Der Priester streut die Asche in Kreuzform auf das Haupt. Auch aus dieser Handlung wurde eine gängige Redewendung.

Doch zurück zu den Bocksdämonen. Hier ein kleiner Übersetzungsvergleich aus dem Buch Jesaja, worin eine apokalyptische Vision beschrieben wird:

> [...] sondern Wüstentiere werden sich da lagern, und ihre Häuser werden voll Eulen sein; Strauße werden da wohnen, und Bocksgeister werden da hüpfen, [...]
> (Jesaja 31,21; Übersetzung: Luther 2017)

> Aber Wüstentiere werden dort lagern, und voller Eulen werden ihre Häuser sein. Strauße werden dort wohnen und Bocksdämonen dort tanzen.
> (Jesaja 31,21; Übersetzung: Elberfelder Bibel 2006)

Bocksdämonen oder Bocksgeister, gehören zu den übrigen Gestalten, die später als Dämonen gesehen wurden. Die Liste alttestamentlicher Gestalten, die irgendwann einmal als dämonische Wesen angesehen wurden, ließe sich erschöpfend fortsetzen. Schnell wurde im Eifer dann auch schon ein jedweder böser Geist zum Dämon. Ein Beispiel für solche übereifrigen Interpretationen ist die offenkundige Depression des israelitischen Königs Saul. Am Hofe wird er von David, von dem er nicht ahnt, dass er einmal sein Nachfolger sein wird, durch dessen Musik geheilt (eine frühgeschichtliche Musiktherapie). Von einem „bösen Geist“ ist da die Rede, aber ein böser Geist, den Gott schickt (1. Samuel 16,14-23). Nicht alle Krankheiten, die damals noch unverstanden waren, werden in den biblischen Texten mit einem dämonischen Ursprung vorgestellt. Aber da es auch den Dämon der Kopfkrankheit gibt, warum nicht den Dämon der Depression? Diese Formulierung soll keine Verharmlosung in irgendeine Richtung sein, sondern den Blick für die Möglichkeit öffnen, dass es sich bei den Begriffen vielleicht auch um poetische Umschreibungen gehandelt haben könnte. Doch neben poetischen Um- und Beschreibungen finden sich auch sehr eindeutige Zeugnisse der Religionsgeschichte. Im fünften Buch Mose (Deuteronomium 32,17) ist von „fremden Göttern“ die Rede, die keine eigentlich Götter, sondern „Geister“ sind. Es sind Wesen, so steht es geschrieben, die von den „Vätern nicht geehrt“ wurden, sondern, „die vor Kurzem“ erst aufkamen und denen Opfer dargebracht wurden. Möglicherweise ist dies ein Hinweis darauf, dass andere Lokalgötter, die im Rahmen eines Kulturaustauschs den Israeliten bekannt wurden, zu Dämonen degradiert wurden. Kein Wunder, dass in diesen Texten eine Abgrenzung dazu stattfindet – wer will sich schon mit Dämonen gemein machen?

Doch, da gibt es jemanden: Das Jesaja-Buch berichtet von einer Figur aus den jüdischen Legenden, die man sich *sehr* körperlich vorgestellt hat und die sich wohl an der Gemeinschaft von Dämonen nicht störte. Wir gehen zurück in die Visionen der apokalyptischen Zerstörung bei Jesaja (Jesaja 34,14):

> 14 Da werden Wüstentiere und wilde Hunde einander treffen, und ein Bocksgeist wird dem andern begegnen. Auch Lilith wird dort hausen und ihre Stätte finden.

Lilith – Adams erste Frau?

Es ist eine Frage, die gar nicht so leicht zu beantworten ist: Ist die Vorstellung von Dämonen körperlich oder unkörperlich? Sind es also Wesen, die man sehen könnte oder sind es geisterhafte Erscheinungen – geradezu unkörperlich? Während die Antwort für das Neue Testament, wie wir feststellen werden, sehr viel klarer ist, wird dies, bei der Betrachtung des Alten Testaments, deutlich unschärfer. Das liegt daran, dass es eine Vielzahl jüdischer Legenden[13] gibt, welche diese Erzählungen aus der Bibel weiter ausgeschmückt haben und sich dabei an den Vorstellungswelten anderer Gruppen aus dem Umkreis bedient haben. So kann uns auch eine sehr körperliche Dämonenvorstellung begegnet: *Lilith.* Zwischenzeitlich ist Lilith in die Populärkultur vorgedrungen. Dies ist einigermaßen interessant, da sie in der Bibel kaum vorkommt. Martin Luther machte aus ihr in seiner ursprünglichen Bibelübersetzung im 16. Jahrhundert gar einen *Kobold.* Damit wird dieser Dame mehr als Unrecht getan, denn folgt man der Erzählwelt des Judentums, dann ist sie niemand geringeres als die erste Frau Adams, als die erste Frau, von Gott geschaffen wurde.

Als Vorbild gilt wahrscheinlich der weibliche Dämon *Lillu*, der sich bereits in einer sumerischen Königsliste findet, die etwa auf 2400 vor Christus datiert wird. Diese Figur sorgte für allerhand Interpre-

---

[13] *Jüdische Legenden*

Zu Beginn des 20. Jahrhunderts veröffentlichte der jüdische Gelehrte Louis Ginzberg die mehrbändige Sammlung *The Legends of the Jews*. Im Jahr 2022 erschien als *Die Legenden der Juden* eine deutschsprachige Neuauflage im Suhrkamp-Verlag. Ginzberg war unter anderem Experte für den Talmud. Der Talmud besteht aus zwei Teilen. Der ältere Teil ist die *Mischna*, welche um das Jahr 200 nach Christus entstand. Diese מִשְׁנָה (Mischna/„Wiederholung“) enthält Auslegungen, wie die religiöse Lehre im Alltag zu verstehen ist. Der zweite Teil, die Gemra (גמרא – ein aramäisches Wort und bedeutet sinnbildlich, dass die *Lehre vollendet* ist) enthält sozusagen theologische Fachdiskussionen zur Lehre. Da an einigen Stellen die Erklärungen unter Hinzuziehung weiter Erzählungen des Judentums geschahen, ist der Talmud auch eine Quelle für die Verschriftlichung dieser Erzählkultur, die zuvor mündlich weitergegeben wurde. Auch in der *Kabbala* (קַבָּלָה, „Erhalt“), die mit einer Verschriftlichung im Mittelalter zur mystischen Tradition des Judentums gehört, finden sich niedergeschriebene Erzählungen und Deutungen, die Figuren des Alten Testaments ebenfalls dämonisieren.

tationen. Womöglich verbanden sich aber in der Figur nicht nur Ideen der sumerischen Tradition, sondern auch jene mesopotamischen Lil-Geister, wozu mit Lilitu die „Dienerin des Windes" und mit *Ardat-Lili* die „Braut des Windes" gehörte. Diesen beiden Dämoninnen stand das männliche Pendant *Lilu* gegenüber. Die weiblichen Lil-Geister hatten es vorwiegend auf Männer (später auch auf Kinder) abgesehen, die durch ihren Einfluss erkranken konnten und schließlich starben. Aufgrund der Ähnlichkeit zum hebräischen Wort לַיְלָה (Laila), was *Nacht* bedeutet, wurde in Lilith eine Nachtdämonin gesehen. Womöglich kann in den Nachtdämonen eine eigene Klasse von Dämonen gesehen werden – sofern man sie denn dämonologisch klassifizieren will. Für die Bibeltexte finden sich verschiedene Handschriften, die in der bibelwissenschaftlichen Forschung analysiert werden, um den wahrscheinlichen Urtext zu erarbeiten. Zum bekannten aaronitischen Segen, den Segen Aarons („Der HERR segne dich und behüte dich, der HERR lasse sein Angesicht leuchten über dir und sei dir gnädig, der HERR hebe sein Angesicht über dich und gebe dir Frieden", Numeri 6,24-26), der bis heute Bestandteil christlicher Gottesdienste – in Anbetracht und Würdigung des jüdischen Erbes – ist, gibt es eine spannende Hinzufügung: *Der HERR möge dich schützen*, steht dort, *vor den Dämonen, die Angst verursachen, vor den Dämonen des Morgens, des Mittags und der Nacht.* Ein theologischer Hinweis zur Handschrift: Es handelt sich dabei um das Targum Pseudo-Jonathan zu Numeri; Henrike Frey-Anthes geht in ihrem lesenswerten WiBiLex-Artikel[14] zu Lilith darauf ein.

Doch zurück zu dem, was uns interessiert. Schon hier findet sich die Vorstellung von Morgendämonen, Mittagsdämonen und Nachtdämonen. Also Kategorisierungen, wenn man so will. Und die Vorstellungen um die des Nachts auftretende Lilith wurden schnell erotisiert. Kein Wunder, dass Lilith später mit den Vorstellungen eines Succubus in Verbindung gebracht wurde. Vielleicht war auch das

[14] WiBiLex: Wissenschaftliches Bibellexikon im Internet; siehe Link im Literaturverzeichnis.

mesopotamische Gegenstück, der Lilu, ein Wegbereiter für Vorstellungen des männlichen Incubus. Doch auf die des Nachts auftreten Vorstellungen sexualisierter Dämonen, die mit Menschen verkehren und sie dadurch schädigen, Succubus und Incubus, soll an anderer Stelle eingegangen werden.
Das Burney Relief, ausgestellt im Londoner British Museum, unter dem Titel *Queen of the Night* (Königin der Nacht), gibt schon einen Hinweis auf die Sexualisierung der Figur Lilith.

Bild 8: Mögliche Darstellung Liliths oder Ištars auf dem Burney-Relief, Foto: BabelStone.

Abgebildet ist eine nackte Frau mit ausgeprägten Brüsten. Datiert wird das Relief auf die Jahre zwischen 1800 und 1750 vor Christus. Dieser Fund aus dem südlichen Irak, wurde mit dem Gilgamesch-Epos in Verbindung gebracht, in dem Lilith ebenfalls auftritt. Das Epos beschreibt das erste Paar der Menschheit. Der Mann heißt *Mana* und seine Frau *Lilith*. Die beiden sind gleichberechtigt erschaffen. Doch da das Verlangen und die Lust Liliths nicht zu bändigen sind, gerät Mana in Angst, was dazu führt, dass Lilith verstoßen wird und schließlich ein dämonisches Dasein fristet. In der empfehlenswerten Veröffentlichung *Lilith – Adams erste Frau* von Vera Zingsheim aus

dem Jahr 1999 liefert die Autorin weitere Vorstellungen zum Burney-Relief. Die Figur steht auf Löwen, was wiederum den Schluss nahelege, dass eine Göttin dargestellt werde, da dies dazu passende Begleittiere wären. Die dargestellten Eulen könnten Unheil symbolisieren oder aber auch Weisheit und Wissen. Die Flügel könnten eine Schutzfunktion haben. Ebenfalls verweist Zingsheim darauf, dass ihre Füße krallenartig dargestellt sind.
Erst im Talmud, so Zingsheim, wird aber Lilith wirklich zur Nachtdämonin. Was wird uns dort über sie berichtet? Tatsächlich ähnelt die Erzählung stark jener im Gilgamesch-Epos. Statt Mana ist es Adam, der Liliths Mann ist. Doch was ist mit Eva? Mit Lilith wird eine Leerstelle gefüllt. Schauen wir noch einmal in die Schöpfungserzählung (Genesis 2,20-25):

> 20 Und der Mensch gab einem jeden Vieh und Vogel unter
> dem Himmel und Tier auf dem Felde seinen Namen; aber für
> den Menschen wurde keine Hilfe gefunden, die ihm ent-
> sprach. 21 Da ließ Gott der HERR einen tiefen Schlaf fallen
> auf den Menschen, und er schlief ein. Und er nahm eine sei-
> ner Rippen und schloss die Stelle mit Fleisch. 22 Und Gott
> der HERR baute eine Frau aus der Rippe, die er von dem
> Menschen nahm, und brachte sie zu ihm. 23 Da sprach der
> Mensch: Die ist nun Bein von meinem Bein und Fleisch von
> meinem Fleisch; man wird sie Männin nennen, weil sie vom
> Manne genommen ist. 24 Darum wird ein Mann seinen Vater
> und seine Mutter verlassen und seiner Frau anhangen, und sie
> werden sein ein Fleisch. 25 Und sie waren beide nackt, der
> Mensch und seine Frau, und schämten sich nicht.

„Männin“, das ist ein sehr ungewöhnliches Lutherdeutsch, doch so steht es geschrieben. Die Leerstelle, die Lilith füllt, ist, dass für den Menschen keine entsprechende Hilfe gefunden wurde. Die Antwort kommt nun aus den jüdischen Legenden, denn demnach war Eva keineswegs der erste Versuch, dem Mann eine Partnerin zu geben. Doch war die erste Schöpfung demnach fehlerhaft, sie war zu perfekt, denn sie wurde gleichberichtigt zum Mann geschaffen. Ein Einschub: Über *Star Trek* wird immer wieder behauptet, dass es, aufgrund der Vision des Schöpfers Gene Roddenberry, ein atheistisches Universum wäre. Doch vielmehr ist das Gegenteil der Fall – es ist voller religiöser Motive. Man denke an *Star Trek – The Next Generation*, der zweiten *Star Trek*-Serie, den Androiden (Android = Roboter in Menschengestalt) *Data*. Er war die zweite Schöpfung eines menschlichen Erfinders. Sein Bruder *Lore* wurde als zu perfekt, zu menschenähnlich geschaffen.

Und auch Lilith war gefährlich, zumindest für Adam. Dass dem so war, das wollen uns zumindest die Schriften glauben machen. Adam geht es da nicht anders als seinem Leidensgenossen Mana. Die Frau, die ihm gegeben wurde, ist gleichberechtigt erschaffen. Auch sie wird als sehr leidenschaftlich und mit großer sexueller Lust beschrieben. Das ist zu viel für den Sexmuffel Adam, der Lilith zur Ordnung rufen will. Stellen Sie sich die Situation einmal vor, dann können Sie sich auch denken, was dabei herauskommt. Es kommt zum Streit und Adam wendet sich an Gott. Man kann gewiss sagen: In einem Ehestreit die Eltern um Vermittlung zu bitten, das sagen schon die alten Schriften, ist niemals eine gute Idee. Dass Adam will, dass Gott dafür sorgt, dass sich Lilith ihm wieder unterordnet, bringt die Situation zur Eskalation. Lilith verschwindet, woraufhin Adam sich abermals an Gott wendet und reklamiert, dass die Frau, die ihm gegeben wurde, „weggelaufen" sei.

Wir erinnern uns: kein Herrscher ohne Diener. Engel werden ausgesandt, um Lilith zurückzuholen. Als Verhandlungsbasis wird ihr sogar angeboten, wenn sie zurückkommt und sich fügt, dass es dann heißt: Schwamm drüber. Heute würde man wohl sagen, dass es Szenen einer toxischen Ehe sind. Der Papa im Hintergrund schickt seine Anwälte und verspricht, alles auf sich beruhen zu lassen, wenn die Schwiegertochter nur zurückkommt und keinen Ärger macht. Eine Drohung hat der Patriarch auch parat: Würde sie nicht umkehren, würden jeden Tag aufs Neue einhundert von ihren Nachkommen den Tod finden. Vera Zingsheim verweist darauf, dass diese Umkehr, die Lilith angeboten wird, nicht nur topographisch zu verstehen ist. Wir können uns dabei an die Topographie beim Sündenbegriff erinnern, an die Gottesferne. Lilith soll zurückkehren, sowohl im räumlichen als auch im theologischen Sinne. Sie flieht an das Rote Meer. Hierzu sagen die Legenden, dass dort Dämonen hausten, denen eine ähnlich große sexuelle Aktivität zugeschrieben wurde wie ihr. Aus ihrem Verkehr mit diesen Wesen sollen täglich weitere Dämonen hervorgekommen sein. In den Legenden des Judentums wird sie dann schließlich als „Hure" tituliert. Sie kann als Nachtdämon nicht nur Männern, sondern auch Neugeborenen Schaden zufügen, weshalb es Schutzamulette zur Abwehr Liliths gab. Auf den Amuletten waren die Namen jener Engel eingraviert, die sie zur Umkehr bewegen sollten.

Bild 9: Wilde Jagd Das Bild trägt den Namen *Åsgårdsreien*, die *Reiter von Asgard*, bzw. die *Wilde Jagd*. Der norwegische Maler ließ sich 1872 dabei von der nordischen Mythologie beeinflussen. Langhaarige Damen – in betont weiblicher Darstellung – vorneweg bei der Jagd dabei. Sie könnten leicht als Lilith durchgehen, der ebenfalls lange Haare und üppige Brüste zugeschrieben werden.

Als Nachtdämonin wurde Lilith später bisweilen mit der germanischen Hulda in Verbindung gebracht. Beide hatten eine ähnliche Karriere durchlaufen, aus zunächst positiven Figuren entwickelten sie sich zu hasserfüllten Mörderinnen. Geschichtlich zeigen sich hier zwei Formen der Verbindung: Einerseits wurde Lilith als identisch mit Hulda gesehen und andererseits wurde sie als Teil der Entourage der Göttin verstanden. Die Entourage des Wilden Heeres bezeichnet eine alte Vorstellung, dass des Nachts, wenn es donnert und blitzt, eine Schar von Dämonen, beispielsweise angeführt von Hulda, durch die Lüfte zieht. Hulda ist übrigens *alt* geworden: In den *Kindern- und Hausmärchen* der Brüder Grimm tritt sie als die alte Frau Holle auf. Hier ist sie keine mordende Furie und auch keine Nachtdämonin. Das Märchen ist gleichzeitig ein Schlüssel zur Sozialgeschichte. Je nach Fassung des Märchens gibt es eine Frau und zwei Töchter, bzw. eine Tochter und eine Stieftochter. Denkbar ist hier, dass die Mutter mit einem Witwer verheiratet war, der ebenfalls verstarb. Nun muss die Stieftochter noch mit durchgebracht werden. Obendrein ist sie noch schön und fleißig, ganz im Gegensatz zur eigenen Tochter. Als sich die schöne Stieftochter beim Nähen sticht und mit dem Blut die Spindel verschmutzt, geschieht ihr ein Missgeschick. Bei der Reinigung fällt die Spindel in den Brunnen. Von Stiefmutter und Stiefschwester wird sie zum Suizid gedrängt, sie soll in den Brunnen steigen und die Spindel herausholen. Wenn man bedenkt, dass mittelalterlichen Brunnen wohl bis zu zehn Meter tief sein konnten, dann ist dies wirklich ein Todesurteil. Doch der Brunnen fungiert als ein Tor in eine Anderswelt, in der zum Beispiel Brote sprechen können. In dieser Anderswelt begegnet sie Frau Holle, die noch Spuren einer Wettergöttin hat: Wenn die Bettwäsche ausgeschüttelt wird, schneit es auf der Erde. Da sich die junge Frau als fleißig erweist und familiären Werten folgt – denn trotz allem will sie zu ihrer Stieffamilie zurück – lässt sie Frau Holle gehen. Sie schreitet durch ein Tor und Gold regnet auf die junge Frau herab. Als sie zurückkommt und ihrer Stiefmutter und Stiefschwester ihr phantastisches Erlebnis erzählt, wählt die Stiefschwester den Freitod, auch sie springt in den Brunnen. Doch auch hier zeigt sich ein altbekannter Dualismus: Während die eine schön und fleißig ist, ist die Stiefschwester faul und hässlich. Das merkt auch Frau Holle. Bei der Rückkehr der Stiefschwester, also ihrem Gang durch das Tor, wird sie nicht mit Gold, sondern mit Pech überschüttet. Frau Holle wird damit auch zur Hüterin über die rechte Weiblichkeit.

Im mittelalterlichen Volksglauben wurde Frau Holle bzw. Hulda mit Hexerei in Verbindung gebracht. Damit schließt sich wieder ein Kreis zu Lilith. In *Faust* lässt Goethe auch Lilith in der berüchtigten Walpurgisnacht am Blocksberg (eigentlich der Brocken im Harz)[15] auftreten. Doch wie kommt es eigentlich, dass die Verbindungen zwischen einer Figur der jüdischen Antike, einer Märchenfigur des europäischen Mittelalters und einer germanischen Göttin gesucht und sogar Übereinstimmungen nahegelegt werden? Einen ähnlichen Mechanismus konnten wir bereits bei der Dämonisierung von Lokalgottheiten feststellen, auf dem Weg von JHWH, dem Gott Israels, zum alleinigen Gott. So etwas gab es auch im Prozess

[15] *Walpurgisnacht – Heiliges und Unheiliges*
Die *Walpurgisnacht* geht auf die Heilige Walburga zurück. Gedenktag dieser Heiligen aus dem 8. Jahrhundert ist der 1. Mai. Im 15. und 16. Jahrhundert überschlugen sich die Fantasien von Autoren, die sich vorstellten, dass am Vorabend die Hexen ihren Hexensabbat hielten. Der Sabbat ist der heilige Tag innerhalb der jüdischen Woche, der Tag des Gottesdienstes, der siebte Tag, an dem Gott entsprechend der Schöpfungserzählung ruhte. Unsere Wochentage werden anders gezählt, weshalb es bei uns der Samstag ist. Insofern stellte man sich diesen Hexensabbat als eine Schmähung des Heiligen vor, ein wahrhafter Teufelstanz und dann auch noch am Vorabend des Gedenktages einer Heiligen. Heilige sind in christlichen Kirchen katholischer oder orthodoxer Tradition besondere Menschen. Es sind Personen, die Gott besonders nahestanden und besondere Taten vollbracht haben, von denen erzählt wird. Dies müssen nicht nur Figuren aus der Bibel sein, von denen dann Gegenstände (Reliquien), die sie trugen oder die mit ihnen in Verbindung gekommen seien sollen, erhalten geblieben sind und zu deren Ausstellungsort gepilgert werden kann. Heilige werden der Tradition nach nicht *angebetet*, sondern *angerufen*, damit sie als Fürsprecher bei Gott für die Gläubigen eintreten. So eine Schmähung von Heiligen oder heiliger Symbole ist ein Motiv, dass sich nicht nur in der Beschäftigung mit Hexen wiederfindet, sondern bis heute auch Bestandteil von Exorzismus-Geschichten in Buch und Film ist.

der „Christianisierung“ und dies ist bereits den frühen christlichen Gemeinden ins Stammbuch geschrieben. Texte der hebräischen Bibel wurden im Lichte des Christentums neu gedeutet (eine sogenannte *Interpretatio christiana*). Sie setzte sich auch in der christlichen Missionsgeschichte fort, in welcher zum Beispiel lokale Bräuche mit christlichen Festen in Verbindung gebracht wurden oder lokale Gottheiten als Heilige neu begriffen wurden, wie beispielsweise ein lokaler Wettergott als Petrus. Petrus begegnet uns im Neuen Testament als einer der ersten Jünger Jesu. Im Volksglauben ist er jedoch für das Wetter zuständig. Doch zurück zu diesem Phänomen. Dahinter steckt nicht etwa eine gewiefte PR-Taktik, um den neuen Glauben besser etablieren zu können. Es zeigt sich die Annahme, dass sich Gott seit jeher den Menschen offenbart hat und bisweilen nur nicht als Gott erkannt wurde. Diese Denkweise findet finden wir auch in der griechisch-römischen Antike, wo Entsprechungen zwischen dem griechischen und römischen Götterpantheon gesucht wurden (der griechische Göttervater Zeus wurde zum Beispiel als römischer Jupiter gesehen und im römischen Kriegsgott Mars fand sich in Ares eine Entsprechung).

Während aber die griechisch-römischen Götter weitgehend in der Versenkung verschwunden sind (besser ist es da dem nordischen Thor ergangen, der inzwischen in den Comic-Pantheon des Marvel-Universums aufgestiegen ist), hat Lilith eine späte Begnadigung erlebt (im Grunde auch ein Fall einer Neuinterpretation). Im jüdischen Feminismus wurde sie rehabilitiert. Lilith gilt der jüdischen Frauenbewegung als Urbild einer starken selbstbewussten Frau, die sich von nichts und niemandem, nicht einmal von Gott, etwas gefallen lässt. Wer jetzt auf die Idee kommt, dass uns diese Gedankenwelt sagen will, dass mit den Frauen das Böse in die Welt kam – schließlich gab es die unbeugsame Lilith und Eva, die sich von der Schlange hat verführen lassen –, dem (oder der) sei Folgendes gesagt: Das stimmt. Dies zeigt sich auch in den Vorstellungen böser geisterhafter Figuren des Alten Roms, wie sich noch zeigen wird.

Die Hölle im Alten Testament?

Wie schön es wäre, wenn alles den Vorstellungen entspräche. Das würde das Leben so viel einfacher machen. Der Teufel als Gegenspieler Gottes, ihm unterstellt sind die Dämonen und als waschechter Herrscher über alles Böse hat er auch ein Reich. Ein Herrscher benötigt schließlich ein Refugium. Und wenn Gott über den Himmel herrscht, na klar, dann ist der Teufel der Höllenfürst. Oder etwa nicht? Leider muss auch hier, mit dem Blick auf das Alte Testament, Ernüchterung eintreten. Der pferdefüßige Teufel, der stinkend mit den Hufen scharrt und darauf wartet, dass die Menschen in den Flammen seiner Hölle auf ewig brennen, das ist eine spätere Vorstellung. Es geht sogar noch weiter: Vorstellungen von einem Leben nach dem Tod, gehören nicht zum eigentlichen Bestandteil der Ideenwelt des Alten Testaments. Die Vorstellung eines Jenseits fehlt weitgehend, damit ist auch eine Voraussetzung für die Hölle – als dunkles Gegenstück – nicht gegeben. Doch ein Wort taucht auf, שְׁאוֹל, *Scheol*, dies wird immer wieder mit *Hölle* übersetzt. Wenn dieses Wort im Neuen Testament auftaucht, wird auch der griechische Begriff der Hölle verwendet. Dies erschwert die Angelegenheit, da für dieses Wort verschiedene Übersetzungen möglich sind: Es kann *Grab* heißen oder *Totenwelt* oder eben vielleicht doch *Hölle*. Übersetzungen sind eben doch auch immer eine Interpretation. Und letztgenannte Interpretation findet sich in er Septuaginta, der griechischen Übersetzung des Alten Testaments, wo an entsprechenden Stellen Ἅιδης (Hades) steht. Der Hades ist die griechische Unterwelt, benannt nach seinem gleichnamigen Herrscher. Nach dem Tode kommen die Menschen zu einem Fährmann der Unterwelt, namens Charon, dem sie einen Obolus[16] geben müssen, um

[16] *Der Charonspfennig*
Beim *Charonspfennig* handelt es sich um eine Grabbeigabe, ein Obolus für den Fährmann auf der Fahrt ins Totenreich. Münzen wurden auch später immer wieder in alten Gräbern gefunden. Nachdem die Römer diesen Brauch übernommen hatten, haben sie ihn an andere weitergegeben. Erneut ein Fall von Kulturaustausch. Oft werden Grabbeigaben dahingehend gedeutet, dass es in den entsprechenden Kulturen die Vorstellung von einem Leben nach dem Tod gab, in dem diese Beigaben benötigt wurden.

über den Fluss *Styx* zu fahren, der die Welt der Lebenden von der Unterwelt trennt. Dieser Weg war, so der Vorstellung nach, allen Menschen nach ihrem Ableben vorgezeichnet, es gab nur wenige Ausnahmen. Es folgte ein Gericht, um weiter zu entscheiden, wie mit den Menschen zu verfahren sei. Es konnte in die ewige Glückseligkeit oder in die ewige Verdammung gehen. Doch für die ultimative Verdammung war der *Tartaros* vorgesehen, ein Bereich für die schlimmsten aller Sünder, umzäunt von einem Fluss aus Feuerflammen.

Ein kleiner Sprung sei hier erlaubt: Dieser tiefste Ort des griechischen Hades hat es an eine Stelle ins Neue Testament geschafft. Im zweiten Petrusbrief (2. Petrus 2,4) ist dies der tiefste Ort der Hölle, ein Kerker für gefallene Engel und Dämonen, genannt Tartarus. Spätere Interpretationen gingen davon aus, dass der *Tartarus* im neutestamentlichen Sinne für einen *Abgrund* steht. Wir werden darauf noch einmal zurückkommen. Doch für die Apokryphen des Alten Testaments gilt, dass im Henoch-Buch, das schon einige Male erwähnt wurde, der Tartarus auch der Ort ist, wo die *Gottes-Söhne* ihr Dasein fristen, die sich mit den Menschenfrauen einließen. Wir erinnern uns, dies war vor der Sintflut.

Auch erinnern wir uns daran, dass Sünde eigentlich ein topographischer Begriff ist: Sünde ist die Gottesferne. Da JHWH als Gott des Volkes Israel als Gott des Lebens angesehen wird, hat er in den alttestamentlichen Schriften keinen Zugriff auf den Scheol. Man könnte sagen, dass es der Ort der absoluten Gottesferne ist. Wer aber nun meint, dass dies immer noch entspannter ist als die späteren Vorstellungen ewiger Höllenqualen, dem sei dieser Zahn gezogen.

Ob es sich hierbei um Über-Interpretationen handelt, kann nicht gesagt werden. Es gab eine Weile in der Archäologie den Trend, zumindest berichtet dies so ein Fachbuch, immer wieder Vampirgräber zu entdecken zu wollen, da auch Grabbeigaben wie Steine gefunden wurden, die Körperstellen beschwert haben, oder Samenkörnern (angeblich haben Vampire einen Zähltick). Nicht zuletzt fanden sich auch Gräber, wo Körper und Leib voneinander getrennt waren. Insofern wurde überlegt, ob diese Maßnahmen nicht darum durchgeführt wurden, um das, was da unter der Erde liegt, auch dort festzuhalten.

Der Prophet Jesaja schreibt über den Sturz des Königs von Babel (Jesaja 14,10):

> 9 Das Totenreich drunten erzittert vor dir, wenn du kommst.
> Es schreckt auf vor dir die Schatten, alle Gewaltigen der Erde,
> und lässt alle Könige der Völker von ihren Thronen aufste-
> hen. 10 Sie alle heben an und sagen zu dir: Auch du bist
> schwach geworden wie wir, und es geht dir wie uns. 11 Deine
> Pracht ist herunter ins Totenreich gefahren samt dem Klang
> deiner Harfen. Gewürm wird dein Bett sein und Würmer dei-
> ne Decke.

Zu beachten ist hier, dass es sich um die aktuelle Auflage der Lutherbibel (2017) handelt. Der Begriff „Totenreich" kann also auch mit „Hölle" übertragen werden – eine Entscheidung der Übersetzung. Keine schöne Vorstellung: Vom Königsthron herabgestürzt und plötzlich umgeben von Würmern. Allerdings ist ja auch die Übersetzung als *Grab* möglich. Dann klingt diese Stelle wieder sehr viel harmloser. Lesen Sie den Auszug ruhig noch einmal mit den möglichen Varianten und ersetzen das „Totenreich". Und was das „Grab" angeht: So bitter es klingt, es ist bis heute unverändert – wenn das Holz vom Sarg morsch wird, dann kommen die Würmer. Daran hat sich auch in der Gegenwart nichts geändert.
Zieht man die Zehn Gebote heran, konkret das sogenannte Bilderverbot (Exodus 20,4), dann lesen wir dort: „Du sollst dir kein Bildnis noch irgendein Gleichnis machen, weder von dem, was oben im Himmel ist, noch von dem, was unten auf Erden ist, noch von dem, was im Wasser unter der Erde ist". Der Himmel wird klar „oben" verortet. Ausgehend von den wenigen Informationen, die das Alte Testament über den Scheol liefert (meistens auch eher lyrisch in poetischer Darstellung in den Psalmen), ist davon auszugehen, dass dieser den Vorstellungen nach, „unten" war, ähnlich der Unterwelt der Toten in anderen Kulturen. Wahrscheinlich standen einige

ägyptische Unterweltsvorstellungen auch für spätere Höllenideen Pate. Doch bleiben wir noch im Alten Testament. Ein ähnliches Schicksal wie der Scheol erlitten auch zwei andere Begriffe. Auch אֲבַדּוֹן (Abaddon), was „Untergang" bedeutet, wurde immer wieder mit Hölle übersetzt. Gleiches widerfuhr auch dem Wort *Gehenna*. Doch eigentlich handelt es sich dabei um das *Hinnomtal*, in dem angeblich dem Gott Baal (auch eine Lokalgottheit, die bereits randständig anklang, die das Schicksal ereilte, dämonisiert zu werden) Menschenopfer dargebracht wurden. In der Lutherbibel findet sich dazu ein sehr bildlicher Name, wie wir beim Propheten Jeremia lesen (Jeremia 19,6):

> 6 Darum siehe, es wird die Zeit kommen, spricht der HERR, dass man diese Stätte nicht mehr »Tofet« und »Tal Ben-Hinnom«, sondern »Würgetal« nennen wird.

Hinter dem blumigen Namen Würgetal verbirgt sich das das realexistente Tal von Ge-Hinnom. In diesem Tal soll dem Moloch gehuldigt worden sein (sein Name hat sich schließlich überlebt, im Gegensatz zu seinem mutmaßlichen Kult). Beim Moloch soll es sich um einen Import eines syrischen Unterweltgottes gehandelt haben. Teil des Kults sind angeblich Menschenopfer gewesen; die Menschen fanden ihren Tod in Feuerflammen. Das ist allerdings in der Forschung umstritten. Im Neuen Testament wird uns der Begriff *Gehenna* noch einmal begegnen. Dort wird er durchgängig mit Hölle übersetzt. Das sind buchstäblich Vorstellungen, die zur Hölle wurden. Es ist schwer zu sagen, ob den Moloch-Anhängern Menschenmord lediglich als üble Nachrede anhing, doch die Vorstellung war mächtig: Menschen, die im Feuer verbrennen. Ein Puzzlestück, ein Wegbereiter hin zu späteren Bildern von Flammenmeeren, in denen Menschen in alle Ewigkeit brennen und der Teufel mit seinen Hufen scharrt.

Doch was sagen eigentlich die jüdischen Legenden zur Hölle? Den

Legenden nach hat die Hölle sieben Abteilungen und ein Mensch ist durch jede dieser Abteilungen etwa 300 Jahre unterwegs. Als Gesamtdauer für die Reise werden 6360 Jahre angegeben. Haben Sie mitgerechnet? Sieben Abteilungen der Hölle mal eine jeweils 300-jährige Passage, ergeben 2100 Jahre, doch 6360 werden angegeben. Zudem hat jeder Abschnitt der Hölle eine andere Intensität des Feuers. Jedes Feuer hat eine andere Beschaffenheit und nimmt Abschnitt um Abschnitt um den Faktor 60 zu. Entsprechend der Legenden wird den bereits eingeführten Begriffen eine Abteilung zugewiesen: *Scheol* ist die erste Abteilung und *Gehenna* ist der letzte Abschnitt, mit einem Feuer, das am stärksten brennt (und so tauchen die Begriffe auch noch einmal auf – schließlich muss alles verwendet werden). Außerdem haben die sieben Abteilungen jeweils sieben Unterabteilungen (es wird hier viel mit der Zahlensymbolik gearbeitet). Bezüglich der Raumbeschreibung finden sich weitere Angaben, so gibt es in jeder Abteilung je sieben Feuer- und sieben Hagelflüsse. Außerdem werden Breite und Tiefe der Flüsse angegeben und es ist zu lesen, dass vierzigtausend Engel mit der Bewachung beauftragt sind. Außerdem scheint die Hölle ein Höhlensystem zu durchqueren. Jede Unterabteilung hat noch einmal siebentausend Höhlen und in jeder dieser Höhlen sind noch einmal siebentausend Spalten, in der jeweils siebentausend Skorpione warten. Sieben Abteilungen der Hölle mal jeweils sieben Unterabteilungen mal jeweils siebentausend Höhlen und mal jeweils siebentausend Skorpione, dies ergibt insgesamt, wenn kein Rechenfehler vorliegt, etwa 2,5 Milliarden Skorpione. Also jede Menge Skorpione.
Doch auch in der Hölle der jüdischen Legenden sucht man den Teufel als Regenten vergebens. Über den Teufel ist allerdings zu lesen, dass er in jeglicher Hinsicht neidisch auf Adam war. Da Adam als erstgeschaffener Mensch hübscher und klüger war als der Satan. Dies wird als Auslöser des Streites zwischen dem Satan und weiteren Engeln mit Gott gesehen. Gott lobt daher einen Wettbewerb zwischen Satan und Adam aus. Dabei zieht Satan den Kürzeren. Da

er sich immer noch weigert, Adam die Ehre zu erweisen, wird er mit weiteren renitenten Engeln, quasi mit seinen persönlichen Mitarbeitenden, des Himmels verwiesen. Somit wäre auch dies geklärt. Eine Revolte im Himmel aufgrund von Eifersucht und Neid.

Ein Panoptikum antiker Dämonenvorstellungen

Ein Abschnitt unter dieser Überschrift hat das Potenzial, zu einem Kuriositätenkabinett zu verkommen. Seit der Antike gab es schon eine Art von Dämonologie – also eine Dämonenlehre. Für den antiken Denker Platon (der etwa im fünften bis vierten Jahrhundert vor Christus lebte) waren Dämonen den Göttern untergeordnet, sie standen ihnen zu Diensten und konnten an die Menschen Botschaften überbringen – sie waren praktisch der Mittelbau. Unterschieden wurde dabei zwischen gutartigen und bösartigen Dämonen. Wenn Sie bis hierhin gelesen haben, sollte dies keine Neuigkeit mehr sein. Allerdings ist zu betonen, dass diese Gestalten der antiken Vorstellung entsprechend keinen direkten Einfluss auf das Menschenleben nahmen. Die Menschen konnten vielmehr selbst entscheiden, in welche Richtung ihr Leben gehen sollte. Sie konnten sich entscheiden, der Richtung eines Dämons zu folgen oder sich von ihm abzuwenden. Also nicht das, was wir aus den Filmen kennen, wo die Opfer den Dämonen wehrlos gegenüber stehen und von ihnen fremdbeherrscht sind. Wieder einmal eine verkehrte Vorannahme. Doch bleiben wir zunächst bei Platon. In seiner Schrift *Phaidon*, die nach dem Philosophen Phaidon von Elis benannt ist und ein fiktives Gespräch darstellt, findet sich eine Dämonenlehre mit Anteilen, die uns vielleicht (doch schon) vertraut vorkommen: Ausgehend davon, dass jedem Menschen zu Lebzeiten ein Dämon zugedacht wurde, geht es nach dem Tod vor ein Gericht. Dorthin geführt wird der Mensch von dem ihm zugeteilten Dämon. Nachfolgend geht es auf in den Hades. Deutlich werden hier die Vorstellungen göttlicher Diener, welche den Menschen auf seinen letzten Metern begleiten, bevor ein göttliches Gericht den Zutritt zu einer jenseitigen Weg regelt. Bei Platon geht es konkret darum, dass die Seele vom Dämon auf diesem Weg geführt wird, es ist also eine geistige Vorstellung vom Bewusstsein des Menschen, das übrig bleibt und dieses Bewusstsein bedarf der Begleitung in dieser Anderswelt, in der es sich nach dem Tode befindet.

Bereits in der Antike finden sich ebenfalls ausgeschmückte Ideen etwa von Sexualdämonen, also dämonenhaften Wesen, welche die Begierde der Menschen befeuern. Solche Vorstellungen sind, wie auch die bereits vorgestellte Figur Lilith, wahrscheinliche Wegbereiter von späteren Geschichten von Succubus und Incubus. Diesen teuflischen Wesen, denen nachgesagt wird, dass sie den Verkehr mit Menschen suchen, um so ihre Lebensenergie zu rauben, widmen wir uns noch einmal zu einem späteren Zeitpunkt.

Für die Welt der Bibel und damit für das damalige Volk Israel ist es vorstellbar, dass sich aufgrund des Kulturtransfers entsprechende Dämonenkonzepte mit dem mischten, was sie versuchten, in ihr Weltbild zu integrieren. Der Glaube der Israeliten war, wie bereits erwähnt, ein Monotheismus. Die anderen Götter, die fremden Götter der Gruppen, mit denen sie in Kontakt traten, wurden aber nicht verneint, sondern *depotenziert*. Ihnen wurde die Macht abgesprochen oder schlimmer noch, sie wurden als böse angesehen. Ein Beispiel dafür ist *Belphegor*, der von den Moabitern verehrt wurde, die östlich des Toten Meeres lebten. Im Alten Testament selbst taucht er zwar auf, doch eine Ausprägung als Dämon findet sich erst in der christlichen Tradition. Der Kult um diese Figur wird stark sexualisiert dargestellt. Wahrscheinlich um damit noch eine moralische Abwertung vorzunehmen. Im vierten Buch Mose findet sich *Belphegor* (als Baal-Peor) weniger als Dämonenfigur, sondern mehr als konkurrierende Gottesvorstellung, die brutal niedergeschlagen wird. Doch auch hier finden sich schon Motive späterer sexualisierter Vorstellungen des Kults (Numeri 25,1-5):

1 Und Israel lagerte in Schittim. Da fing das Volk an zu huren
mit den Töchtern der Moabiter; 2 die luden das Volk zu den
Opfern ihrer Götter. Und das Volk aß und betete ihre Götter
an. 3 Und Israel hängte sich an den Baal-Peor. Da entbrannte
des HERRN Zorn über Israel, 4 und er sprach zu Mose:
Nimm alle Oberen des Volks und hänge sie vor dem HERRN
auf im Angesicht der Sonne, damit sich der grimmige Zorn
des HERRN von Israel wende. 5 Mose aber sprach zu den
Richtern Israels: Töte ein jeder seine Leute, die sich an den
Baal-Peor gehängt haben.

Bild 10: Belphegor
Schon ziemlich teuflisch dargestellt – Belphegor. Hier in einer Darstellung aus dem *Dictionnaire Infernal* (1863), also dem *Wörterbuch der Hölle*.

Während das Volk Israel entsprechend des Alten Testaments kaum ausgeprägte Dämonologien aufweist, war dies zum Beispiel in der babylonischen Religion anders. Es herrschten polytheistische Gottesvorstellungen vor, es gab also mehrere Gottheiten, die verehrt werden wollten. Diese Götter stellte man sich allesamt sehr körperlich vor. Und ebenjenen Göttern waren dienende Wesen unterstellt. Manche dieser Wesen waren bösartig und wurden zur *Šebettu* gezählt. Dieser Begriff ist aus der nicht mehr lebendigen Sprache Akkadisch, einer semitischen Sprache wie das Hebräische. Das Wort kennzeichnet eine Siebenergruppe von Dämonen. Gemeint waren damit sieben böse Dämonen und sieben gutartige Wesen, die wiederum gegen die Bösen vorgingen (hier haben wir nun einmal ein waschechtes Protagonisten-Antagonisten-Verhältnis). Zu den bösen Dämonen zählte unter anderem *Lamaštu*. Vorgestellt wurde sie als Tochter von Anu, der zum Götterkreis Babylons gehörte. Auch den babylonischen Vorstellungen nach gab es eine Sintflut und ihre Aufgabe war es, durch Krankheit und Tod dafür zu sorgen, dass die Menschheit sich nicht nach der Sintflut ungezügelt vermehrte. Bisweilen wird *Pazazu* in Zusammenhang mit *Lamaštu* genannt, wobei dieser Winddämon eher Teil des mesopotamischen Glaubens war. Es gibt eine assyrische Darstellung von *Pazuzus* aus dem ersten Jahrtausend vor Christus. Je nach Tradition wurde er als Widersacher *Lamaštus* gesehen, so konnte er angerufen werden, um gegen sie vorzugehen. Doch für unsere Betrachtungen ist *Pazuzu* keine positiv konnotierte Figur. Er wird uns noch einmal begegnen, da er in Literatur und Spielfilm zum Exorzismus noch einmal prominent auftreten wird.

Eine Vielzahl solcher Figuren könnte hier noch erwähnt werden. Zu nennen ist etwa noch *Namtaru*, ein Gott der Unterwelt in der sumerischen und akkadischen Tradition. Übersetzt heißt *Namtaru* „Schicksal“. Deutlich wird hier, dass es sich dabei ursprünglich um eine Figur handelte, die von den Menschen als göttlich vorgestellt und sogar als *Gott der Pest* angesehen wurde, wie auch der sumerische Krankheitsdämon *Asag*. Doch aus diesen Vorstellungen um den bösen Gott *Namtaru* wurde auch im Verlauf exorzistischer Praxis eine Dämonenfigur. Aus den akkadischen und sumerischen Traditionen entwickelte sich ebenfalls die ugaritische Religion, die einige Parallelen zur Vorstellungswelt des Alten Testaments aufweist. *El* galt als Hauptgott, der auch Herr über die Dämonen war. Auch taucht in diesem Götterpantheon *Aschera* wieder auf, von der wir bereits aus dem Alten Testament etwas gehört haben. *El* und *Asche-*

ra gelten hier als göttliche Eltern weiterer Götter und Göttinnen sowie von Dämonen. Somit haben wir wieder den Gott des Alten Testaments und seine Aschera, die in der Bibel kaum Erwähnung findet.
Die ugaritische Schöpfungserzählung ähnelt übrigens jener des Alten Testaments - woher kommt das? Haben die Menschen der Antike etwa voneinander abgeschrieben? Wohlwollend betrachtet geht es hier um ein Ringen auf der Suche nach Wahrheit. Die dahinterliegende Vorstellung ist, dass sich Gott der Welt offenbart hat und er von anderen Menschen falsch verstanden wurde, die zum Beispiel in ihrem Gottesbild nicht integrieren konnten, dass Gott auch für das Wetter oder für Krankheiten verantwortlich ist und sie sich so weitere Gottheiten vorstellten. Da es wiederum kaum vorstellbar war, dass Gott bewusst Menschen schädigt, entstand ferner wohl die Idee, dass es nicht eine Eigenschaft von Gott ist, die einen Schaden verursacht, sondern eine dämonische Figur, die bislang - wohl fälschlich - als Gott verehrt wurde.
Zur Entwicklung von Gottesvorstellungen sei - allerdings mit einem europäischen Fokus - auf die Arbeiten von Wilhelm Mannhardt (1831-1880) verwiesen: Im 19. Jahrhundert stellte sich Mannhardt einer besonderen Aufgabe. Er startete eine Briefumfrage im Deutschen Reich, um etwas über bestimmte Motive der Erzählkultur herauszufinden. Besonders interessierte er sich für den nordisch-germanischen Sagenkreis.
Man stelle sich vor, wie der Wind durch Kornähren weht. Es gibt die Vorstellung, dass sich dann Roggenwolf, Roggenmuhme oder Roggenmutter (und es gibt je nach Region noch viele weitere Bezeichnungen) durch die Felder streifen. In seinen Arbeiten *Roggenwolf und Roggenhund* (1865) und *Die Korndämonen* (1868) wies Mannhardt etwas Spannendes nach. Nach ursprünglicher Vorstellung schützten diese Wesen die Felder als sogenannte Vegetationsgötter. Doch die Idee, dass es etwas Gutes ist, wenn die Roggenmutter durch das Feld zieht (und das Korn schützt), erlebte, wie andere

Vorstellungen auch, einen wirklichen Abstieg. Allesamt wurden diese Figuren zum Kinderschreck. Die Roggenmutter war nunmehr eine Warnung, nicht in die Felder zu gehen, dazu wurden sich Szenarien von ihrer Gefährlichkeit ausgemalt. Und die Funktion lag auf der Hand: Mit dieser Schreckgeschichte sollten die Kinder geschützt werden, damit sie sich nicht in den Feldern verliefen. Die einstmals positiven Figuren sollten ihnen nun Angst machen. Schauen wir uns noch eine weitere dieser Figuren aus dem Sammelsurium der Kinderschrecken an:

> Es tanzt ein Bi-Ba-Butzemann in unserm Haus herum, fidebum. Er rüttelt sich, er schüttelt sich, er wirft sein Säckchen hinter sich. Es tanzt ein Bi-Ba-Butzemann in unserm Haus herum.

Auch der *Butzemann*, der im Jahr 1808 als verschriftlichtes Kinderlied, das es wohl schon lange vorher gab, für die Nachwelt von Jacob Grimm festgehalten wurde, erfuhr eine spätere Einordnung als Korndämon (durch den Volkskundler Richard Beitl in Tradition der Arbeiten Mannhardts). Ähnliche Figuren sind auch der *Buhmann* bzw. der *Bullemann* (im anglo-amerikanischen Sprachraum der *Boogeyman*) oder die Vorstellung vom „schwarzen Mann" („Wer hat Angst vorm schwarzen Mann?"). Tatsächlich ist „schwarz" aber nicht in einem rassistischen Sinne gemeint, sondern im Sinne einer dunklen Schreckgestalt. Es gibt Vermutungen, ob dahinter nicht der personifizierte *schwarze Tod* (die Pest) seinen Weg nicht nur in einen Begriff, sondern auch in ein Spiel gefunden hat. Als regelbasiertes Spiel ist es wahrscheinlich über einen längeren Zeitraum gewachsen mit der Funktion angstlösend zu wirken, sich also der Angst zu stellen. Denn auf die Frage, wer „Angst" vor dem „schwarzen Mann" hat, lautet die klare Antwort: „Niemand!"

Das Neue Testament - ein Einstieg

Der vorherige Abschnitt wurde damit abgeschlossen, dass „niemand“ vor dem „schwarzen Mann“ Angst hat. Das gilt allerdings nicht für Dämonen im Neuen Testament, denn diese konnten in der Welt des Neuen Testaments durchaus Schrecken verbreiten. Doch bevor wir zum Teufel, zur Hölle, zur Dämonen und zu den Exorzismen des Neuen Testamentes kommen, sollten ein paar grundlegende Dinge zum Verständnis geklärt werden. Das Neue Testament ist der jüngere und kürzere Teil der Bibel. Es enthält die vier Evangelien[17], die Geschichte der Apostel, Briefliteratur sowie schließlich die Offenbarung des Johannes (Apokalypse). Die Geschichte um Jesus von Nazareth ist aus christlicher Sicht eine Erfüllungsgeschichte. Ein Messias, ein Retter, wurde dem Volk Israel angekündigt, der nun mit Jesus gekommen sein soll, daher *Jesus Christus* (eine begriffliche Einordnung haben wir bereits vorgenommen): Jesus, der Messias, der Gesalbte. Für die frühe Christenheit hatten sich die Prophezeiungen der jüdischen Propheten damit erfüllt.

Der historische Jesus begann um sein 30. Lebensjahr herum öffentlich zu wirken. Seine Zeit als jüdischer Wanderprediger war kurz und sie endete am Kreuz. Die Kreuzigung war eine populäre Hinrichtungsart der Römer.

---

[17] *Die vier Evangelien*

Zu den insgesamt 27 Büchern des NeuenTestaments gehören vier Evangelien. Der altgriechische Begriff εὐαγγέλιον (*euangélion*) heißt: *Gute Nachricht*. Im Rahmen des Kanonisierungsprozesses haben es vier Evangelien in das Neue Testament geschafft. Verfasst wurden die Schriften ursprünglich auf Griechisch, bzw. auf *Koiné*, einer damals weit verbreiteten Variante des Griechischen. Die enthaltenen Erzählungen über das Leben Jesu wurden wahrscheinlich um die Jahre 80 bis 90 nach Christi Geburt verschriftlicht. Markus gilt als das älteste Evangelium, das mit Markus und Lukas zu den sogenannten synoptischen Evangelien zählt. Darin steckt das Wort „Synopsis“, also eine Zusammenschau. Diese Evangelien sind in vielen Punkten vergleichbar, wobei jedes einzelne noch „Sondergut“ enthält. Im Johannes-Evangelium finden sich wiederum eigene Schwerpunkte, mehrheitlich geht man heute von einer Entstehung um das Jahr 100 aus. Daneben gibt es noch nicht-kanonisierte Evangelien, wie zum Beispiel das bekannte Thomas-Evangelium, das weitere Aussprüche von Jesus beinhalten soll oder Evangelien, die angeblich seine Kindheit beleuchten.

Bild 11: Jesus-Darstellung
Eine Darstellung Jesu und ein Zeugnis frühchristlicher Kunst. Jesus wird entsprechend den Zuschreibungen des Neuen Testaments als *guter Hirte* dargestellt. Zu finden ist dieses Motiv als Deckenmalerei in der Calixtus-Katakombe in Rom. Entstanden ist es wohl um das Jahr 250 herum.

Die Evangelien berichten davon, dass er von der jüdischen Obrigkeit, die von den römischen Machthabern abhängig war, der Justiz überantwortet wurde. Mehr noch: Die Obrigkeit forderte seinen Tod, da er als Aufrührer galt, als Sektenführer (vereinfacht gesagt, ein heutiger Sektenbegriff ist hier schwierig anzuwenden), als eine Gefahr für die öffentliche Ordnung. An Ostern gedenken Christen, zunächst an Karfreitag, Jesu Tod am Kreuz. Der biblischen Überlieferung nach ist er am dritten Tage auferstanden, so wird es auch im Glaubensbekenntnis bezeugt. Der Tod wurde damit überwunden und damit auch die Folter und Pein, die dem Kreuzestod vorausgingen (die sogenannte *Passion*, der Leidensweg Jesu). Die Vorstellung ist, dass mit dem Tod Jesu und der Auferstehung die Schuld der Menschen getilgt ist, schließlich kann man den Leidensweg Jesu als größte menschliche Sünde sehen: den Mensch gewordenen Gott bzw. Gott selbst (zu den Auffassungen Jesu Natur werden wir noch kommen) zu töten. Bereits zuvor hatten wir die Theodizee-Frage, die Frage nach der Gerechtigkeit Gottes, warum er das Leid in der Welt zulässt. Einen Hinweis auf diese Interpretation gibt das Johannes-Evangelium (Johannes 3,16-17):

16 Denn also hat Gott die Welt geliebt, dass er seinen einge-
borenen Sohn gab, auf dass alle, die an ihn glauben, nicht ver-
loren werden, sondern das ewige Leben haben. 17 Denn Gott
hat seinen Sohn nicht in die Welt gesandt, dass er die Welt
richte, sondern dass die Welt durch ihn gerettet werde.

Die christliche Zeitrechnung beginnt mit dem Jahr Null. So mag es verwundern, dass der historische Jesus wahrscheinlich einige Jahre zuvor geboren wurde. Eine genaue Datierung ist schwierig. Populär ist nicht zuletzt am Weihnachtsabend im Gottesdienst die Weihnachtsgeschichte nach dem Evangelisten Lukas. Frischen wir unsere Erinnerung etwas auf (Lukas 2,1-5):

Jesu Geburt

1 Es begab sich aber zu der Zeit, dass ein Gebot von dem Kai-
ser Augustus ausging, dass alle Welt geschätzt würde. 2 Und
diese Schätzung war die allererste und geschah zur Zeit, da
Quirinius Statthalter in Syrien war. 3 Und jedermann ging,
dass er sich schätzen ließe, ein jeglicher in seine Stadt. 4 Da
machte sich auf auch Josef aus Galiläa, aus der Stadt Naza-
reth, in das judäische Land zur Stadt Davids, die da heißt
Bethlehem, darum dass er von dem Hause und Geschlechte
Davids war, 5 auf dass er sich schätzen ließe mit Maria, sei-
nem vertrauten Weibe; die war schwanger.

Auffällig ist, dass eine Datierung anhand der Benennung von Herrscherfiguren und einer steuerlichen Erfassung der Bürgerinnen und Bürger vorgenommen wird. In der Forschung wird dies breit diskutiert, naheliegend ist hier aber wahrscheinlich eine erzähltechnische Entscheidung, um die Eltern Jesu nach Betlehem zu bringen. Dies hat einen bestimmten Grund: Die christlichen Autoren versuchten, die Geschichte von Jesus in den Kontext der Prophezeiungen einzuordnen. Beim Evangelisten Matthäus (Matthäus 3,5-6) findet sich die Episode um die *Weisen aus dem Morgenland*, so übersetzte Luther die Stelle. In der katholischen Tradition sind diese Personen aufgrund der drei Geschenke, die sie bringen, *die Heiligen Drei Könige*, deren Gebeine als Reliquien im Kölner Dom liegen sollen. Im griechischen Text steht an dieser Stelle der Plural Μάγοι (*Magoi*), der Singular lautet Μάγος (Magos). Übersetzt heißt dies: *Magier*. Es handelte sich dabei um Sterndeuter. Der Begriff ist ein Beleg dafür, dass Astrologie und Astronomie damals noch nicht voneinander getrennt waren, also die Sternbeobachtung auch gleichzeitig mit übersinnlichen Zukunftsprognosen verbunden war. Ähnliche Beobachtungen kannte man beispielsweise auch im Römischen Reich, wo auf *Prodigien*, auf Wunderzeichen, geachtet wurde. Doch bleiben wir beim Stern von Bethlehem: Diese Gesandtschaft ist der biblischen Überlieferung nach einem Stern gefolgt[18] (anhand des Sterns gab es selbstverständlich auch Datierungsversuche für das Geburtsjahr - die Jahre 6 oder 7 vor Christus, gerade auch im Zusammenspiel mit der geschichtswissenschaftlichen Deutung anhand der Herrscherdaten, gelten hier als besondere Kandidaten). Die Magoi sind also diesem Stern gefolgt, da laut alter Prophezeiungen dieses Himmelsereignis auf die Geburt eines Königs hinweist. Insofern geht es direkt zum Adel, es geht an den Hof von König Herodes.

[18] *Was ist dran am Stern von Bethlehem?*
Historisch gab es verschiedene Vermutungen, was der Stern von Bethlehem gewesen sein könnte. Neben der Deutung, dass es sich um ein göttliches Wunder gehandelt habe, wurden Versuche einer naturwissenschaftlichen Deutung angestrebt. Wichtig ist zu betonen, dass trotz einer möglichen Erklärung durch die Naturwissenschaften, daraus nicht unmittelbar eine Glaubensaussage abgeleitet werden kann (hier bedarf es wiederum der Theologie). Nachdem verschiedene Varianten, wie etwa ein Komet oder das Beobachten einer Supernova (das Beobachten eines verendenden Sterns) ausschieden, weil solche Phänomene nur kurzzeitig am Himmel zu beobachten sind, brachte Johannes Kepler einen neuen Gedanken in die Diskussion ein: Im frühen 17. Jahrhundert überlegte Kepler die Möglichkeit einer Planetenkonjunktion zur Erklärung des Sterns von Bethlehem. Als wahrscheinlich sah er an, dass sich Jupiter und Saturn auf einer Blickachse befanden und so das Phänomen bildeten, welches die Magoi als den Stern von Bethlehem deuteten, mit den Prophezeiungen in Verbindung brachten und sich auf einen langen Weg aufmachten. Es ist davon auszugehen, dass sie etwa 1000 Kilometer zurücklegen mussten.

Schauen wir einmal auf die konkrete Stelle beim Evangelisten Matthäus und blicken auf König Herodes' Reaktion, als die Sterndeuter ihn nach dem neugeborenen König fragen:

> 3 Als das der König Herodes hörte, erschrak er und mit ihm ganz Jerusalem, 4 und er ließ zusammenkommen alle Hohenpriester und Schriftgelehrten des Volkes und erforschte von ihnen, wo der Christus geboren werden sollte. 5 Und sie sagten ihm: Zu Bethlehem in Judäa; denn so steht geschrieben durch den Propheten: 6 »Und du, Bethlehem im Lande Juda, bist mitnichten die kleinste unter den Fürsten Judas; denn aus dir wird kommen der Fürst, der mein Volk Israel weiden soll.«

Herodes lässt im Grunde, kirchlich gesprochen, eine Pfarrkonferenz einberufen. Es findet eine Tagung der Theologen statt. Und diese jüdischen Gelehrten stoßen auf eine Stelle beim Propheten Micha, also eine Schrift, die heute dem Alten Testament zugeordnet ist (Micha 5,1):

> *Der kommende Herrscher aus Bethlehem*
> 1 Und du, Bethlehem Efrata, die du klein bist unter den Tausenden in Juda, aus dir soll mir der kommen, der in Israel Herr sei, dessen Ausgang von Anfang und von Ewigkeit her gewesen ist.

Wenn wir noch einmal auf die Kanonisierungsprozesse blicken, dann können wir feststellen, dass zum Repertoire an Schriften den damaligen Theologen folgendes zur Verfügung stand: Etwa vierhundert Jahre zuvor war die Tora kanonisiert worden (also die fünf Bücher Mose), etwa zweihundert Jahre zuvor die prophetischen Schriften und die sogenannten Geschichtsbücher der Bibel und bis zu Lebzeiten Jesu, also bis zum Beginn unserer Zeitrechnung, noch die Psalmen sowie ein Teil der Weisheitsliteratur sowie weitere alttestamentliche Bücher. Die Evangelien zeugen davon, dass Jesus von seinen Anhänger, seinen Jüngerinnen und Jüngern, als רַבִּי (*Rabbi*) angesprochen wurde. Dieses hebräische Wort bedeutet *Gelehrter*. Jesus bewegte sich eindeutig im religiösen Kontext seiner Religion. Jesus war bekanntlich Jude, was bei Schülerinnen und Schülern im Religionsunterricht mitunter zu Erstaunen führt. Ob er tatsächlich eine neue Religion gründen wollte, ist strittig. Bei Matthäus (Matthäus 5,17) ist zu lesen, dass er nicht „gekommen“ ist, um „aufzulösen, sondern [um] zu erfüllen.“ Doch wer war Jesus? Es ist davon zu lesen, dass er dieses Thema auch mit seinen Jüngern besprach (Matthäus 16,13-20):

> *Das Bekenntnis des Petrus und die Verheißung an ihn*
> 13 Da kam Jesus in die Gegend von Cäsarea Philippi und fragte seine Jünger und sprach: Wer sagen die Leute, dass der Menschensohn sei? 14 Sie sprachen: Einige sagen, du seist Johannes der Täufer, andere, du seist Elia, wieder andere, du seist Jeremia oder einer der Propheten. 15 Er sprach zu ihnen: Wer sagt denn ihr, dass ich sei? 16 Da antwortete Simon Petrus und sprach: Du bist der Christus, des lebendigen Gottes Sohn! 17 Und Jesus antwortete und sprach zu ihm: Selig bist du, Simon, Jonas Sohn; denn Fleisch und Blut haben dir das nicht offenbart, sondern mein Vater im Himmel. 18 Und ich sage dir auch: Du bist Petrus, und auf diesen Felsen will ich meine Gemeinde bauen, und die Pforten der Hölle sollen sie nicht überwältigen. 19 Ich will dir die Schlüssel des Himmelreichs geben: Was du auf Erden binden wirst, soll auch im Himmel gebunden sein, und was du auf Erden lösen wirst, soll auch im Himmel gelöst sein. 20 Da gebot er den Jüngern, niemandem zu sagen, dass er der Christus sei.

Spätere Interpreten sahen in der Verantwortungsübertrag an Petrus die Begründung des Papstamtes (daher der *Stuhl Petri*, den der Papst bekleidet) und die Gründung der Kirche. In der deutschen Übersetzung ist das Wort „Gemeinschaft" zu lesen, auf Griechisch steht hier ἐκκλησία (*ekklēsía*), was auch als „Versammlung" übersetzbar ist, doch immer mehr zum Synonym für „Kirche" wurde. Im zitierten Auszug wird aber vor allem deutlich, dass eine große Diskussion darüber stattfand, wer denn nun dieser Wanderprediger, dieser Jesus, eigentlich ist. Die theologische Forschungsrichtung, die sich damit auseinandersetzt, ist die *Christologie*, also die Lehre von der Natur Christi. Stets waren die theologischen Diskussionen innerhalb der Christenheit erbittert, wovon auch spätere Schriften des Neuen Testaments zeugen. Die christologische Frage gehört wohl zu den Punkten, die man am besten mit den Schlussworten von Fontanes *Effi Briest* beschreiben kann: „Das ist ein zu weites Feld!" Grundsätzlich gehen die Diskussion in die Richtung der Denkmöglichkeiten ob Jesus Gott war, ob er Mensch oder ob er Gott und Mensch gleichermaßen war. Wiederum gibt es auch die Frage, ob Jesus schon immer da war. So eine *Prä-Existenz* legt die Einleitung des Johannes-Evangeliums nahe (Johannes 1,1-4):

> *Das Wort*
> 1 Im Anfang war das Wort, und das Wort war bei Gott, und Gott war das Wort. 2 Dasselbe war im Anfang bei Gott.
> 3 Alle Dinge sind durch dasselbe gemacht, und ohne dasselbe ist nichts gemacht, was gemacht ist. 4 In ihm war das Leben, und das Leben war das Licht der Menschen. 5 Und das Licht scheint in der Finsternis, und die Finsternis hat's nicht ergriffen.

Jesus wird hier gleichsetzt mit dem λόγος (*lógos*), dem „Wort" oder dem „Sinn". Dagegen – oder je nach Auffassung – *daneben* steht σάρξ (*sarx*), das „Fleisch". Dadurch ergeben sich vielfältige Fragen:

Wenn Gott am Kreuz starb, konnte er dann überhaupt das Leid – im Rahmen menschlicher Dimensionen – erfassen? Wenn der Mensch am Kreuz starb, wo war dann das Göttliche? Wenn Jesus beide Naturen hatte, welche der Natur war dann am Kreuz?[19] War Jesus, in biblischer Deutung, schon immer Gottes Sohn oder wurde er von Gott als Sohn angenommen, quasi adoptiert?
Für das hier verhandelte Thema, die Exorzismen, ist die Frage nach seiner Natur dahingehend relevant, wie der Teufel und die Dämonen ihn wahrnehmen. Doch dahin werden wir noch kommen. Wichtig ist zunächst festzuhalten, dass das Leben Jesu zunächst in mündlicher Form weitergegeben wurde. Eine Verschriftlichung schien für eine Weile nicht notwendig, da die frühen Gemeinden mit seiner baldigen Wiederkehr fest rechneten. Die älteste Schrift des Neuen Testaments – nach derzeitiger Mehrheitsmeinung der Forschung – ist ein Brief des Apostels[20] Paulus an die Gemeinde in

---

[19] *Ein paar Worte zum Kreuz und zur Kreuzigung*
Das Kreuz markiert zweifelsohne das bekannteste und wichtigste Symbol der Christenheit. Dabei sind die Hintergründe gar nicht so hoffnungsvoll wie das, was das Kreuz um Ausdruck bringen soll. Die Hinrichtungsart der Kreuzigung war im Römischen Reich bekannt und wurde vielfach eingesetzt. Nicht aber die Nägel, mit denen der Körper an den Balken befestigt wurde, sollten für den Tod sorgen, sondern die Aufhängung an Kreuz, sodass ein mühsames Versterben durch Ersticken die Folge war. Dies konnte einige Tage dauern, weshalb die Gequälten weiterhin mit Wasser versorgt wurden, um ihr Leiden zu verlängern. Dass Tod und Hoffnung so nahe im Christentum beieinander liegen, ist Ausdruck des Symbols. Es wird damit an die Auferstehung Christi gedacht, an die Überwindung des Todes. Gerade in Exorzismus-Filmen ist es oft das umgedrehte Kreuz (oder ein sich drehendes Kreuz an der Wand), das auf das Böse verweisen soll. Dieses umgedrehte Kreuz wird das *Petruskreuz* genannt. Benannt nach dem Apostel Petrus, der kopfüber gekreuzigt worden sein soll. Diese Kreuzigung kopfüber intensivierte die Todesqualen. Es ist zum Symbol für die Verballhornung des Christentums geworden.

[20] *Jüngerinnen und Jünger – Apostel und auch eine Apostelin?*
Zu den ersten berufenen Jüngern gehörten Simon Petrus, ein Fischer, sowie sein Bruder Andreas. Jesus bestimmt innerhalb seiner wachsenden Jüngerschar einen Kreis engster Vertrauter, die Apostel: ἀπόστολος (*apóstolos*). Übersetzt bedeutet dies „Gesandter". Vor seiner Verhaftung, bevor Jesus den Behörden überantwortet wurde, soll er mit seinen Aposteln zu Tisch gesessen haben und das sogenannte Abendmahl eingesetzt haben. Zum engsten Kreis gehörte auch Judas Iskariot, der, vom Satan besessen, so sagt es das Evangelium nach Lukas, Jesus an die Verfolger verriet. Judas nahm sich nach dem Verrat selbst das Leben und es fand eine Nachwahl statt. Zu den Aposteln

Thessaloniki. Paulus, zunächst ein entschiedener Eiferer gegen die Christusbewegung, wurde nach einem Bekehrungserlebnis, was als *Damaskuserlebnis* bekannt wurde, zu einem überzeugten Missionar. Paulus trägt auch den Titel *Völkerapostel*, da er mehrere Gemeinden an vielen Orten gründete, zu denen er weiterhin brieflichen Kontakt hielt. Ein Teil dieser Briefe ist erhalten. Wiederum wurden bestimmte Texte in den Gemeinden niedergeschrieben und aufbewahrt, sodass sie später in den biblischen Kanon aufgenommen werden konnten. Seine historische Existenz stellt eine eigene Debatte dar, doch für diese Betrachtungen können folgende Punkte festgehalten werden: Die Bibel erzählt vom Sohn einer Handwerkerfamilie, Jesus, der unter schwierigen Bedingungen (in eine sozialschwache Familie hinein) geboren wurde. Im Neuen Testament werden Berichte über seine Kindheit überwiegend ausgespart. Als junger Mann beginnt er öffentlich zu predigen, sammelt um sich eine Anhängerschaft, erzählt von Gott und bietet - wohl für die Obrigkeit - eigenwillige Interpretationen der jüdischen Lehre. Dieser Mann, Jesus, tritt als Heiler und als Exorzist auf (tatsächlich werden wir noch feststellen, dass die Exorzismen einen bedeutenden Teil seiner Tätigkeit ausmachen). Seine Anhängerschaft wird größer und vor dem Pessach-Fest, dem höchsten jüdischen Feiertag, sorgt er für einen Skandal im Tempel, sodass er von den jüdischen Priestern an die römischen Machthaber ausgeliefert wird.

Auch wenn es einige wenige außerbiblische Notizen zu Jesus gibt, ist umstritten, inwieweit nicht die frühen christlichen Gruppen einen Einfluss auf diese außerchristlichen Notizen hatten. Es gibt zudem verschiedene Ansätze die Leerstellen in Jesu Leben zu füllen,

---

wird überdies noch Paulus gezählt, der Jesus allerdings nicht persönlich begegnete, aber sich nach einem Bekehrungserlebnis als von ihm persönlich berufen sei. Zum engsten Kreis Jesu zählte auch *Maria von Magdala* bzw. *Maria Magdalena*. Im Lukas-Evangelium wird es zum Nebensatz, dass Jesus ihr sieben Dämonen ausgetrieben hat (Lukas 8,2). Auch sie gehört zum engsten Kreis. Sie beflügelte geschichtlich immer wieder die Fantasie und manche wollen in ihr die Partnerin Jesu sehen. Zweifelsohne ist sie eine wichtige Figur: Seit dem Jahr 2016 gilt sie der katholischen Kirche als „Apostolorum Apostola“, die *Apostelin der Apostel.*

also konkret die Frage, was tat er bis zum Zeitpunkt seines öffentlichen Auftretens? Hier gibt es unterschiedliche Ansätze, manche wollen auch Belege dafür sehen, dass sich Jesus zeitweilig in Indien aufhielt oder gar nach der Kreuzigung dahin zurückging. In dieser phantastischen Interpretation wurde er am Kreuz betäubt und anstatt einer Grablegung kam es zur Flucht. Dies wurde als besonderer Erklärungsansatz für das leere Grab am Ostermorgen gesehen. Doch bleiben wir bei den neutestamentlichen Texten: Während wir im Alten Testament den Teufel als Gegenspieler Gottes vergeblich gesucht haben, können wir gleich feststellen, dass ihm diese Rolle im Neuen Testament deutlich zugeschrieben wird.

Der Teufel im Neuen Testament

Nomen est Omen!

Zunächst einmal zum Begriff *Teufel* – quasi zur Rekapitulation: Das Wort stammt aus dem Althochdeutschen „tiufal“, was wiederum sprachgeschichtlich vom Lateinischen „diabolus“ kommt, vom Wort her hatten wir dies bereits geklärt. Zusätzlich ist im Neuen Testament auch von σατανᾶς bzw. an einigen Stellen auch Σατανᾶς (Satanas), dem Satan, den Rede. Beide Wörter werden in den neutestamentlichen Schriften synonym verwendet. Daneben finden sich in den Texten neben anderen auch noch die Bezeichnungen Βεελζεβούλ (Beelzebub) oder Βελιάρ (Beliar). In der Apokalypse (Offenbarung 12,9 und auch 20,2) wird der Teufel beispielsweise zum „Drachen“. Im Evangelium nach Johannes (Johannes 14,30) wird er auch als *Fürst dieser Welt* bezeichnet. Greifen wir etwas vor und sprechen über Martin Luther (zu dem wir noch kommen werden) oder besser gesagt über das Lied *Ein feste Burg ist unser Gott* (entstanden wahrscheinlich vor dem Jahr 1529). Luther griff darin eine besondere Formulierung auf:

> Und wenn die Welt voll Teufel wär
> und wollt uns gar verschlingen,

so fürchten wir uns nicht so sehr,
es soll uns doch gelingen.
Der Fürst dieser Welt,
wie sau'r er sich stellt,
tut er uns doch nicht;
das macht, er ist gericht':
ein Wörtlein kann ihn fällen.

Ein weiterer bekannter Name für den Teufel im Neuen Testament ist „Luzifer", übersetzt heißt dies „Lichtbringer". Werfen wir einen Blick in das Lukas-Evangelium (Lukas 10,17-20):

> 17 Die Zweiundsiebzig[, die Jesus ausgesandt hatte] aber kamen zurück voll Freude und sprachen: Herr, auch die Dämonen sind uns untertan in deinem Namen. 18 [Jesus] sprach aber zu ihnen: Ich sah den Satan vom Himmel fallen wie einen Blitz. 19 Seht, ich habe euch Macht gegeben, zu treten auf Schlangen und Skorpione, und Macht über alle Gewalt des Feindes; und nichts wird euch schaden. 20 Doch darüber freut euch nicht, dass euch die Geister untertan sind. Freut euch aber, dass eure Namen im Himmel geschrieben sind.

Bild 12: Höllensturz von Doré.
Wieder einmal eine Darstellung aus der Bebilderung zu Miltons *Paradise Lost* von Doré (1865). Der Teufel wird vom Himmel in die Hölle herabgestürzt.

Christliche Interpreten sahen darin eine Parallele zum Jesaja-Buch. Wir hatten bereits die Stelle mit dem Totenreich, mit dem Gewürm, bei dem man auch, was eine Übersetzungsmöglichkeit wäre, auf ein Grab schließen könnte. Doch lesen wir weiter – unmittelbar nach dem Grab/Hölle/Totenreich-Abschnitt (Jesaja 14,12-14):

> 12 Wie bist du vom Himmel gefallen, du schöner Morgenstern! Wie wurdest du zu Boden geschlagen, du Bezwinger der Völker! 13 Du aber gedachtest in deinem Herzen: »Ich will in den Himmel steigen und meinen Thron über die Sterne Gottes erhöhen, ich will mich setzen auf den Berg der Versammlung im fernsten Norden. 14 Ich will auffahren über die hohen Wolken und gleich sein dem Allerhöchsten.«

Gemeint war damit aber wahrscheinlich der König von Babylon, der sich selbst in einer gottähnlichen Position sehen wollte. Stattdessen wurde er aber zweierlei Futter für die Würmer und Futter für den Stoff des Engelssturzes. Und dieser Engelssturz war die Schablone für die später ausgeschmückte Erzählung von revoltierenden Engeln im Himmel, die angeführt von Luzifer den Aufstand probten. In christlichen Interpretationen ist dies als *Höllensturz* bekannt – also der Fall vom Himmel in die Hölle. Diese Vorstellung ist der Wegbereiter dahin, dass der Teufel nicht nur *Fürst dieser Welt* ist, sondern die Hölle auch gleichzeitig sein Refugium darstellt. Ebenso wurde die Schlange im Garten Eden einer christlichen Interpretation unterzogen. Zu lesen ist davon in der Apokalypse (Offenbarung des Johannes 12,9):

> 9 Und es wurde hinausgeworfen der große Drache, die alte Schlange, die da heißt: Teufel und Satan, der die ganze Welt verführt. Er wurde auf die Erde geworfen, und seine Engel wurden mit ihm dahin geworfen.

Daneben ist im zweiten Brief an die Gemeinde in Korinth (2. Korinther 11) nicht nur von der Schlange, sondern auch von der Hinterlist des Teufels zu lesen, der sich als „Engel des Lichts“ verstellen könne. Nachdem wir nun den Teufel ein wenig charakterisiert und benannt haben, sollten wir auf sein Auftreten im Rahmen der Erzählung der Evangelien blicken. Erstmalig tritt der Teufel im Neuen Testament in den synoptischen Evangelien auf. Die Episode ist bekannt als: *Die Versuchungen Christi*. Apropos - bevor wir uns diesen Versuchungen widmen - kann das Neue Testament, um erzähltechnisch in gegenwärtigen Kategorien zu bleiben, als ein Sequel[21] zum Alten Testament betrachtet werden. Jesus bewegt sich in der Umwelt des Judentums, viele Dinge, die im Alten Testament etabliert wurden, sind als fester Bestandteil seines Glaubenslebens zu sehen und gehören ebenso zu den lebensbestimmenden Umständen seiner Mitmenschen.

Doch zu den *Versuchungen Christi* - die kürzeste Beschreibung dazu hat das Markus-Evangelium (Markus 1,12-13):

> 12 Und alsbald trieb ihn der Geist in die Wüste; 13 und er war in der Wüste vierzig Tage und wurde versucht von dem Satan und war bei den Tieren, und die Engel dienten ihm.

---

[21] *Prequel, Sequel und Serienuniversen*
Nun aber, schon vorgreifend, erzähltechnische Begriffe, die wir insbesondere aus der Welt des Fernsehens kennen: Ein *Prequel* bezieht sich auf die lateinische Vorsilbe „prae“, eine Vorsilbe ist fachsprachlich ein *Präfix* und dies bringt uns schon in die richtige Richtung. Ein Prequel ist quasi eine Vorgeschichte. Populär ist dies bei *Krieg der Sterne*, worauf in diesem Buch schon einmal Bezug genommen wurde. Der ursprünglich erste Kinofilm aus dem *Star Wars*-Universum wurde zum vierten Teil erklärt, damit die Teile 1 bis 3 die Vorgeschichte erzählen konnten. Wiederum stellt die jüngere Trilogie, also die Teile 7 bis 9, die Fortsetzung zur ursprünglichen Trilogie dar (also die Teile 4 bis 6; eine Trilogie, das sind immer drei Teile) - ein *Sequel*. Daneben gibt es noch andere Star Wars-Bücher und -Serien aber auch Computerspiele sowie andere Medien. Alle teilen sich ein *Serienuniversum*, spielen also in der gleichen Welt. Dass in diesen Kategorien auch die biblischen Erzählungen gedacht werden können, kommt nicht von ungefähr. Erzähltechniken gehören zu den ursprünglichen Kulturtechniken der Menschheit. Empfehlenswert ist hierzu die Arbeit von Joseph Campbell, der mit *The Hero with a Thousand* Faces (in Deutschland erschienen als *Der Heros in tausend Gestalten*), veröffentlicht im Jahr 1949, erzähltechnische Grundmuster aus Märchen, Mythen und religiösen Texten nachvollzog und aus diesen eine erzähltechnische Grundstruktur, die *Heldenreise*, destillierte.

Deutlich wird hierbei, dass der Geist Gottes, also der Heilige Geist[22], Jesus in die Wüste führt. Dies geschieht unmittelbar nach seiner Teufe im Jordan durch Johannes den Täufer, bevor er öffentlich auftritt. Diese kurze Episode enthält bereits in Grundzügen den Rahmen der Versuchungen, der auch in den anderen synoptischen Evangelien - bei Lukas und Matthäus - beschrieben wird. Die Erwähnung, dass er vom Geist in die Wüste geführt wird, nachdem er die Taufe empfangen hat, wurde in späteren Interpretationen immer wieder dahingehend aufgegriffen, dass er durch die Taufe von Gott angenommen wurde und - bevor es dann wirklich losging - noch einmal in der Wüste, also durch die Versuchungen, geprüft wurde. Die Taufe übernahm auch später das Christentum (als Taufe zur Vergebung der Sünden, also zur Aufhebung der Gottesferne). Bei Markus wird unmittelbar vor den Versuchungen berichtet, dass nach seiner Taufe die Stimme Gottes aus dem Himmel sprach (Markus 1,11): „Du bist mein lieber Sohn, an dir habe ich Wohlgefallen." Ausführlich beschrieben werden dann die Versuchungen jeweils im vierten Kapitel der Evangelien nach Markus und Matthäus. Beide Texte berichten ebenfalls, wie auch der Markus-Text, davon, dass Jesus vom Geist in die Wüste geführt wurde. Konkreter wird hier der Lukas-Text, wo explizit vom „Heiligen Geist" die Rede ist, der Jesus in die Wüste führt. 40 Tage soll er dort ausgeharrt und gefastet haben und dabei vom Teufel in Versuchung geführt worden sein. Zunächst geht es um die Befriedigung grundsätzlicher Bedürfnisse. Der Teufel spürt scheinbar den Hunger Jesu und führt ihn in Versuchung, indem er sagt, wenn Jesus Gottes Sohn ist, soll er den Stei-

---

[22] *„Im Namen des Vaters und des Sohnes und des Heiligen Geistes" – Taufe und Trinität*
In den christlichen Kirchen wird trinitarisch getauft. Dies ist sogar kirchenrechtlich notwendig, damit verschiedenen christlichen Kirchen (Konfessionen) die Taufen wechselseitig anerkannt werden. Der Begriff *Trinität* kommt aus dem Lateinischen, vom Wort „trinitas". Damit gemeint ist die „Dreieinigkeit", also der Glaube, dass Vater (Gott), Sohn (Jesus Christus) und Heiliger Geist eins sind. Die Dreieinigkeit ist schwer zu erklären, es gibt dazu hochtheologische Diskussionen. Manchmal wird vereinfacht ein Vergleich zu Aggregatzuständen von Wasser gezogen: Ob flüssig, gefroren oder gasförmig, es ist doch Wasser.

nen befehlen, zu Brot zu werden. Jesus antwortet mit einem Wort aus dem fünften Buch Mose (Deuteronomium 8,3), dass der Mensch nicht vom Brot allein lebt, sondern vom Wort Gottes. Bei der zweiten Versuchung erweist sich im Matthäus-Evangelium der Teufel als Kenner des Alten Testaments. Er stellt Jesus auf den Tempel in Jerusalem und sagt, wenn er sich hinabstürze, dann werden ihn die Engel schon auffangen, denn ihnen ist befohlen, ihn auf Händen zu tragen, damit er seinen Fuß nicht an einem Stein stoße (dies ist ein Bezug auf Psalm 91). Die zweite Versuchung sieht bei Lukas ein wenig anders aus. Der Teufel führt Jesus auf einen hohen Berg, zeigt ihm alle Reiche der Erde und sagt, wenn Jesus sich ihm unterwerfe, würde ihm alles gehören. Während bei Matthäus Jesu Antwort lautet, Gott nicht auf die Probe zu stellen (Deuteronomium 6,16), ist es bei Lukas das Wort, dass man sich nur vor Gott niederwerfen und ihm dienen solle (Deuteronomium 5,9). Die zweite und dritte Versuchung sind jeweils bei Markus und Lukas umgekehrt. So wird Jesus nun bei Matthäus auf einen hohen Berg geführt und bei Lukas auf den Tempel in Jerusalem. Nachdem Jesus allen drei Versuchungen widerstanden hat, weicht der Teufel von ihm. Lukas kündigt bereits an, dass dies nur für eine gewisse Zeit ist (Lukas 4,13) – der Teufel wird wiederkommen. Heute würde man wohl von *Foreshadowing*[23] sprechen. Auffällig ist aber die Anzahl von drei Prüfungen (wieder haben wir es mit der Zahl drei zu tun). Als Spiel mit der

---

[23] *Foreshadowing, Surprise und Suspense*

Der Begriff *Foreshadowing* ist in der Literaturwissenschaft auch als „epische Vorausdeutung“ bekannt. Übersetzbar ist *Foreshadowing* im Grunde als *etwas, das seine Schatten vorauswirft*. In Erzählungen sind dies Andeutungen darauf, wie die Geschichte weitergeht. Der Meisterregisseur Alfred Hitchcock unterschied beispielsweise auch zwischen *Surprise* und *Suspense*. *Surprise*, auf Deutsch die *Überraschung*, ist etwas, das für Leserinnen und Leser (oder Zuschauerinnen und Zuschauer) überraschend kommt. Mit seiner Ankündigung, dass der Teufel eine Weile von Jesus ablässt, ist das *Foreshadowing* bei Lukas eigentlich eine Art von *Suspense*, was sich in etwa mit Spannung erklären lässt. Hitchcock unterscheidet: Wenn eine Bombe explodiert, dann ist es *Surprise*, wurde die Bombe aber schon einmal gezeigt und man weiß nicht, wann diese hochgehen wird, dann ist dies *Suspense*, da mit *Spannung* verfolgt wird, wie sich das Geschehen weiterentwickelt. Und auch der Teufel ist bei Lukas eine tickende Zeitbombe, die noch einmal hochgehen wird.

Zahl der göttlichen Trinität wird hier eine Zahlensymbolik deutlich: Der Teufel fragt Jesus nicht nur damit an, dass er ihn auch als Gottes Sohn bezeichnet und von daher ableitet, dass die Engel ihm helfen müssten, durch die Dreizahl wird die Anfrage an die Göttlichkeit auch noch auf eine symbolische Ebene gehoben.
Ein weiteres *Foreshadowing* findet sich dann zwei Kapitel später. In Lukas 6,16 lesen wir von der Berufung der Apostel, des Zwölferkreises, den Jesus wiederum aus seinen Jüngern rekrutiert. Bei Judas findet sich eine entscheidende Angabe im Nebensatz: „Judas Iskariot, der zum Verräter wurde." Gedulden muss man sich dann bei Lukas noch bis Kapitel 22, bis der Teufel zurückkehrt (Lukas 22,3-6):

> *Der Verrat des Judas*[24]
> 3 Es fuhr aber der Satan in Judas, genannt Iskariot, der zur Zahl der Zwölf gehörte. 4 Und er ging hin und redete mit den Hohenpriestern und mit den Hauptleuten darüber, wie er ihnen Jesus überantworten könnte. 5 Und sie wurden froh und kamen überein, ihm Geld zu geben. 6 Und er sagte es zu und suchte eine Gelegenheit, dass er ihn an sie ausliefere ohne Aufsehen.

Im Evangelium nach Johannes, in dem punktuell andere Schwerpunkte gesetzt werden, wird die Szene etwas anders beschrieben (Johannes 13,21-27):

---

[24] *Das apokryphe Judas-Evangelium*
Wahrscheinlich entstand das Evangelium des Judas im Umfeld der sogenannten Gnostiker. Der Begriff kommt von γνῶσις (gnôsis) und bedeutet *Erkenntnis.* Dabei handelte es sich um eine frühchristliche Gruppe, die aber außerhalb der Urkirche standen, theologisch zumeist in den Widerspruch traten. Dennoch konnten bisweilen auch Mitglieder der Urkirche von ihren Positionen begeistert sein. Das Evangelium des Judas wurde vom Bischof Irenäus von Lyon um das Jahr 180 nach Christus bereits einmal beschrieben. Erst in den 1970er-Jahren tauchte ein Textfragment wieder auf. Bei der Schrift handelt es sich um eine Pseudepigraphie, also der Text wird Judas zugeschrieben. Hier kommt ihm eine sehr viel positivere Rolle zu: Dadurch, dass er Jesus an seine Widersacher überantwortet, erhält er eine entscheidende Rolle im göttlichen Heilsplan.

21 [Jesus sagte zu seinen Jüngern]: Wahrlich, wahrlich, ich sage euch: Einer unter euch wird mich verraten. 22 Da sahen
sich die Jünger untereinander an, und ihnen wurde bange, von wem er wohl redete. [...] 26 Jesus [sprach weiter]: Der ist's, dem ich den Bissen eintauche und gebe. Und er nahm den Bissen, tauchte ihn ein und gab ihn Judas, dem Sohn des Simon Iskariot. 27 Und nach dem Bissen fuhr der Satan in
ihn. Da sprach Jesus zu ihm: Was du tust, das tue bald!

Hier fährt nun der Teufel persönlich in einen Menschen. Wir werden noch bei der Beschäftigung mit den Dämonen im Neuen Testament feststellen, dass nicht alle so handlungsfähig bleiben wie Judas. Die Evangelien berichten von Menschen, die dann nur noch zu wenigen Dingen – aus eigenem Willen heraus (und damit unterscheidet sich die Dämonologie des Neuen Testament zur griechischen Dämonologie) – in der Lage sind. Doch bei Judas könnte man fast von einer hoch-funktionalen Besessenheit reden: Der Teufel nimmt sich einen engen Vertrauten Jesu, um den Verrat in die Wege zu leiten. In der Apostelgeschichte, die zum sogenannten *lukanischen Doppelwerk* gehört (es wird dem gleichen Autor zugeschrieben wie das Evangelium nach Lukas), in dem die Geschichten der Urgemeinde, quasi die Gründung der Kirche beschrieben wird, ist schonungslos von Judas‘ Ende zu lesen (Apostelgeschichte 1,15-19):

Die Nachwahl des zwölften Apostels
15 Und in diesen Tagen trat Petrus auf unter den Brüdern – es war aber eine Menge beisammen von etwa hundertzwanzig – und sprach: 16 Ihr Männer, liebe Brüder, es musste das Wort der Schrift erfüllt werden, das der Heilige Geist durch den Mund Davids vorausgesagt hat über Judas, der denen den Weg zeigte, die Jesus gefangen nahmen; 17 denn er wurde zu
uns gezählt und hatte Anteil am gleichen Dienst. 18 Der erwarb einen Acker von dem ungerechten Lohn und stürzte

> vornüber und barst mitten entzwei, und alle seine Eingeweide
> quollen hervor. 19 Und es ist allen bekannt geworden, die in
> Jerusalem wohnen, sodass dieser Acker in ihrer Sprache ge-
> nannt wird: Hakeldamach, das heißt Blutacker.

Doch kommen wir zurück zu den Evangelien: Nachdem Judas gehandelt hat und Jesus angeklagt und schließlich gekreuzigt wurde, macht sich der Teufel erstaunlich rar. Es scheint fast so, als ob sein Werk damit vollbracht sei – dadurch, dass er in Judas eingefahren ist, ist alles für ihn erledigt. Auf Golgatha wird Jesus hingerichtet (Golgatha, auch ein schonungsloser Name, übersetzt heißt dies *Schädelstätte*). Im Glaubensbekenntnis (wozu wir noch kommen werden), heißt es, dass Jesus nach der Kreuzigung hinabgestiegen sei in das Reich des Todes. Spätere phantastische Vorstellungen gingen in die Richtung, dass es Jesus bei diesem Abstieg mit dem Teufel persönlich aufgenommen hätte. Dieser Teufelskampf sei das Ziel seines Abstiegs gewesen. Davon finden wir in der Bibel allerdings nichts. Die *Höllenfahrt Christi* wird uns erst wieder in der Kirchengeschichte begegnen. Es findet sich lediglich in den Episteln, in der Briefliteratur des Neuen Testaments, eine rhetorische Frage, welche an die Gemeinschaft in Ephesus gerichtet ist (Epheser 4,9-10):

> 9 Dass [Jesus Christus] aber aufgefahren ist, was heißt das an-
> deres, als dass er auch hinabgefahren ist in die Tiefen der
> Erde? 10 Der hinabgefahren ist, das ist derselbe, der aufgefah-
> ren ist über alle Himmel, damit er alles erfülle.

Aufgegriffen wird darin seine Himmelfahrt, die gemeinhin den Abschluss der Evangelien bildet. Also seine schlussendliche *Erhöhung*, nach seiner Auferstehung. Dahinter steckt das Weltbild, dass der Himmel „oben“ ist, darum aufgefahren, und die Hölle „unten“, deshalb „hinabgefahren“. Der Teufel begegnet uns erst wieder im Buch der *Offenbarung des Johannes*, im abschließenden Buch der Bibel, also in der Apokalypse[25], als wiederkehrender Bösewicht. Zu denken ist beispielsweise an Figuren wie Khan („KHAAAAN!"), dem Widersacher James T. Kirks, der zunächst in der klassischen Star-Trek-Serie auftauchte und sich dann noch einmal im zweiten Kinofilm die Ehre gab. Durch die Rückkehr des Teufels in der Offenbarung haben wir damit auch einen wiederkehrenden Antagonisten. Deutlich wird zudem, wie sehr gegenwärtige Erzählformen von historischen Vorbildern geprägt sind. Doch bleiben wir bei der Apokalypse, denn darin bekommen wir auch noch einmal eine besondere Interpretation des Engelskampfes geliefert, der sich in den bisherigen biblischen Schriften immer nur andeutete – also die Vorstellung eines Engelssturzes; Satan, der mit seiner Gefolgschaft gegen Gott rebellierte (Offenbarung 12,7-9):

> 7 Und es entbrannte ein Kampf im Himmel: Michael und seine Engel kämpften gegen den Drachen. Und der Drache kämpfte und seine Engel, 8 und er siegte nicht, und ihre Stätte wurde nicht mehr gefunden im Himmel. 9 Und es wurde hinausgeworfen der große Drache, die alte Schlange, die da heißt: Teufel und Satan, der die ganze Welt verführt. Er wurde auf die Erde geworfen, und seine Engel wurden mit ihm dahin geworfen.

Die Apokalypse bzw. die Offenbarung ist ein Buch voller Symbole, schließlich soll darin eine Vision der Endzeit aufgezeigt werden, das

---

[25] *Apokalypse*
Das griechische Wort ἀποκάλυψις (apokalypsis) kann mit „Enthüllung" oder eben „Offenbarung" übersetzt werden. Apokalyptische Literatur hat eine Tradition, die beispielsweise im Alten Testament auch im Danielbuch zu finden ist. Beschrieben wird jeweils eine Endzeit mit einem Endgericht. Aus diesem Grund zählen Apokalyptiken innerhalb der Theologie zur *Eschatologie*, der Lehre von den letzten Dingen. Zu Zeiten des Kalten Krieges hatten Apokalyptiken wieder Hochkonjunktur, die Angst ging um, was bei einem Atomschlag passiert: das Ende der Menschheit. Doch dieser Apokalyptik ermangelte es oft an Hoffnungscharakter biblischer Endzeitvorstellungen, die immer auch einen Ordnungszustand darstellen. Denn es gibt eine neu geordnete Zeit, die sich der Apokalypse anschließt.

ist der Anspruch des Buches. Beschrieben wird eine Zeit, in welcher die Christen der Verfolgung ausgesetzt sind. Es finden sich viele Motive, die sich auch anderweitig in der Kultur niedergeschlagen haben. Zum Beispiel die *apokalyptischen Reiter* oder *ein Buch mit sieben Siegeln*, alles Hinführungen zu einem Endgericht. Allerdings finden sich auch grundsätzliche Ideen, die etwa später zur Fegefeuerlehre führten. Die ständige Gefahr durch die Christenverfolgung muss eine Situation gewesen sein, die der Autor der Schrift im römischen Reich vor Augen hatte und die er so in eine Form überführte, die nach allen Schrecken einen besseren Neuanfang in Aussicht stellte. Der Teufel wird darin als Antichrist – als Widersacher Christi – vorgestellt und aus diesem Buch stammt im Übrigen auch seine populäre Zahl, die *666*, die ihm zugeschrieben wird. Im dreizehnten Kapitel (die 13 – ebenfalls eine symbolträchtige Zahl) der Offenbarung sind es Bestien, die aus dem Meer steigen und eine Bestie trägt diese Zahl auf der Stirn geschrieben (Offenbarung 13,16-18):

> 16 Und es [das Tier] macht, dass sie allesamt, die Kleinen und Großen, die Reichen und Armen, die Freien und Sklaven, sich ein Zeichen machen an ihre rechte Hand oder an ihre Stirn 17 und dass niemand kaufen oder verkaufen kann, wenn er nicht das Zeichen hat, nämlich den Namen des Tieres oder die Zahl seines Namens. 18 Hier ist Weisheit! Wer Verstand hat, der überlege die Zahl des Tieres; denn es ist die Zahl eines Menschen, und seine Zahl ist sechshundertsechsundsechzig.

Diese zitierte Stelle gibt (aus dem Kontext gerissen) einen Hinweis darauf, welche Interpretationsmöglichkeiten innerhalb von zwei Jahrtausenden dieser Text immer wieder bot: Die Bestie, welche die Menschen verführt, sodass sie das Zeichen der Bestie annehmen und nur noch dadurch am Wirtschaftssystem teilnehmen können und sich dadurch dem Tier ganz zu eigen machen (unlängst wurden in fundamentalistischen Kreisen Ideen zur Abschaffung des Bargelds und die Einführung digitaler Währungen als Zeichen der Bestie und somit als Vorboten der Endzeit gedeutet). Aufgrund dieser Interpretationsvielfalt gab es in der Vergangenheit immer wieder Gruppen, welche Anzeichen für die anbrechende Endzeit zu sehen meinten. Schließlich gibt es aber die Überwindung des Satans im Buch der Offenbarung. Alte Bekannte, Gog und Magog (in den Betrachtungen des Alten Testaments haben wir eigentlich gelernt, dass es sich dabei auch um eine Region handelt), werden hier als dämonische Gestalten hinzugefügt und der Satan wird aus seinem Gefängnis befreit, womit überlegt werden kann, ob er nicht doch noch Teil des göttlichen Hofstaates und damit der göttlichen Ordnung unterworfen ist (Offenbarung 20,7-10):

> *Der letzte Kampf*
> 7 Und wenn die tausend Jahre vollendet sind, wird der Satan
> losgelassen werden aus seinem Gefängnis 8 und wird auszie-
> hen, zu verführen die Völker an den vier Enden der Erde,
> Gog und Magog, und sie zum Kampf zu versammeln; deren
> Zahl ist wie der Sand am Meer. 9 Und sie stiegen herauf auf
> die Ebene der Erde und umringten das Heerlager der Heiligen
> und die geliebte Stadt. Und es fiel Feuer vom Himmel und
> verzehrte sie. 10 Und der Teufel, der sie verführte, wurde ge-
> worfen in den Pfuhl von Feuer und Schwefel, wo auch das
> Tier und der falsche Prophet waren; und sie werden gequält
> werden Tag und Nacht, von Ewigkeit zu Ewigkeit.

Es folgt die Neuordnung der Welt, ein neues Jerusalem, als Heimstätte des auserwählten Volkes und ein Versprechen, dass Jesus bald zurückkehre (Offenbarung 22,18-21):

> 18 Ich bezeuge allen, die da hören die Worte der Weissagung
> in diesem Buch: Wenn ihnen jemand etwas hinzufügt, so wird

> Gott ihm die Plagen zufügen, die in diesem Buch geschrieben stehen. 19 Und wenn jemand etwas wegnimmt von den Worten des Buchs dieser Weissagung, so wird Gott ihm seinen Anteil wegnehmen am Baum des Lebens und an der heiligen Stadt, von denen in diesem Buch geschrieben steht. 20 Es spricht, der dies bezeugt: Ja, ich komme bald. – Amen, komm, Herr Jesus! 21 Die Gnade des Herrn Jesus sei mit allen!

Mit diesen Worten endet die Bibel. Gleichzeitig bringen diese Worte die Naherwartung der ersten Christinnen und Christen zum Ausdruck, die mindestens mit zweierlei rechneten: Zum einen, dass das Böse (personifiziert durch den Teufel) vorläufig überwunden ist, zum anderen aber, dass es endgültig mit der Apokalypse überwunden wird, welche durch die baldige Wiederkehr von Jesus Christus eingeleitet werden soll. Es gibt die Vermutung, dass aus diesem Grund zunächst keine Verschriftlichung der Evangelien stattfand, sondern lediglich eine mündliche Weitergabe, da davon ausgegangen wurde, dass es sowieso bald auf das Ende zugeht. Doch noch ein Wort zu dieser frühen christlichen Gemeinschaft: Bisweilen wird diese frühe Christenheit als eine jüdische Sekte bezeichnet. Es gibt vielfältige Definitionen des Sektenbegriffes, sodass dies nicht eindeutig an dieser Stelle zu klären ist. Deutlich ist aber, dass mit dem Christentum aus dem Judentum heraus eine Religionsgemeinschaft entstand, die sich zwar innerhalb der jüdischen Traditionslinie befand, doch den Messias, auf den die Jüdinnen und Juden noch warten, bereits gekommen sah. Insofern erfolgte eine Weichenstellung in eine andere Richtung – und zwar in eine Richtung mit einem gefährlichen Nebengleis. Dadurch, dass die jüdischen Hohepriester Jesus an die römische Obrigkeit überantworteten, wurden sie rasch zu Christusmördern erklärt. Es ging nicht nur um eine Apologetik, eine Verteidigung des Glaubens, die sich bereits in den Evangelien findet, also die Einbettung und Abgrenzung in die und von der jüdische(n) Glaubenspraxis, der Bogen wurde auch bisweilen viel zu weit überspannt. Zu finden ist dies zum Beispiel im Evangelium nach Johannes. In diesem Evangelium sind es immer wieder „die Juden“, denen gegenüber Jesus seine neue Lehre behaupten muss, doch lesen wir selbst (Johannes 8,37-45):

> [Jesus sprach zu ihnen:] 37 Ich weiß wohl, dass ihr Abrahams Nachkommen seid; aber ihr sucht mich zu töten, denn mein Wort findet bei euch keinen Raum. [...] 42 Jesus sprach [weiter] zu ihnen: Wäre Gott euer Vater, so liebtet ihr mich; denn ich bin von Gott ausgegangen und komme von ihm; denn ich bin nicht von mir selber gekommen, sondern er hat mich gesandt. 43 Warum versteht ihr meine Rede nicht? Weil ihr mein Wort nicht hören könnt! 44 Ihr habt den Teufel zum Vater, und nach eures Vaters Begierden wollt ihr tun. Der ist ein Mörder von Anfang an und steht nicht in der Wahrheit, denn die Wahrheit ist nicht in ihm. Wenn er die Lüge redet, so redet er aus dem Eigenen; denn er ist ein Lügner und der Vater der Lüge. 45 Weil ich aber die Wahrheit sage, glaubt ihr mir nicht.

Hier ist zu lesen, dass Jüdinnen und Juden den „Teufel zum Vater“ hätten. Dies ist ein gefährlicher Wegbereiter des Antijudaismus und Antisemitismus – ein höllisches Einfallstor dafür, dass die Kirchen im Nationalsozialismus ideologische Anknüpfungspunkte zur faschistischen Menschenfeindlichkeit der politischen Machthaber finden konnten. Die Evangelische Kirche betrieb gar von 1939 bis 1945 ein „Entjudungsinstitut“ in Eisenach zur „Erforschung und Beseitigung des jüdischen Einflusses auf das deutsche kirchliche Leben“. Unabhängig davon, dass das Christentum ohne das jüdische Erbe nicht zu denken ist, stellt dieses abscheuliche Kapitel der Kirchengeschichte einen wahrhaftigen sowie ganz und gar irdischen Pakt mit dem Teufel dar (symbolisch gesprochen).

Die Hölle im Neuen Testament

Der US-amerikanische Schriftsteller Mark Twain (1835-1910), der eigentlich Samuel Clemens hieß, soll über Himmel und Hölle gesagt haben, dass er sich nicht festlegen wolle, wohin er nach dem Tod möchte. An beiden Orten habe er gute Freunde.
Und hier haben wir wieder einen Dualismus: einen Ort, der als *gut* angesehen wird (der Himmel) und einen Ort, der als *schlecht* gilt (die Hölle). Wobei natürlich Twain wohl die Hölle als gar nicht so schlecht ansah, wenn er dort Freunde vermutete. Im Neuen Testament spricht Jesus häufiger über den Himmel. Zum Beispiel bei Matthäus 13,47-48:

> [Jesus sprach:] 47 Wiederum gleicht das Himmelreich einem Netz, das ins Meer geworfen wurde und Fische aller Art fing.
> 48 Als es voll war, zogen sie es heraus an das Ufer, setzten sich und lasen die guten in Gefäße zusammen, aber die schlechten warfen sie weg.

Der Auszug stellt ein Gleichnis dar. In der Bibel finden sich verschiedene dieser Gleichnisse, in denen Jesus über das Himmelreich spricht. Die Besonderheit beim zitierten Gleichnis ist, dass es auch schon die Option enthält, dass nicht alle in das Himmelreich kommen werden, manche werden „weggeworfen". Doch an welchen Ort? Wo werden sie hingeworfen? Lesen wir weiter (Matthäus 13,49-52):

> [Jesus sagte weiter:] 49 So wird es auch am Ende der Welt gehen: Die Engel werden ausgehen und die Bösen von den Gerechten scheiden 50 und werden sie in den Feuerofen werfen; da wird sein Heulen und Zähneklappern. 51 Habt ihr das alles verstanden? Sie sprachen: Ja. 52 Da sprach er: Darum gleicht jeder Schriftgelehrte, der ein Jünger des Himmelreichs geworden ist, einem Hausvater, der aus seinem Schatz Neues und Altes hervorholt.

Ein „Feuerofen [...] da wird sein Heulen und Zähneklappern" – nun kommen wir der Vorstellung eines Höllenfeuers in den neutestamentlichen Schriften schon näher. Überhaupt kennt das Evangelium nach Matthäus mehrere solcher Anspielungen auf die Hölle. Im fünften Kapitel spricht Jesus, wenn das „rechte Auge" verführe, dann solle man es doch gleich herausreißen, besser, als wenn der „ganze Leib in die Hölle geworfen werde". Ebenso sei es mit der rechten Hand, verführe diese zum Abfall, könne man doch gleich auf sie verzichten (Matthäus 5,29-30). Im zehnten Kapitel des Evangeliums warnt er eindringlich vor der Hölle. Man solle sich nicht vor denen fürchten, „die den Leib töten", denn die Seele könne nicht getötet werden, sie könne wohl aber in der Hölle „verderben" (Matthäus 10,28). Im Evangelium nach Lukas begegnen uns wieder räumliche Verortungen von Himmel und Hölle (Lukas 10,15):

> [Jesus sprach:] 15 Und du, Kapernaum, wirst du bis zum Himmel erhoben werden? Du wirst bis in die Hölle hinabfahren.

Hier zeigt sich erneut: Der Himmel oben und die Hölle unten – und der Ortschaft Kapernaum ist der Weg hinab in die Flammen der Hölle wohl vorherbestimmt. In der Briefliteratur werden die „Feuerflammen" der Hölle wieder aufgegriffen. Dies findet sich zum Beispiel in einem Brief an die Gemeinde in Thessaloniki (2. Thessalonicher 1,8-9): In den Feuerflammen werde „Gott Vergeltung üben" an jenen, „die ihn nicht kennen" und die weder gegenüber dem Evangelium noch gegenüber Jesus Christus Gehorsam sind. Die Strafen seien „ewiges Verderben" und totale Entfernung von Gott und „seiner ewigen Macht". Im zweiten Petrusbrief wird die griechische Vorstellung des *Tartaros* aufgegriffen, die wir bereits registriert haben. Überhaupt bedient sich das Neue Testament überwiegend an den griechischen Vorstellungen des Hades. Dieser *Tartaros* stellte dabei den tiefsten Bereich der Höllenvorstellung dar und wurde in christlicher Vorstellung zum Kerker für „Engel, die gesündigt haben“ (2. Petrus 2,4). Schauen wir noch einmal in die Offenbarung (20,1-3):

> 1 Und ich sah einen Engel vom Himmel herabfahren, der hatte den Schlüssel zum Abgrund und eine große Kette in seiner Hand. 2 Und er ergriff den Drachen, die alte Schlange, das ist der Teufel und der Satan, und fesselte ihn für tausend Jahre 3 und warf ihn in den Abgrund und verschloss ihn und setzte ein Siegel oben darauf, damit er die Völker nicht mehr verführen sollte, bis vollendet würden die tausend Jahre. Danach muss er losgelassen werden eine kleine Zeit.

In späteren Interpretationen ist davon zu lesen, dass dieser „Abgrund“ den *Tartaros* meint. Ebenfalls gibt es die Vermutung, dass der Dämon Legion nicht dorthin verstoßen werden will. Doch von ihm werden wir noch lesen. Eine erstaunlich ausformulierte Vorstellung von Himmel und Hölle finden wir in Jesu Gleichnis *Vom Reichen Mann und armen Lazarus* (Lukas 16,19-31). Jesus erzählt von einem reichen Mann, der stets schön bekleidet ist und alle Tage in Freuden lebt. Daneben gibt es armen und kranken Lazarus, der noch nicht einmal das zu essen bekommt, was beim Reichen vom Tisch fällt. Nach seinem Tod wird er von den Engeln in Abrahams Schoß getragen. Der Reiche stirbt ebenfalls und er kommt in die Hölle. Es gibt eine Kluft zwischen dieser Hölle und dem, was *Abrahams Schoß*[26] genannt wird. Der Reiche schaut auf Lazarus und er

[26] *Abrahams Schoß*
Abrahams Schoß findet sich nur im Gleichnis *vom reichen Mann und vom armen Lazarus*. Wir erinnern uns an Abraham den Religionsstifter (daher abrahamitische Religionen). Im Gleichnis wird damit ein Ort der Geborgenheit skizziert, ein Ort der besonderen Nähe Gottes. Die *βασιλεία τοῦ θεοῦ* (basileia thou theou, die Herrschaft Gottes bzw. das Reich Gottes, wenn man so will. Kirchengeschichtlich trug dieses Gleichnis nicht nur zur Herausbildung der Fegefeuer-Idee bei, sondern auch zur Ausdifferenzierung der Vorstellungen von Himmel und Hölle. So gibt es die Idee, das der Schoß Abrahams eine Art Wartebereich ist, bevor es in den Himmel geht. Während der Himmel vollkommen von der Hölle getrennt ist, ist das Fegefeuer, als ein Ort der Feuer-

ruft zu Abraham: „Vater Abraham, erbarme dich meiner und sende Lazarus, damit er die Spitze seines Fingers ins Wasser tauche und kühle meine Zunge; denn ich leide Pein in dieser Flamme." In dieser Vorstellung ist also die Hölle auch ein Ort ewiger Flammen. Doch Abraham lässt sich nicht erwärmen. Er sagt zum Reichen, dass er bereits im Leben Gutes empfangen habe. Lazarus aber, der nur Böses empfangen habe, würde nun getröstet werden, während der Reiche leiden müsse. Der Reiche möchte seine lebenden Brüder vor diesem „Ort der Qual" warnen, doch Abraham sagt: „Sie haben Mose und die Propheten; die sollen sie hören." Der Reiche meint, wenn seine Brüder von diesem Ort wüssten, dann würden sie „Buße" tun, also umkehren von den falschen Wegen. Doch im Gleichnis spielt Jesus schon auf die Auferstehung an und lässt Abraham sagen: „Hören sie Mose und die Propheten nicht, so werden sie sich auch nicht überzeugen lassen, wenn jemand von den Toten auferstünde."

Bild 13:
Reicher Mann und armer Lazarus
Diese Bebilderung zum Gleichnis über den reichen Mann und den armen Lazarus stammt aus dem Evangeliar von Echternach. Also einem Evangelienbuch, das in der Benediktinerabtei von Echternach (Luxemburg) geschaffen wurde. Datiert wird die Darstellung auf die erste Hälfte des elften Jahrhunderts. Besonders deutlich sind die Feuerqualen zu sehen – der warnende Charakter der Darstellung sollte den damaligen Betrachterinnen und Betrachtern klar geworden sein.

qualen, zumindest sichtbar. Wie im Gleichnis benannt, werden Fegefeuer und Abrahams Schoß durch eine „Kluft" voneinander getrennt.

Wir erinnern uns an die Vorstellungen des Alten Testaments: Ein anderes Wort im Neuen Testament für die Hölle ist *Gehenna*. Also jener Ort, wo angeblich dem *Moloch* Menschen im Feuer geopfert wurden. Zusammen mit den griechischen Vorstellungen findet sich im Neuen Testament dazu eine entwickelte Vorstellung von einem Ort, der „unten" liegt, ein Ort ewiger Flammen, bestimmt zur ewigen Verdammnis. Doch den Teufel als Höllenfürsten suchen wir auch hier vergeblich, vielmehr sitzt er im *Tartaros* für tausend Jahre ein und teilt mit anderen sündigen Engeln das Schicksal, sein Dasein im tiefsten Kerker des griechischen Hades zu fristen.[27] Und damit kommen wir nun endlich zu den Dämonen und der Dämonenaustreibung im Neuen Testament. Denn, wie schon deutlich wurde, stellte man sich vor, dass ein ganz bestimmter Dämon (oder besser gesagt ein ganzes Heer von Dämonen) nicht in diesen Kerker verbannt werden wollte: Die Rede ist von *Legion.*

Dämonen und die Exorzismen Jesu

Die Apostelgeschichte berichtet von den Taten des Paulus in Ephesus in der heutigen Türkei während seiner Missionsreisen – auch von einem Exorzismus wird berichtet (Apostelgeschichte 19,11-16):

> 11 Und Gott wirkte nicht geringe Taten durch die Hände des Paulus. 12 So hielten sie auch die Schweißtücher und andere Tücher, die er auf seiner Haut getragen hatte, über die Kran-

---

[27] *Ein besonderer Kulturtransfer: Die Hellenisierung*
Der Hellenismus, vom altgriechischen Wort Ἑλληνισμός (hellēnismós), bedeutet „Griechentum". Bis zum Beginn der christlichen Zeitrechnung fand eine Hellenisierung verschiedener nicht-griechischer Gruppen statt, die mit der Kultur der Griechen Kontakt haben. Dies bezog sich nicht nur auf politische und wirtschaftliche Ideen, sondern auch auf philosophische und religiöse Vorstellungen. Eine besondere Dynamik entsteht durch die frühen christlichen Gemeinden, die vom Griechentum beeinflusst sind und zudem auch die griechische Kultur christianisiert haben. Insbesondere die neutestamentliche Briefliteratur setzt sich mit griechischen Gemeinden auseinander und es finden sich immer wieder griechische Ideen, wie eben auch die Vorstellung des Hades. Nicht umsonst wurde das Neue Testament in der Kultursprache Griechisch verfasst, um auch die Verbreitung zu erhöhen.

> ken, und die Krankheiten wichen von ihnen, und die bösen Geister fuhren aus. 13 Es versuchten aber einige von den Juden, die als Beschwörer umherzogen, den Namen des Herrn Jesus zu nennen über denen, die böse Geister hatten, und sprachen: Ich beschwöre euch bei dem Jesus, den Paulus predigt. 14 Es waren aber sieben Söhne eines jüdischen Hohenpriesters mit Namen Skevas, die dies taten. 15 Aber der böse Geist antwortete und sprach zu ihnen: Jesus kenne ich wohl und von Paulus weiß ich wohl, wer seid ihr aber? 16 Und der Mensch, in dem der böse Geist war, stürzte sich auf sie und überwältigte sie alle und richtete sie so zu, dass sie nackt und verwundet aus dem Haus flohen.

In Vers 13 taucht ebenjener spannender Begriff auf, um den es uns geht: ἐξορκιστῶν (exorkistōn). Dies ist der einzige Beleg im Neuen Testament für eine Verwendung des Begriffes *Exorzist* als Nomen. In der Lutherübersetzung wurde dafür das Wort „Beschwörer" verwendet. Mit der Apostelgeschichte befinden wir uns praktisch im Sequel, nachdem das Alte Testament zum Prequel wurde. Die Vorgeschichte zu den dargestellten Versen ist, dass Petrus in Ephesus predigt. Er findet weitere Anhänger, die an Jesus glauben, aber vom Heiligen Geist nichts wissen. Er tauft sie und legt ihnen die Hand auf, sodass sie den Heiligen Geist empfangen und in Zungen reden können[28] und weissagen. Dieser Teil der Apostelgeschichte zeigt ei-

[28] *Zungenrede (Glossolalie)*
Die *Zungenrede* ist aus der Apostelgeschichte bekannt (Apostelgeschichte 2,4). Nach Tod, Auferstehung und schließlich der Himmelfahrt sitzt der engste Jüngerkreis beisammen und der Heilige Geist kommt über sie und sie reden in fremden Sprachen und beginnen zu predigen, sodass alle Menschen sie verstehen können, unabhängig ihrer Herkunft. Strenggenommen ist die *Xenoglossie*, das Reden in fremden Sprachen, von ξένος (xénos), „fremd" und γλῶσσα (glȭssa) „Zunge" bzw. „Sprache". Dieses Phänomen, das Menschen in fremden Sprachen reden, wird uns auch noch weiter bei Exorzismen begegnen und damit kommen wir zu einem ähnlichen Problem wie bei der Zungenrede: Im eigentlichen Sinne wird die Zungenrede als Gabe des Heiligen Geistes angesehen. Die dahinterliegende Vorstellung ist, dass Menschen, die vom Heiligen Geist übermannt werden, mitunter umfallen und in unverständlichen Sprachen reden, wobei sich wiederum manche als „Übersetzer" hervortun und in den Worten prophe-

nen Exorzismus durch Beschwörung. Die *bösen Geister* werden beschworen durch die Worte: „Ich beschwöre euch bei dem Jesus, den Paulus predigt." Doch der Exorzismus geht schief, so sehr schief, dass die Exorzisten fliehen müssen. Die verwendeten Formulierungen sind durchaus interessant. Es ist nicht von Dämonen die Rede (an anderen neutestamentlichen Stellen durchaus), sondern von *bösen Geistern*. Die Bibel kennt auch *unreine Geister*, um Dämonen zu beschreiben. Außerdem werden sie in der Lutherübersetzung „beschworen", oftmals steht dort im Urtext auf Altgriechisch ἐκβάλλω (ekbállō), dies bedeutet „austreiben". Hier sind wir also nun dort angekommen, wofür wir die Reise angetreten haben: bei waschechten Dämonenaustreibungen. Der Theologe Christian Wetz schreibt in seinem Artikel zu Dämonen und zur Dämonenbeschwörung im Neuen Testament, erschienen im Wissenschaftlichen Bibellexikon im Internet (WiBiLex), Folgendes: Der Glaube an Dämonen und die Austreibung ebensolcher waren zu Zeiten Jesu nicht nur „Common Sense", sondern auch „Common Practice". Es wurde also nicht nur an diese bösen Geister geglaubt, sondern allenthalben ein solcher ausgetrieben. Dabei ist die Welt, in der sich Jesus bewegt, geprägt von seiner jüdischen Tradition und den dämonenartigen Vorstellungen des Alten Testaments sowie von griechischen Einflüssen.

Nachdem wir im Alten Testament so lange danach gesucht haben, ob die Dämonen nicht doch zum Teufel gehören, werden wir hier nun fündig. Das Matthäus-Evangelium (Matthäus 25,41) spricht vom „Teufel und seinen Engeln". Wagen wir uns also in die konkreten Berichte der Exorzismen, die Jesus im Neuen Testament durchführt. Diese Berichte finden sich übrigens nur in den synoptischen Evangelien. Und eines kann gleich vorweggesagt werden:

---

tische Rede vermuten. Insbesondere in den Kirchen der christlichen Pfingstbewegung ist dies verbreitet. Doch auch hier (und damit das angesprochene Problem): Menschen fallen um, reden in anderen (unverständlichen) Sprachen und dies alles sind auch Züge, die vorgeblich besessene Personen zeigen, sodass es hier der Interpretation bedarf, ob das Wirken des Heiligen Geistes oder das Wirken von Dämonen vermutet wird.

Ohne seinen Exorzismus wäre es gar nicht losgegangen mit der Jesusbewegung. Die Exorzismen spielen eine erhebliche Rolle, deutlich wird dies beispielsweise im Evangelium nach Markus (eine Parallelstelle findet sich bei Lukas 4,31-37). Nachdem Jesus 40 Tage in der Wüste war und vom Teufel versucht wurde (wir erinnern uns), beruft er seine ersten Jünger, die Fischer Simon Petrus und Andreas, und predigt danach das erste Mal öffentlich und dabei kommt es zu einem Vorfall (Markus 1,21-28):

> *Jesus in Kapernaum*
> 21 Und sie [Jesus mit Simon und Andreas] gingen hinein nach Kapernaum; und alsbald am Sabbat ging er in die Synagoge und lehrte. 22 Und sie [die Zuhörerinnen und Zuhörer] entsetzten sich über seine Lehre; denn er lehrte sie mit Vollmacht und nicht wie die Schriftgelehrten. 23 Und alsbald war in ihrer Synagoge[29] ein Mensch, besessen von einem unreinen Geist, der schrie: 24 Was haben wir mit dir zu schaffen, Jesus von Nazareth? Bist du gekommen, uns zu vernichten? Ich weiß, wer du bist: der Heilige Gottes! 25 Und Jesus bedrohte ihn und sprach: Verstumme und fahre aus von ihm! 26 Und der unreine Geist riss ihn hin und her und schrie laut und fuhr aus von ihm. 27 Und sie entsetzten sich alle, sodass sie

---

[29] *Synagogen und Gotteshäuser*
Obwohl Synagogen jüdische Gotteshäuser sind, verbirgt sich dahinter ein altgriechischer Begriff: *συναγωγή* (synagōgē). Übersetzt heißt dies: „Versammlung". In der griechischen Urfassung des Neuen Testaments ist auch von Synagogen die Rede, wobei dieser Begriff wahrscheinlich so nicht verwendet wurde. Im Neuhebräischen findet sich allerdings die ähnliche Wortfolge בית כנסת (bet knesset), was *Haus der Versammlung* bedeutet. Zudem ist in der Bibel vom Jerusalemer Tempel die Rede, als besonderes Heiligtum der Anbetung. Christliche Gemeinden sammelten sich zunächst in Privathäusern. Aufgrund der Verfolgung, der sich das frühe Christentum im Römischen Reichen gegenüber stehend sah, war dies wohl auch zuerst nötig, sodass sich erst etwa im dritten nachchristlichen Jahrhundert eigentliche Sakralbauten entwickelten (sakral = heilig). Ein frühes geschichtliches Zeugnis ist die *Hauskirche von Dura Europos*, die am Fluss Euphrat im Ostsyrien liegt. Wahrscheinlich entstand diese Hauskirche in den 230er-Jahren. Auch hierzu gibt es eine altgriechische Herleitung: *κυριακή* [*οικία*] (kyriakē [oikía]); dies bedeutet *das Haus, das dem Herrn gehört*.

sich untereinander befragten und sprachen: Was ist das? Eine neue Lehre in Vollmacht! Er gebietet auch den unreinen Geistern, und sie gehorchen ihm! 28 Und die Kunde von ihm erscholl alsbald überall in das ganze Land um Galiläa.

Hier zeigt sich erneut: ein unreiner Geist, ein Dämon (der Begriff wird auch in der Übersetzung des Evangeliums nach Lukas verwendet). In dieser ersten Erzählung über einen Exorzismus Jesu haben wir es gleich mit Elementen zu tun, die wir auch aus späteren filmischen Darstellungen kennen: Jemand ist besessen und wirft sich wild herum und schreit. Der Exorzismus geschieht dadurch, dass Jesus einen Ausfahrbefehl erteilt. Lange Zeit wurden die Exorzismen als Heilungsgeschichten interpretiert, denn Jesus tritt auch als Heiler auf. Seine Austreibungen wurden als Beleg für seine göttliche Macht gedeutet, mit der er ausgestattet ist. Wirklich spannend ist hier aber eigentlich, dass der Dämon Jesus erkennt, er erkennt ihn als der „Heilige Gottes". Im Übrigen auch noch ein Element, dass uns im Film immer wieder begegnen wird. Auch dort ist es ein beliebtes Motiv, dass der Dämon einen Priester erkennt, obwohl dieser sich noch gar nicht als ein solcher zu erkennen gegeben hat. Außerdem entdecken wir ein anderes, immer wiederkehrendes Erzählmuster, dass ein Dämon lange Zeit unentdeckt bleiben kann, sich sogar in Gotteshäusern bewegen kann, wie hier in der Synagoge. Der Besessene nimmt ja sogar an einem Gottesdienst teil. Später soll noch in der Kirchengeschichte davor gewarnt werden, dass besessene Menschen sogar Abendmahl[30] einnehmen können, um die Exor-

[30] *Abendmahl*
„Der Herr Jesus, in der Nacht, da er verraten ward, nahm er das Brot, 24 dankte und brach's und sprach: Das ist mein Leib für euch; das tut zu meinem Gedächtnis. 25 Desgleichen nahm er auch den Kelch nach dem Mahl und sprach: Dieser Kelch ist der neue Bund in meinem Blut; das tut, sooft ihr daraus trinkt, zu meinem Gedächtnis." (1. Korinther 11,23b-25). Dies sind die sogenannten „Einsetzungsworte" des Abendmahls, hier zitiert aus der Briefliteratur, aus einem frühchristlichen Brief an die Gemeinde Korinth. Vor Jesu Gefangennahme, so berichteten die Evangelien, saß er mit seinen Jüngern beisammen und teilte Brot und Wein. Dazu erklärte er, dass der Wein sein Blut ist und das Brot sein Leib. Die Formel „tut dies [...] zu meinem Gedächtnis"

zisten zu täuschen. Allesamt Grundmuster und Schablonen, die wir später noch wiederfinden werden, die sich aber bereits im Neuen Testament herausgebildet haben. Doch bleiben wir bei Jesus, denn nach seinem Exorzismus geht es erst wirklich los: dadurch, dass er dem Dämon befehlen konnte, sehen die Menschen seine „Vollmacht“.

Der nächste Exorzismus im Erzählfluss ist wohl der bekannteste der biblischen Exorzismen. Er taucht auch in allen drei synoptischen Evangelien auf. Bei Matthäus ist er zu finden unter 8,28-34, bei Lukas unter 8,26-39. Da diese Darstellung wirklich formelhaft ist, schauen wir uns die gesamte Wiedergabe im Evangelium nach Markus an (Markus 5,1-20):

> *Der besessene Gerasener*
> 1 Und [Jesus und seine Jünger] kamen ans andre Ufer des
> Meeres in die Gegend der Gerasener. 2 Und als er aus dem
> Boot stieg, lief ihm alsbald von den Gräbern her ein Mensch
> entgegen mit einem unreinen Geist. 3 Der hatte seine Woh-
> nung in den Grabhöhlen. Und niemand konnte ihn mehr bin-
> den, auch nicht mit einer Kette; 4 denn er war oft mit Fesseln
> an den Füßen und mit Ketten gebunden gewesen und hatte

führte dazu, dass Kirchen in reformiert Tradition das Abendmahl als Symbolhandlung ansehen, um sich Symbol mit diesem, durch Jesus eingesetzten, Ritual mit allen Christinnen und Christen an allen Orten und zu allen Zeiten verbunden zu fühlen. In der katholischen Tradition ist die „Wandlung“ essentiell, der schwierige lateinische Fachbegriff lautet „Transsubstantiation“ (dies bedeutet Wesensverhandlung). Demnach wird der Wein tatsächlich zum Blut Christi, weshalb übriggebliebener Wein auch nicht weggeschüttet werden darf. Da demnach auch aus dem Brot tatsächlich der Leib wird, werden stattdessen Hostien genommen, die nicht krümeln. Je nach kirchlicher Lehre und nach theologischer Auffassung gibt es Schattierungen zwischen diesen beiden Polen (Gedächtnismahl einerseits und tatsächliche Wandlung anderseits). So gibt es zum Beispiel die Auffassung, dass während des Mahls die Wandlung erfolgt ist und nach dem Mahl die Wandlung rückgängig gemacht ist, daher also übriger Wein durchaus weggeschüttet werden kann. Aufgrund dieser unterschiedlichen Auffassungen haben nicht alle christlichen Kirchen miteinander „Tischgemeinschaft“, also sind beispielsweise evangelische Christinnen und Christen nicht beim Abendmahl in den orthodoxen Kirchen, die eine ähnliche Auffassung haben wie die katholischen Kirchen, zugelassen.

die Ketten zerrissen und die Fesseln zerrieben; und niemand
konnte ihn bändigen. 5 Und er war allezeit, Tag und Nacht,
in den Grabhöhlen und auf den Bergen, schrie und schlug sich
mit Steinen. 6 Da er aber Jesus sah von ferne, lief er hinzu
und fiel vor ihm nieder, 7 schrie laut und sprach: Was habe
ich mit dir zu schaffen, Jesus, du Sohn des höchsten Gottes?
Ich beschwöre dich bei Gott: Quäle mich nicht! 8 Denn er
hatte zu ihm gesagt: Fahre aus, du unreiner Geist, von dem
Menschen! 9 Und er fragte ihn: Wie heißt du? Und er sprach
zu ihm: Legion heiße ich; denn wir sind viele. 10 Und er bat
Jesus sehr, dass er sie nicht aus der Gegend vertreibe. 11 Es
war aber dort am Berg eine große Herde Säue auf der Weide.
12 Und die unreinen Geister baten ihn und sprachen: Lass
uns in die Säue fahren! 13 Und er erlaubte es ihnen. Da fuh-
ren sie aus und fuhren in die Säue, und die Herde stürmte den
Abhang hinunter ins Meer, etwa zweitausend, und sie ersof-
fen im Meer. 14 Und die Sauhirten flohen und verkündeten
das in der Stadt und auf dem Lande. Und die Leute gingen,
um zu sehen, was da geschehen war, 15 und kamen zu Jesus
und sahen den Besessenen, der den Geist »Legion« gehabt hat-
te, wie er dasaß, bekleidet und vernünftig, und sie fürchteten
sich. 16 Und die es gesehen hatten, erzählten ihnen, was dem
Besessenen widerfahren war und das von den Säuen. 17 Und
sie fingen an und baten Jesus, aus ihrem Gebiet fortzugehen.
18 Und als er in das Boot stieg, bat ihn, der zuvor besessen
war, dass er bei ihm bleiben dürfe. 19 Aber er ließ es ihm
nicht zu, sondern sprach zu ihm: Geh hin in dein Haus zu
den Deinen und verkünde ihnen, welch große Dinge der Herr
an dir getan und wie er sich deiner erbarmt hat. 20 Und er
ging hin und fing an, in den Zehn Städten auszurufen, wie
viel Jesus an ihm getan hatte; und jedermann verwunderte
sich.

Bevor wir weitere Beobachtungen hierzu anstellen, noch ein Auszug aus der Parallelstelle (Lukas 8,30-31).

> 30 Und Jesus fragte ihn: Wie heißt du? Er antwortete: Legion. Denn es waren viele Dämonen in ihn gefahren. 31 Und sie baten ihn, dass er ihnen nicht gebiete, in den Abgrund zu fahren.

Bild 14: Jesus gegen Legion
So stellte sich im Jahr 1860 der Künstler Julius Schnorr von Carolsfeld Jesu Kampf gegen Legion vor.

In späteren Interpretationen ist zu lesen, dass die Dämonenhorde nicht in den *Tartaros* geworfen werden will. Also in diesen tiefsten Kerker der Hölle, in den Abgrund. Doch nun zum Formelhaften dieser Dämonenaustreibung: Wir haben eine Person, die dämonisch besessen ist. Sie wird durch die angenommene Besessenheit asozial, sogar zu einer Gefahr für die Gesellschaft und wohnt außerhalb, wird sogar festgekettet. In seinem Exil schreit er und fügt sich selbst Schaden zu – Selbstverletzungen, Autoaggression, auch etwas, das später zu den Zeichen von Besessenheit gezählt werden soll. Und auch wieder an dieser Stelle: Jesus kann als Gottes Sohn vom Dämon erkannt werden. Jesus gibt den Ausfahrbefehl und stellt die Namensfrage (ein beliebtes Element im Exorzismusfilm: Die Befragung des Dämons, wer denn da wohl in den Menschen eingedrungen ist). Die Antwort des Dämons ist populär geworden, auch bei Menschen, die nicht so bibelfest sind: „Legion heiße ich; denn wir sind viele." Eine ganze Dämonenhorde ist also in diesen Mann eingedrungen und ihm kann geholfen werden, in dem die Dämonen woanders hineinfahren. Der freiwillige oder unfreiwillige Wechsel von Dämonen, gerne auch in andere Menschen, gehört ebenfalls zum späteren Motivrepertoire des Exorzismusfilms. Doch zum Grundmuster gehört auch, dass die Heilung dann sofort eintritt. Ist der Dämon erst einmal weg, ist die vormals besessene Person wieder ganz die alte – der böse Geist ist wahrhaft ein Fremdkörper und sein Wirken, so denn er auch wirklich ausfährt, ist nicht nachhaltig. Die Stellen Markus 7,24-30 sowie Matthäus 15,21-28 berichten von einer exorzistischen Fernheilung. Eine griechische Frau sucht Jesus auf, deren Tochter von einem Dämon besessen ist. Jesus spricht auf die Ferne ein Wort, sodass sie wieder gesund wird. Eine etwas ausführlichere Erzählung ist *Die Heilung des besessenen Knaben* (Markus 9,14-29; Matthäus 17,14-21; Lukas 9,37-42). In späteren Interpretationen findet sich dazu oft die Diagnose, dass es bei dem angeblich Besessenen um einen Epileptiker handelt, denn er schreit, wirft sich auf den Boden und er hat Schaum vor dem Mund. Schon die Anwesenheit Jesu führt dazu, dass der Dämon, so erklärt es zumindest der Vater des Jungen, den Betroffenen zu Boden reißt. Auch hier folgt ein Ausfahrbefehl Jesu und er erklärt seinen Jüngern, „die

Art“, also diese Kategorie von Dämonen, könne nur durch das Gebet ausgetrieben werden. Die nächste Austreibung ruft dann eine Kontroverse auf den Plan, zu finden ist die Stelle bei Matthäus 12,22 oder bei Markus 3,22-27; schauen wir hier in das Evangelium nach Lukas (Lukas 11,14-21):

Jesus und die Dämonen

14 Und [Jesus] trieb einen Dämon aus, der war stumm. Und
es geschah, als der Dämon ausfuhr, da redete der Stumme,
und die Menge verwunderte sich. 15 Einige aber unter ihnen
sprachen: Er treibt die Dämonen aus durch Beelzebul, den
Obersten der Dämonen. 16 Andere aber versuchten ihn und
forderten von ihm ein Zeichen vom Himmel. 17 Er aber
kannte ihre Gedanken und sprach zu ihnen: Jedes Reich, das
mit sich selbst uneins ist, wird verwüstet und ein Haus fällt
über das andre. 18 Ist aber der Satan auch mit sich selbst un-
eins, wie kann sein Reich bestehen? Denn ihr sagt, ich treibe
die Dämonen aus durch Beelzebul. 19 Wenn aber ich die Dä-
monen durch Beelzebul austreibe, durch wen treiben eure
Söhne sie aus? Darum werden sie eure Richter sein. 20 Wenn
ich aber durch den Finger Gottes die Dämonen austreibe, so
ist ja das Reich Gottes zu euch gekommen. 21 Wenn ein ge-
wappneter Starker seinen Palast bewacht, so bleibt, was er
hat, in Frieden.

Eingegangen ist diese Episode in die theologische Fachsprache als *Beelzebul-Kontroverse*. Hiermit finden wir die Stelle wieder, die wir schon bei den neutestamentlichen Namen des Teufels hatten. Der Teufel, hier als Beelzebul tituliert, wird als Oberster der Dämonen gekennzeichnet und Jesus wird vorgeworfen, dass er die Exorzismen nur mit teuflischer Macht durchführen könne. Jesus sei also gar nicht der Sohn Gottes, sondern in der Gefolgschaft des Teufels stehend? Dies warfen ihm zumindest seine Kritiker vor. Doch Jesus

fragt die Kritiker, wie dann das Reich des Satans überhaupt bestehen könnte, wie das denn möglich sei, dass der Teufel ihm die Macht verleihe, um seine ihm untergebenen Dämonen auszutreiben. Denn ein Reich, so befindet Jesus, was mit sich selbst uneins sei, könne nicht bestehen. Letztlich ist dies in den Evangelien auch ein Hinweis auf die bevorstehende Gottesherrschaft – die Überwindung des Bösen durch das Gute.
Die chronologisch letzte etwas detaillierte Erwähnung innerhalb der Evangelien eines Exorzismus findet sich nur bei Matthäus (Matthäus 9,32-33). Ein Mensch wird zu Jesus gebracht, der „stumm und besessen" zu sein scheint. Jesus treibt den Dämon aus und der Stumme redet. Hier wird deutlich, warum oftmals die Exorzismen zu den Heilungen Jesu gezählt werden. So lesen wir zum Beispiel von der Heilung eines Gelähmten (Markus 2,1-12; Matthäus 9,1-8; Lukas 5,17-26) oder eines Blinden (Johannes 9,1-41). Diese Wundertaten, die Jesus zugeschrieben werden, sind einerseits in den Evangelien klare Zeichen, um die Menschen von Jesu Vollmacht zu überzeugen, andererseits zeigt dies aber auch wirklich den Heilungscharakter sowohl der körperlichen Gebrechen als auch (bei Exorzismen) der seelischen Erkrankungen.
Weiterhin finden sich Exorzismen als Randnotizen in den Evangelien (Lukas 8,1-3):

> *Frauen in der Nachfolge Jesu*
> 1 Und es begab sich danach, dass er von Stadt zu Stadt und
> von Dorf zu Dorf zog und predigte und verkündigte das
> Evangelium vom Reich Gottes; und die Zwölf waren mit
> ihm, 2 dazu etliche Frauen, die er gesund gemacht hatte von
> bösen Geistern und Krankheiten, nämlich Maria, genannt
> Magdalena, von der sieben Dämonen ausgefahren waren,
> 3 und Johanna, die Frau des Chuza, eines Verwalters des Herodes, und Susanna und viele andere, die ihnen dienten mit ihrer Habe.

Also auch Maria Magdalena, die man sich später als enge Vertraue Jesu vorstellte und die (wie bereits an anderer Stelle erläutert) zwischenzeitlich auch von der Römisch-Katholischen Kirche als besondere biblische Persönlichkeit anerkannt wurde, auch sie wurde wohl von Jesus exorziert. Es ist ähnlich wie bei Legion: Es ist nicht nur ein Dämon, der in einem Menschen wütet. In der Randnotiz ist von sieben Dämonen die Rede, die Maria Magdalena befallen hatten.

Zu Nebensätzen werden auch Dämonenaustreibungen bei Markus (Markus 1 in den Versen 34 und 39), wo zu lesen ist, dass Jesus Krankheiten heilte aber auch „viele Dämonen" austrieb und diese „nicht reden" ließ, da sie erkannten (also zunächst sollte seine Natur nicht offenbart werden). Klar ist also, dass die Evangelisten zwischen Krankenheilungen und der Austreibung von Dämonen deutlich unterschieden. Das Redeverbot, also dass Jesus den Dämonen verbietet über seine wahre Existenz zu reden, findet sich mehrfach. Beispielsweise bei Markus 3,11-12, wo Jesus die Dämonen bedroht, dass sie nicht „offenbar machen sollen", dass er Gottes Sohn ist. Eine ähnliche Randnotiz, eine Zusammenfassung seiner Heilungen und Exorzismen, findet sich auch bei Lukas (Lukas 7,21). Die Dämonenaustreibung ist im Übrigen auch Teil eines umfangreichen Auftrags, den Jesus an seine Apostel weitergibt (Matthäus 10,5-8):

> 5 Diese Zwölf sandte Jesus aus, gebot ihnen und sprach: Geht nicht den Weg zu den Heiden und zieht nicht in eine Stadt der Samariter, 6 sondern geht hin zu den verlorenen Schafen aus dem Hause Israel. 7 Geht aber und predigt und sprecht: Das Himmelreich ist nahe herbeigekommen. 8 Macht Kranke gesund, weckt Tote auf[31], macht Aussätzige rein, treibt Dä-

[31] *Auferstehung der Toten*
Die Auferstehung der Toten und das ewige Leben – diese beiden Bekenntnisse gehören zum Glaubensbekenntnis, so wie es im Gottesdienst gesprochen wird. Gemeint ist einerseits die Überwindung des Todes, die – entsprechend dem christlichen Glauben – am Ostertag geschah. Das leere Grab Jesu, der Auferstandene. Vielfach wurde überlegt, wie die Auferstehung der Toten ganz praktisch für die Gläubigen aussehen wird.

monen aus. Umsonst habt ihr's empfangen, umsonst gebt es auch.

Predigen, heilen, Dämonen austreiben. Davon berichtet uns das Neue Testament, dies ist der Auftrag, den Jesus seinem engsten Jüngerkreis gab. Dass es aber auch andere Dämonenaustreiber gab, sogar christliche Exorzisten, die nicht zum Jüngerkreis gehörten, davon wird im Evangelium nach Lukas berichtet (Lukas 9,49-50):

> 49 [Einer der Jünger kam zu Jesus und sprach]: Meister, wir sahen einen, der trieb Dämonen aus in deinem Namen; und wir wehrten ihm, denn er folgt dir nicht nach mit uns.
> 50 Und Jesus sprach zu ihm: Wehret ihm nicht! Denn wer nicht gegen euch ist, der ist für euch.

In der theologischen Forschung wurde immer wieder auf den bereits benannten Umstand hingewiesen, dass in der Darstellung der Evangelien Jesus zwischen Besessenheit und Krankheit unterscheidet. Dadurch kamen Fragen auf, ob psychische Erkrankungen womöglich damals noch nicht als solche erkannt wurden (zu einem späteren Zeitpunkt soll noch einmal die medizinische/psychologische Komponente dieses Themenfelds betrachtet werden) oder ob es für Jesus eine tatsächliche Unterscheidung zwischen krank und besessen gab, zumal in den biblischen Erzählungen die Dämonen ihn als Gottes Sohn erkennen, was für ihn sogar zunächst eine Gefahr darstellt: Die Geschichten berichten davon, dass Jesus sich

---

Lange Zeit gehört es daher (und dies ist es mancherorts noch) zur christlichen Tradition, Leichname nicht zu verbrennen, damit der Körper zur Auferstehung unversehrt wäre. Gegenwärtige christliche Vorstellungen gehen vermehrt zur Annahme über, dass die Seele ein ewiges Leben bei Gott finden wird und die Seele somit nach dem Tode aufersteht. Wiederum kennt beispielsweise das Evangelium nach Matthäus (Matthäus 27,51-53) nach dem Kreuzestod Jesu eine sehr körperliche Auferstehung der Toten: „1 Und siehe, der Vorhang im Tempel zerriss in zwei Stücke von oben an bis unten aus. Und die Erde erbebte, und die Felsen zerrissen, 52 und die Gräber taten sich auf und viele Leiber der entschlafenen Heiligen standen auf 53 und gingen aus den Gräbern nach seiner Auferstehung und kamen in die heilige Stadt und erschienen vielen."

scheinbar im Zwiespalt befand, einerseits den Menschen durch seine göttliche Vollmacht zu helfen, andererseits noch nicht als Christus in Erscheinung zu treten.
Für die Exorzismen selbst fanden sich in der fachwissenschaftlichen Betrachtungen „drei konstituierende Elemente“ von Dämonenaustreibungen, wie es Christian Wetz in seinem Artikel im Wissenschaftlichen Bibellexikon im Internet benennt. Zunächst ist da der Teil einer „Fremdbeherrschung“, dass eine Person durch einen Dämon besessen ist, was in bestimmte Verhaltensmuster und auch Selbstverletzung mündet. Wenn der Exorzist hinzukommt, dann beginnt ein Kampf. Der Exorzist beschwört den Dämon, worauf der Dämon den Exorzisten „bei Gott“ beschwört, ihn nicht zu quälen. Dann gibt es Ausfahrbefehle, der Dämon solle den Menschen verlassen, sowie bisweilen Einfahrbefehle, wie in die Herde Schweine in der Geschichte um dem Dämon Legion. Aber auch Befehle des Schweigens oder des Bedrohens des Dämons. Schließlich gibt es noch einen finalen Akt des dämonischen Handelns. Die Schweine begehen Suizid oder der Besessene wird noch einmal vom Dämon auf den Boden geworfen.
Damit unterscheiden sich die Exorzismen schon etwas von dem alttestamentlichen Exorzismus bei Tobit. Jesus, legitimiert durch seine Rolle, ruft keinen Erzengel an (dies werden wir aber bei der Herausbildung des Exorzistenamtes wieder erleben). Die Dämonen manifestieren sich ziemlich körperlich in ihren Opfern, z.B. durch Selbstverletzung oder auf den Boden werfen, und es gibt schließlich einen Ausfahrbefehl. Wie bereits festgestellt: Grundmuster späterer Leinwand-Exorzismen.

Zusammenfassung – der Teufel, gar nicht so bekannt, wie man meinen könnte

Bevor es um die Institutionalisierung der Praxis des Exorzismus geht, eine erste Zusammenfassung: Welche Voranname gab es über den Teufel und über Exorzismen? Wahrscheinlich ist die Vorstellung eines Höllenherrschers mit Dämonen in seinem Gefolge weit verbreitet. Doch dies ist gar nicht so eindeutig. Zunächst zeigt sich bei der Betrachtung des Alten Testaments (kultur- und religionsgeschichtlich gesprochen) ein Zeugnis über die Entstehung des Monotheismus. Das Volk Israel verehrt nur einen Gott. Doch was ist dann mit den übrigen Göttern, mit den Göttern, die von den umliegenden Gruppen verehrt werden, die bisweilen sogar innerhalb des Volkes Israel eine Anhängerschaft haben? Diese Götter werden *depotenziert*, ihnen wird also die Macht abgesprochen. Dies ist aber nur der beste Fall, etliche von ihnen werden *dämonisiert*. Ein Schicksal, das in der Religionsgeschichte auch anderen Figuren zuteil geworden ist. So konnte festgestellt werden, dass auch in europäischen Breitengraden aus der einstmals positiven Figur der Roggenmuhme, mit der Vorstellung einer Vegetationsgottheit, welche die Felder beschützt, ein Kinderschreck geworden ist, um Kinder davor zu warnen, nicht in die Felder zu gehen. Von einem Verbot berichtet auch der erste Abschnitt der Bibel bzw. des Alten Testaments. Die Rede ist davon, wie das Böse in die Welt kam. Das Böse kommt in die Welt mit der Übertretung von Gottes Geboten, also mit der Sünde – der bewussten Vergrößerung der Entfernung zu Gott. Doch ein Teil der Erzählung ist, dass die Schlange die Menschen verführte, damit sie Gottes Gebote übertreten. In späteren Interpretationen wird die Schlange mit dem Teufel gleichgesetzt. Dieser Teufel tritt im Alten Testament als Teil des himmlischen Hofstaates auf. Er ist durchaus ein Verführer und Prüfer, der beispielsweise Hiob in seinem Glauben prüft und ihn viel Leid durchleben lässt, um eine schier unaussprechliche These zu prüfen: Wird Hiob am Glauben festhalten? Anhand dieser Erzählung wird die Frage nach Gottes Gerechtigkeit verhandelt, die sogenannte Theodizee-Frage: vereinfacht ausgedrückt, *warum lässt Gott das Leid in der Welt zu?* Der Teufel kann nur dementsprechend agieren, weil ihm dies von Gott gestattet ist. Gott wird in verschiedenen biblischen Schriften (unter anderem auch beim Propheten Jesaja) als Urgrund alles Guten und alles Bösen benannt.

Doch kommen wir zurück zu den Dämonen: Obwohl der Teufel je nach Text des Alten Testaments zwar sein Gefolge hat, nämlich die mit ihm gefallenen Engel wie es später heißt, sind die depotenzierten Fremdgötter mitnichten „seine" Dämonen, vielmehr sind sie eigenständige Wesenheiten, die aber dadurch, dass sie verehrt werden, die Menschen auch von Gott abbringen können. Gerade hinsichtlich der griechischen Dämonologie bieten Dämonen lediglich Möglichkeiten an, der Mensch kann ihnen nachfolgen oder sich den dämonischen Mächten aus eigener Kraft verwehren. Dies verliert sich in der Vorstellung des Neuen Testaments, wo Betroffene dämonisch fremdbeherrscht werden.

Dämonenlehren sind im Kernbestand der Bibel weniger zu finden, aber in apokryphen Büchern durchaus ausführlicher. Erwähnt wurde beispielsweise das Tobit-Buch, in welchem die Erzengel gegen einen Dämon eingesetzt werden müssen. Ergänzend kann hierzu angegeben werden, dass es in anderen Schriftfunden, wie in den sogenannten Qumran-Schriftrollen[32] vom Toten Meer, auch Berichte

---

[32] *Qumran, die Schriftrollen vom Toten Meer*
In den ausgehenden 1940er- und in den 1950er-Jahren wurden in Höhlen im Westjordanland verschiedene Handschriften gefunden. Diese Textstücke waren insbesondere für das Alte Testament von großer Bedeutung. Um an den mutmaßlichen „Urtext" der Bibel zu kommen, werden historische Handschriften nach Möglichkeit wieder lesbar gemacht und sie werden datiert, zum Beispiel mit der sogenannten Radiokarbonmethode. Vereinfacht gesagt der radioaktive Zerfall der Materialien wird bestimmt, um das Alter festzustellen. Diese Handschriften werden miteinander verglichen und gewichtet, um möglichst nahe an die ursprüngliche Erzählfassung heranzukommen. Die Schriften konnten auch aufgrund der verwendeten Buchstaben so datiert werden, dass die ältesten Schriften etwa im dritten Jahrtausend vor Christus entstanden und die jüngsten Schriften etwa im ersten nachchristlichen Jahrhundert. Vielfach konnten diese Einschätzungen durch die Radiokarbonmethode bestätigt werden. Neben den bekannten biblischen Texten fanden sich darin aber noch weitere Textquellen und eben

gibt, in denen beispielsweise zu lesen ist, dass der Religionsstifter und Stammvater Abraham mittels Handauflegung dem ägyptischen Pharao einen Dämon ausgetrieben habe. Doch selbst wenn es auch im Tobit-Buch bestimmte Rituale gibt, sich Dämonen zu erwehren, gibt es keine ausformulierte alttestamentliche Praxis dagegen. Es gibt lediglich Hinweise, die in jüdischen Legenden oder auch im Neuen Testament weiter ausgeführt wurden, so ist dann auch etwa von einem *Himmelssturz des Satan* zu lesen.

Im Neuen Testament wird der Teufel immer mehr zu einem ausgebufften Gegenspieler Gottes, wahrlich zu einem Antagonisten. Es gibt Hinweise, die Andeutungen aus dem Alten Testament verdichten. Jesus sagt seinen Jüngern, dass er den Satan vom Himmel stürzen sah. Daraus wurde die Vorstellung, genährt eben auch durch die jüdischen Legenden, dass der Teufel einstmals ein besonderer Engel war, der sich im himmlischen Hofstaat nicht einfügen wollte (wir merken: Dies ist kein Widerspruch etwa zu seiner Rolle im Hiob-Buch, es ist der Versuch, aus allen Puzzlestücken ein Ganzes zu bilden) und daraufhin eine Revolte anzettelte und mit seinen Engeln rausgeworfen wurde. Neutestamentlich können die Dämonen durchaus als seine Engel gesehen werden, auch wenn sie sich nicht auf den Teufel beziehen.

Die Hölle kann aber mitnichten ohne Weiteres als das Refugium des Teufels bezeichnet werden. Tatsächlich entwickelten sich ausgeprägtere Höllenvorstellungen erst im Neuen Testament. Ähnlich entsprechend den Hinweisen im Alten Testament ist es ein Ort totaler Gottesferne (sonst schweigt sich das Alte Testament zudem

---

auch Erzählungen, die nicht im biblischen Kanon enthalten sind. Besonders von Interesse waren auch Funde an Texten, die den Essenern zugeschrieben. Die Essener galten als eine Gruppe, die davon ausging, dass bald der Messias käme. Um die Gruppe selbst haben sich selbst verschiedene Legenden gebildet und immer wieder ergänzt. Es gibt eine frühe russische Übersetzung von *De Bello Judaico* (Jüdischer Krieg), des jüdischen Historikers griechischer Prägung Flavius Josephus (geboren in den 30er-Jahren nach Christus, wahrscheinlich um das Jahr 100 in Rom verstorben), wo den Essenern prophetische Fähigkeiten angedichtet wurden und ebenso wurde angegeben, dass sie Kenntnis über die geheimen Namen der Engel hätten und diese in einer Geheimschrift festgehalten hätten.

ziemlich über ein Jenseits aus). Es kamen Vorstellungen von Feuerqualen hinzu, die teilweise durch (noch alttestamentliche) Gerüchte über andere Gruppen inspiriert waren, die angeblich ihrem Gott Feueropfer darbrachten. Doch diese Hinweise genügten als Wegbereiter beispielsweise zu einer ausgeprägten Fegefeuerlehre (wohin wir noch kommen werden). Insbesondere sind bei den Höllen-Ideen auch griechische Vorstellungen zu finden, die christlich neu interpretiert wurden.

Wichtig ist festzuhalten, dass es ohne Teufel und Dämonen kaum mit der Geschichte um Jesus aus Nazareth in den (synoptischen) Evangelien funktioniert. Sehr deutlich ist zum Beispiel im Markus-Evangelium zu lesen, dass erst durch seine Dämonenaustreibungen die Menschen auf Jesus aufmerksam wurden, es also richtig losging mit der Jesusbewegung. Zudem lesen wir davon, dass Jesus die Dämonen bedrohte, sie sollten seine wahre Natur nicht preisgeben. Nicht zuletzt ist es der Teufel (intensiv dargestellt im Lukas-Evangelium), der in Jesu Vertrauten Judas eindringt und ihn so zum Verräter werden lässt – eine hochfunktionale Besessenheit, da sich Judas nicht auf dem Boden wälzt, sondern zum Werkzeug des Teufels persönlich wird, während in andere Betroffene lediglich Dämonen eindringen.

Der Teufel in der Schlange im Paradies, der Teufel in Judas... Weder Eva trifft eine Schuld noch Judas trifft eine Schuld. Welch eine Entlastung. Doch kann der Teufel für all das die Verantwortung übernehmen? Auf diese Frage kommen wir noch einmal zurück.

Exorzismus - Institutionalisierung einer Praxis

Eine kurze Kirchengeschichte und die Einrichtung des Exorzistenamtes

Im Jahr 1900 gab es etwa 1900 christliche Denominationen, also christliche Kirchen. Heute liegt diese Zahl höher. Dies mag mit einem Blick auf das westliche Europa vielleicht überraschen, da die Mitglieder christlicher Kirchen immer mehr zur Minderheit werden. Doch gerade in Afrika, Südamerika und inzwischen auch in Asien gibt es wachsende Kirchen. Diese Kirchen habe allesamt unterschiedliche Frömmigkeitsprägungen. Dies ist insbesondere an spezifischen Formen - wie dem Exorzismus - zu erkennen. Während er im westliche Europa inzwischen kaum anzutreffen ist, gehört er bei manchen Kirchen anderer Kontinente zum Kernprogramm. Diese Unterschiede sorgen dafür, dass es manchmal gar nicht so einfach ist mit der Ökumene[33], mit der Zusammenarbeit zwischen verschiedenen Kirchen, auch und gerade weltweit. Doch gehen wir zurück an den Anfang. Am Anfang gab es nur eine einzige Kirche? Auch das stimmt so nicht. Diskussionen über die richtige Lehre gehörten von Beginn an zum Urchristentum. Blicken wir dafür einmal in die Apostelgeschichte (hier Apostelgeschichte 15 in Auszügen):

[33] *Denominationen, Konfessionen und Ökumene*
Denomination ist im anglo-amerikanischen Sprachraum der Begriff für das, was hierzulande meistens als Konfession bekannt ist. Gerade auch fachsprachlich hat sich das Wort aber durchgesetzt. Konfession kommt vom Lateinischen *confessio* und bedeutet „Geständnis“ oder „Bekenntnis“, womit wir schon bei den Glaubensbekenntnissen angekommen sind. Jede Konfession hat theoretisch wie praktisch ein eigenes Glaubensbekenntnis, wobei sie im Falle des Christentum die Bibel als Gemeinsamkeit haben und sich in der Regel an den frühkirchlichen Bekenntnissen orientieren. Danach wird es schwieriger, sodass es kirchengeschichtlich immer wieder zu Spaltungen kam. Um aber dennoch einen gemeinsamen Dialog zu ermöglichen, erstarkte im 19. Jahrhundert die Ökumene. Hier steht auch wieder ein griechisches Wort Pate: *οἰκουμένη* (oikouménē). Gemeint ist damit der bewohnte Erdkreis. Das Ziel der Ökumene ist es, einen gemeinsamen Dialog zwischen den verschiedenen weltweiten christlichen Denominationen herzustellen.

Die Apostelversammlung in Jerusalem

1 Und einige kamen herab von Judäa und lehrten die Brüder:
Wenn ihr euch nicht beschneiden lasst nach der Ordnung des
Mose, könnt ihr nicht selig werden. 2 Da nun Zwietracht ent-
stand und Paulus und Barnabas einen nicht geringen Streit
mit ihnen hatten, ordnete man an, dass Paulus und Barnabas
und einige andre von ihnen nach Jerusalem hinaufziehen soll-
ten zu den Aposteln und Ältesten um dieser Frage willen. [...]
5 Da traten einige von der Gruppe der Pharisäer auf, die gläu-
big geworden waren, und sprachen: Man muss sie beschnei-
den und ihnen gebieten, das Gesetz des Mose zu halten. 6 Da
kamen die Apostel und die Ältesten zusammen, über diese Sa-
che zu beraten. [...]

In der Apostelgeschichte findet sich eine Aufzeichnung der Debatte sowie ein Hinweis auf die „Beschlüsse“ des Apostelkonzils. Stein des Anstoßes ist die Frage, ob ein Mann beschnitten sein muss, bevor er Christ wird oder nicht. Mit der Beschneidung ist das sichtbare Zeichen gemeint, unsichtbar dahinter steht die Frage: Muss jemand erst Jude werden, bevor er Christ werden kann? Sicherlich muss hier nicht weiter darauf eingegangen werden. Es ist wahrscheinlich klar, welche Gruppe sich durchgesetzt hat. Dennoch gab es vielfach Gruppen, die von der Meinung ihrer Mitchristinnen und Mitchristen abwichen. Und die verschiedenen Meinungen und Auffassungen wuchsen, sowie auch das Christentum wuchs und sich ausbreitete. Während es sich im ersten Jahrhundert bereits über Palästina, Syrien bis hin nach Griechenland verbreitet hatte, setzte es sich im zweiten Jahrhundert auch im römischen Bereich immer mehr durch und erreichte weitere Teile des europäischen Kontinents, wie Gebiete des heutigen östlichen Europas, Spaniens und Frankreichs. Ebenfalls kam das Christentum in Nordafrika an. In Kleinasien, heute ein Teil der Türkei, entstanden die meisten Gemeinden und zunehmend herrschte die christliche Weltanschauung vor. Somit wurden christliche Gemeinschaften auch immer mehr zu einem politischen Element. Organisiertes Vorgehen gegen christliche Gruppen gab es zwar seit Beginn der Bewegung (zum Beispiel durch den römischen Kaiser Nero, der laut dem Historiker Tacitus im Jahr 64 befahl, die Stadt Rom in Brand zu setzen und die Christen dafür zu beschuldigen – wobei auch dies in der Forschung diskursiv ist), doch verschärfte sich dies im dritten nachchristlichen Jahrhundert. Aus dem Jahr 257 ist ein Strafkatalog des Kaisers Valerian überliefert, der sich gegen Christinnen und Christen richtete. Ihr Vermögen konnte konfisziert werden, wenn sie sich zum Christentum bekannten oder schlimmer, es drohte die Verbannung oder auch der Tod. Doch bereits Valerians Sohn, der zunächst mitregierte und dann selbst den Kaiserstuhl übernahm, beendete die Christenverfolgung, was der Kirche einige ruhige Jahrzehnte einbrachte, bis ab dem beginnenden vierten Jahrhundert neue Verfolgungswellen durch die römischen Machthaber losgetreten wurden. Christen wurden unter Kaiser Diokletian von ihren Ämtern entfernt, Titel und Bürgerrechte aberkannt. Wenn sie sich nicht dem Regime fügten, konnte ihnen auch – wieder einmal – der Tod drohen. Die Kirche war faktisch verboten und das Christentum wurde als eine illegale Vereinigung angesehen. Diese Phase dauerte etwa ein Jahrzehnt an, bis Kaiser Galerius im Jahr 311 die entsprechenden Edikte zurückzog und das Christentum als Religion im Reich anerkannte. Mit Kaiser Konstantin setzte die sogenannte *Konstantinische Wende* ein. Grundsatz ist hier die *Mailänder Vereinbarung* aus dem Jahr 313. Oft wird dies als „Toleranzedikt" bezeichnet, was zwar eine Engführung darstellt, aber genau dies meint. Jeder Mensch im römischen Reich, und Christinnen und Christen wurden explizit mitgenannt, durfte fortan seine Religion frei ausüben. Dies brachte der Kirche neuen Schub und das Christentum verbreitete sich mehr und mehr im Römischen Reich, sodass Theodosius I., Kaiser Ostroms, es im Jahr 380 zur Staatsreligion erhob.

Diese staatliche Privilegierung brachte der Kirche auch die Möglichkeit Einheit zu bewahren, trotz unterschiedlicher Meinungen. Konzilien wurden fortgesetzt, also Zusammenkünfte, auf denen über theologische Lehrfragen diskutiert wurde. Die ersten sieben Konzilien werden von den meisten der heutigen Kirchen anerkannt. Zusammengefasst werden diese als „Ökumenische Konzilien“, was allerdings nicht mit dem späteren Wortsinne von Ökumene (Dialog zwischen den christlichen Kirchen weltweit) zu verstehen ist, sondern mit dem Anspruch eine Weltkirche zu sein. Schließlich bedeutet das Wort *katholisch* (Latein) übersetzt *allgemein*. Während das erste dieser Konzile im Jahr 325 noch stattfand, bevor die Kirche zur Staatskirche wurde (durchgeführt wurde es in Nicäa, im heutigen Istanbul), fanden alle weiteren Konzilien bereits als Staatskirche statt.

Doch wo Einheit herrscht, da ist Zwietracht nicht weit. Es bildeten sich rasch zwei große und geschichtsträchtige kirchliche Strömungen heraus. Zunächst die Kirche im weströmischen Reich mit Sitz in Rom, zum anderen die Kirche im oströmischen Reich mit Sitz in Konstantinopel (heute Istanbul). In der oströmischen Kirche war Griechisch die vorherrschende Sprache, während es im weströmischen Reich Latein war. Hinzu kamen Unterschiedene in Lehrfragen, regionale und kulturelle Eigenarten der jeweiligen Regionen und daraus entstehende unterschiedliche theologische Auffassungen. Nicht zuletzt gab es auch kirchenpolitische Differenzen, sodass es im Jahr 1054 zum sogenannten *Morgenländischen Schisma* kam. Ein *Schisma* bedeutet, es kam zur *Spaltung*. Die Kirchen, welche wir heute als römisch-katholische Kirche kennen und die, welche wir der Orthodoxie zuordnen, gingen unterschiedliche Wege. *Orthodoxie* kommt von den griechischen Begriffen ὀρθός (orthós) und δόξα (dóxa), übersetzt heißt dies *rechtgläubig*. Aus diesem Grund, der Selbstbeschreibung als *rechtgläubig*, sieht sich die orthodoxe Kirche auch als die ältere Kirche, von der sich Rom abgespalten hat. Wobei es auch nicht eine orthodoxe Kirche gibt, so wie es auch nicht eine katholische und eine evangelische Kirche gibt. Für unsere Betrachtungen wird zudem noch die Reformation, also das Entstehen der evangelischen Kirchen wichtig, doch kommen wir an einer späteren Stelle darauf zurück.

Wir erinnern uns, welchen Auftrag Jesus seiner Gemeinschaft gegeben hatte: Seine Jüngerinnen und Jünger sollten über Gott predigen, Kranke heilen und Dämonen austreiben. Wie ging also die frühe Kirche mit diesem dreifachen Auftrag um? Grundlage für die frühe Kirche waren zunächst die Briefe, die der Apostel Paulus an verschiedene Gemeinden geschrieben hatte. Diese Briefe wurden teilweise in Gottesdiensten verlesen und immer wieder abgeschrieben, um sie so zu erhalten und auch anderen Gemeinden zugänglich zu machen. Abgeschrieben wurden sie mit großer Akribie, da die Inhalte den frühen Christinnen und Christen als immens wichtig galten. Noch wichtiger waren für sie die Berichte über Jesus und sein Wirken, die ebenfalls mit größter Sorgfalt weitergegeben und in den Gemeinden interpretiert wurden. Bereits bei Paulus finden sich theologische Interpretationen zum Wirken Jesu und wiederum wurden in den Gemeinden die Briefe des Paulus und seine Theologie interpretiert. Von der paulinischen Lehre wurde herausgearbeitet, dass der Satan versucht den Menschen in die Sünde zu bringen, sodass sich dieser nicht mehr aus eigener Kraft aus der Sünde befreien kann. Paulus skizziert den Teufel als ein eigenständiges Wesen und – entsprechend der Evangelien – als Herr dieser Welt. In der Welt stiftet der Teufel mit Unglauben und Aberglauben Chaos, sodass sich die Menschen von Jesu Wort abwenden. Zudem wurden aus dem Buch der Offenbarung die Aussagen über den Teufel hinzugezogen, um die Rolle von Teufel und Dämonen als Gegenspieler zu manifestieren. Aber als wessen Gegenspieler? Für die Kirchenväter[34] war der Teufel nicht mehr ein Gegenspieler Christi, sondern

[34] *Kirchenväter und Kirchenlehrer*
Hinter den Begriffen *Kirchenvater* und *Kirchenlehrer* stehen die lateinischen Begriffe *pater ecclesiae* und *doctores ecclesiae* (von Latein *docere*, was *lehren* bedeutet). Beide Gruppen spielen in der orthodoxen und in der katholischen Theologie eine Rolle. Gemeint sind damit frühe christliche Autoren, die entscheidend die Theologie mitgeprägt haben. Daneben kennt die katholische Kirche auch Kirchenschriftsteller. Im Gegen-

ein Gegenspieler der Kirche, die in der Welt Gott bezeugt und in Jesu Auftrag handelt. Die Kirchenväter setzten sich daher vielfach mit dem Teufel und den Dämonen auseinander, so z. B. Meliton von Sardes (im zweiten nachchristlichen Jahrhundert), ein Bischof in Kleinasien, der zu den Kirchenlehrern gezählt wird. Von ihm sind frühe Schriften überliefert, in denen er sich mit der Kraft des Teufels auseinandersetzt und auch mit Dämonen. Beim Kirchenvater Irenäus von Lyon, ein Zeitgenossen Melitons, findet sich die Idee vom Teufel als gestürztem Engel, dessen Versuchungen Jesus widerstehen musste, um für seine Aufgabe gewappnet zu sein. Ferner setzte sich Origenes, der in der Kirche nicht unumstritten war, wohl in der ersten Hälfte des dritten Jahrhunderts mit der Engelslehre der Bibel auseinander. Mutmaßlich entstand diese Schrift in den 220er-Jahren. Entsprechend der Bibel unterschied er zwischen Engeln, die gute Mächte verkörpern, und jenen, die zur Gefolgschaft des Teufels gehören. Die bösen Engel benannte er als „Dämonen" und machte sich dazu verschiedene Gedanken. Beispielsweise stellte er sich vor, dass sich auch diese bösen Engel vom Satan abwenden könnten, wodurch sie zu rein geistigen Wesenheiten werden würden. Auch dachte er über Besessenheit nach und unterschied hier, dass man tatsächlich auch von guten Engeln in irgendeiner Form besessen sein kann, etwa wenn man „besessen" von einer Idee ist und daraus schöpferische Kraft zieht. Bei den guten und bösen Formen gäbe es demnach die Fälle, bei denen die Willensfreiheit erhalten bliebe, man nur in eine entsprechende Richtung gelenkt werde. Ebenfalls befand Origenes, dass der Satan und die Dämonen den Menschen, die ihnen verfallen sind, die Möglichkeit der Wahrsagerei geben könnten, was er von der guten Prophetie unterschied. Parallel dazu bildete sich bereits in der Frühzeit des Christentums eine Art Weiheverständnis heraus. Die Weihe bedeutet, dass nicht jede Person jede Aufgabe im gottesdienstlichen Handeln ausführen

---

satz zu den Kirchenvätern oder -lehrern werden sie nicht als heilig angesehen, dennoch wird ihren Texten die gleiche Autorität zugesprochen.

darf, sondern zuvor – aber bei entsprechender Ausbildung und einem entsprechenden Lebenswandel – geweiht werden muss. In der evangelischen Kirche wird dies heute *Ordination* genannt, was sich vom ursprünglich lateinischen Begriff *ordinatio* ableitet (und noch einmal andere theologische Schwerpunkte als die Weihe setzt). Damit gemeint ist eigentlich eine Aufnahme in eine bestimmte Ordnung. Durch die Weihe spricht die Kirche jemandem den Segen zu, für die Kirche im Namen Christi zu handeln. Nach (katholischer) Vorstellung, die wohl aber erst im Mittelalter entstand, befinden sich die geweihten Personen in einer *apostolischen Sukzession*[35] von den Aposteln bis zum Bischof, der sie durch Handauflegung geweiht hat. In der frühen Kirchengeschichte gab es die niederen Weihen. Ein bekannter Dienst, den es ab dem vierten Jahrhundert gab, ist der Lektorendienst, der zu den niederen Weihen gehörte. Auch heute gibt es noch Lektorinnen und Lektoren, die in Gottesdiensten die Bibeltexte lesen. Diese sind nicht geweiht, da ohnehin im Jahr 1973 die niederen Weihen kirchenrechtlich abgeschafft wurden. Für uns von Interesse ist aber das Amt des Exorzisten, das seit dem dritten Jahrhundert mit einer niederen Weihe verbunden war. Dies bedeutete, dass die geweihte Person – wir merken, kein Priester, was einen anderen Weihegrad[36] darstellt – vom Bischof die Er-

[35] *Apostolische Sukzession*
Im Mittelalter entstand die Vorstellung der *Apostolischen Sukzession* bzw. jene der *apostolischen Nachfolge*. Die dahinterstehende Idee ist, dass von den ersten Aposteln eine durchgehende Linie bis heute durch Handauflegung der jeweiligen Bischöfe hergestellt wurde. Für die Römisch-Katholische Kirche gilt beispielsweise, dass die biblische Figur Simon Petrus nicht nur als erster Jünger Jesu, sondern auch als erster Papst gesehen wird (wir erinnern uns: Der Fels, auf dem Jesus seine Gemeinschaft/Kirche grünen wurde). Dies bedeutet also, dass es zwischen den Bischöfen von Rom bis zum heutigen Papst Franziskus eine durchgehende Linie durch Handauflegung gäbe. Beispielsweise die Koptisch-orthodoxe Kirche mit Sitz in Kairo, mit einem eigenen Papst, derzeit Twadrois II., sieht eine apostolische Nachfolge ausgehend vom Evangelisten Markus her. In der evangelischen Theologie wird in der Regel von einer *successio fidei*, also von einer Nachfolge im Glauben ausgegangen, dass es Vorgängerinnen und Vorgänger gab, die den Glauben weitergegeben haben, der wiederum nun weitergegeben wird.

[36] *Weiheverständnis – Besonderheiten des Weihesakraments*
Zur katholischen Weihe gehören zwei wichtige theologische Grundbegriffe. Einerseits gilt „Character indelebilis“, dies heißt übersetzt, dass die Weihe ein *untilgbares Präge-*

laubnis bekam, im kirchlichen Auftrag Exorzismen durchzuführen. Ursprünglich war damit auch verbunden, sich um die Kranken in der Gemeinde zu kümmern. Dieses Amt orientierte sich damit wohl an den Wundertaten Jesu, zum einen die Krankenheilungen und zum anderen die Dämonenaustreibungen. Der niedere Weihegrad stand in engem Zusammenhang mit dem Diakonat, also der untersten Weihestufe der Diakonenweihe. Damit waren diesen Personen seelsorgerliche Aufgaben übertragen und eben diakonisches Handeln, also vereinfacht gesagt: christliche Wohlfahrtspflege. Ebenfalls waren sie in den Ablauf des Gottesdienstes eingebunden. Es ist davon auszugehen, dass diese frühen Exorzisten sich an biblischen Texten orientierten und an all dem, was an Texten im Umfeld der Bibel entstand sowie an dem, was kirchliche Lehrer an Aussagen über Teufel und Dämonen zu Papier gebracht hatten.
Eine Besonderheit bildete bereits für die frühe Christenheit der Exorzismus bei der Taufe. Tatsächlich handelt es sich dabei um eine Form des Exorzismus, die sich bis heute in einigen Teilen überlebt hat. Die Taufe als solche ist biblisch als sogenannter *Missionsbefehl* als Auftrag überliefert (Matthäus 28,19-20):

> [Jesus sprach zu seinen Jüngern:] 19 Darum gehet hin und lehret alle Völker: Taufet sie auf den Namen des Vaters und des Sohnes und des Heiligen Geistes 20 und lehret sie halten alles, was ich euch befohlen habe. Und siehe, ich bin bei euch alle

---

mal darstellt. Wer also einmal geweiht wurde, dem kann es nicht entzogen werden. Dies bedeutet, wenn diese Person, warum auch immer, nicht mehr als Priester tätig ist, kann sie dennoch die Sakramente spenden, wobei ihm dies aber kirchenrechtlich nicht erlaubt sein kann. Die Priester versprechen die Ehelosigkeit. Wenn also ein Priester heiratet, dann bleibt er dennoch gültig geweiht, darf aber nicht mehr als Priester tätig sein, das Spenden der Sakramente ist ihm nicht mehr erlaubt. Dies hängt mit einem anderen lateinischen Begriff zusammen, dass Priester *In persona Christi* handeln. Also *an der Stelle Christi* ist der Priester im gottesdienstlichen Geschehen tätig. Das bedeutet, es handelt eigentlich nicht der Priester selbst, er ist vielmehr Werkzeug. Im Falle einer Taufe wird also eigentlich durch Jesus getauft. Die Männlichkeit Jesu wird daher als ein Grund gegen die Priesterinnenweihe, also die Frauenordination, in der katholischen angeführt.

Tage bis an der Welt Ende.

Hinter diesem Wort „Taufe“ steht der griechische Begriff βαπτίζειν (baptizein). Eigentlich bedeutet das Wort „untertauchen“. Schaut man zum Beispiel ins Niederländische, da heißt die Taufe „Doop“ bzw. im Schwedischen „Dop“. Dies erinnert ein wenig an das Wort „döppen“, wie es etwa im Ruhrgebiet bekannt ist, was ebenfalls bedeutet, jemanden unterzutauchen. Im Neuen Testament geht diese Taufe auf Johannes den Täufer zurück. Erwachsene Menschen bekannten ihre Sünden, versprachen die Umkehr (daher: die Taufe zur Vergebung der Sünden) und wurden im Fluss Jordan untergetaucht. Die Bibel berichtet davon, dass sich auch Jesus im Jordan durch Johannes taufen ließ. Bereits im Alten Testament wird ein erkrankter Mann, der die Lepra hat, siebenmal im Jordan untergetaucht, um durch das Ritual wieder gesund zu werden (zu finden im Buch 2. Könige 5,1) – wir merken, auch der Exorzismus im Tobit-Buch war mit einem Ritual verbunden, das ein Handeln erforderlich machte. Konkret etwas zu tun, wohnt den alttestamentlichen Vorstellungen inne, weshalb auch Hiob überlegte, ob er etwas Verkehrtes getan habe und daher all das Leid erfahre.
Doch bleiben wir bei der Taufe: In der frühen Kirche wurden in der Regel erwachsene Personen getauft, die damit in die Gemeinschaft eintraten. Die Taufe konnte nach dem ursprünglichen Verständnis nur die Sünden reinwaschen, die vor der Taufe begangen wurden. Für weiterfolgende Sünden, die auch Christinnen und Christen begangen, galt diese Taufe nicht als Freifahrtschein. Vielerorts entwickelte sich die Osternacht mit der Erinnerung an die Auferstehung zu einem beliebten Tauftermin, da mit dem Gedanken an die Auferstehung Christi die Erinnerung an die Vergebung der Sünden und auch die Auferstehung des Getauften sinnbildlich verbunden wurde. Tatsächlich hat sich diese Vorstellung und somit der besondere Tauftermin in manchen christlichen Kreisen bis heute erhalten. Im Evangelium nach Johannes (Kapitel 3, Verse 1 bis

21) findet sich Jesu Nachtgespräch mit Nikodemus, in welchem Jesus dem frommen Juden Nikodemus erklärt, man müsste durch den Heiligen Geist neugeboren werden. Dies wurde sowohl Teil der altkirchlichen Auffassung als auch jener neuchristlicher Bewegungen, dass durch die Taufe im Erwachsenenalter ein neuer Lebensabschnitt als Christ eingeleitet werde. Damit einhergeht die Überantwortung des eigenen Lebens an Christus, womit ein „Herrschaftswechsel" markiert wird. Der Begriff „Herrschaftswechsel" ist ein Schlüsselbegriff der Tauftheologie, da er die Abkehr vom Bösen hin zu Gott markiert, also dass sich der getaufte Mensch sich nicht länger der Herrschaft des Bösen aussetzen will.
Dieser Herrschaftswechsel sollte auch noch einmal mehr durch einen Taufexorzismus sichtbar gemacht werden. Zeugnis gibt darüber die wohl erste überlieferte Kirchenordnung, die lange Zeit in der Forschung als Kirchenordnung des Hippolyt bekannt war. Zugeschrieben wurde sie Hippolyt von Rom, was inzwischen umstritten ist. Die Ordnung stammt aus dem dritten Jahrhundert. Der Erwachsenentaufe ging demnach eine Vorbereitungszeit von drei Jahren voraus (das entspricht heute der Länge eines Bachelorstudiums – es kann gemutmaßt werden, dass tatsächlich eine, den damaligen Standards entsprechende, theologische Grundbildung geboten wurde, die – anstatt mit einem kirchlichen Examen – mit der Taufe abschloss). Bereits damals gab es Taufpaten, die sich für die Eignung des Menschen mit Taufwunsch aussprechen mussten. Ursprünglich war der Taufexorzismus der Taufe vorgeschaltet. Zunächst geschah eine Reinigung am Gründonnerstag (also drei Tage vor dem Tauftag am Ostersonntag), woraufhin eine besondere Fastenzeit folgte. Der zuständige Bischof traf sich als bestellter Kirchenleitender mit den Taufkandidaten. Diesen Kandidatinnen und Kandidaten wurde die Hand aufgelegt und es wurde eine Absage an den Teufel gesprochen. Anschließend wurden sie mit Öl gesalbt mit dem ausgesprochenen Wunsch, dass nun jeder Geist aus ihnen ausfahren möge. Erst nachdem dieser Ritus, der Taufexorzismus, erfolgreich durch-

geführt wurde, konnte die Taufe stattfinden. Hierbei ist anzumerken, dass eine klare zeitliche Abfolge zu erkennen ist: zunächst der Exorzismus und dann die Taufe. Die Abkehr vom alten Herrn und das Einlassen des neuen Herrn, der Herrschaftswechsel, entsprechend einem Bibelwort (Matthäus 6,24):

> [Jesus Christus sprach:] 24 Niemand kann zwei Herren dienen: Entweder er wird den einen hassen und den andern lieben, oder er wird an dem einen hängen und den andern verachten. Ihr könnt nicht Gott dienen und dem Mammon.

Anzumerken ist hier, dass es beim Mammon schlicht um den Besitz oder um den Reichtum geht. Martin Luther, auf den wir noch kommen werden, ließ den Begriff unübersetzt, womit diesem Wort ein bekanntes Schicksal ereilte: Ab dem 16. Jahrhundert sah man im Volksglauben im Mammon einen Dämon der Habgier. Also auch Wörter können dämonisiert werden.

Gehen wir noch einmal zurück zur Taufe: Bis in das fünfte christliche Jahrhundert wurde immer mehr die Erwachsenentaufe (oder heute wird in manchen christlichen Gruppen von der *Entscheidungstaufe* gesprochen) zu Gunsten der Säuglingstaufe zurückgedrängt. Die Eltern und Paten übernahmen dann - stellvertretend und als Rüstzeug für ihre Funktion in der Begleitung des Täuflings - die Absage an den Teufel. Selbst in der Tradition Martin Luthers hielt sich dies als Taufexorzismus. Die Taufe blieb auch in den evangelischen Kirchen, entstanden durch die durchs Luthers Tätigkeit ausgelöste Reformation, neben dem Abendmahl eines von zwei Sakramenten[37]. Doch bleiben wir zunächst im anbrechenden Mittel-

[37] *Sakramente*
Hinter dem Begriff Sakrament steht das lateinische Wort *sacramentum*, welches ein „heiliges Zeichen" bedeutet. In den Kirchen der orthodoxen Tradition wird das griechische Wort *μυστήριον* (mystérion) verwendet, welches übersetzt Mysterium, also Geheimnis, bedeutet. Gemeint sind damit Handlungen, welche die Gegenwart Gottes verdeutlichen sollen. In der katholischen und in der orthodoxen Tradition sind jeweils sieben Sakramente bzw. Mysterien bekannt, Hintergrund ist hier wiederum auch ein

alter, dass sich als regelrechter Motor für Vorstellungen um Teufel und Hölle herausstellen sollte.

Jesu Höllenfahrt und christliche Interpretationen des Teufels

Erinnern wir uns an das Glaubensbekenntnis:

> [Ich glaube] an Jesus Christus,
> seinen [Gottes] eingeborenen Sohn, unsern Herrn,
> empfangen durch den Heiligen Geist,
> geboren von der Jungfrau Maria,
> gelitten unter Pontius Pilatus,
> gekreuzigt, gestorben und begraben,
> hinabgestiegen in das Reich des Todes,
> am dritten Tage auferstanden von den Toten[.]

Es gibt eine besondere Leerstelle. Eine Leerstelle, auf die wir bereits stießen und die ganz bald die Kreativität anregte und sich zu einem Motor für Schreckensdarstellungen innerhalb der christlichen Kunst entwickelte. Im Glaubensbekenntnis wird bekannt, an Jesus Christus zu glauben, der hinabgestiegen ist in das Reich der Toten. Doch was geschah dort, was geschah bis zu seiner Auferstehung am dritten Tage in diesem Reich der Toten? Während die biblischen Texte, wie wir feststellten, sich darüber weitgehend ausschweigen, ist Jesu Abstieg in die Unterwelt rasch ein Teil der Bildwelt der

---

Konzil, das zweite Konzil von Lyon im Jahr 1274, auf welchem man sich auf sieben Sakramente einigte. Neben Taufe und Abendmahl gehören dazu die Beichte (bzw. das Bußsakrament), die Krankensalbung, die Ehe, das Weihesakrament (also die Weihe von Diakonen, Priestern oder Bischöfen), die Krankensalbung sowie ein sich unterscheidendes Sakrament: Was in der katholischen Kirche die Firmung ist (ähnlich ist die Konfirmation in der evangelischen Kirche, die Wortherkunft ist wie in der katholischen Tradition das lateinische *Confirmatio,* also die Bestätigung der eigenen Taufe als Voraussetzung zur Zulassung zum Abendmahl), das ist in der orthodoxen Kirche die *Myronsalbung*. Nur mit dem Unterscheid, dass die Salbung mit heiligen Ölen bereits nach der Taufe erfolgt. In der katholischen Tradition gilt zudem *Ex opere operato,* also Latein für „durch die vollzogene Handlung"; dies meint, wenn die entsprechende (geweihte) Person eine sakramentale Handlung lediglich korrekt ausführt, ist sie entsprechend wirksam.

West- und der Ostkirche geworden. Zu den wenigen Bibelstellen, die schließlich Inspirationsquelle wurden, gehört ein Abschnitt aus dem ersten Petrusbrief (1. Petrus 3,18-20a):

> *Die Herrschaft Christi über alle*
> 18 Denn auch Christus hat einmal für die Sünden gelitten, der Gerechte für die Ungerechten, damit er euch zu Gott führte; er ist getötet nach dem Fleisch, aber lebendig gemacht nach
> dem Geist. 19 In ihm ist er auch hingegangen und hat gepredigt den Geistern im Gefängnis, 20 die einst ungehorsam waren, als Gott in Geduld ausharrte zur Zeit Noahs, als man die Arche baute, in der wenige, nämlich acht Seelen, gerettet wurden durchs Wasser hindurch. 21 Das ist ein Vorbild der Taufe, die jetzt auch euch rettet.

Gleichzeitig ist diese Stelle auch ein Hinweis darauf, wie sehr die christlichen Autorinnen und Autoren durch die jüdischen Texte geprägt waren. Von Noahs Arche ist hier die Rede. Außerdem geht es um die Geister im Gefängnis, die gegenüber Gott ungehorsam waren - ein Hinweis auf den *Tartaros*? Somit wurde daraus die Vorstellung, dass die Sünderinnen und Sünder, die in der Hölle waren, in ebenjenen drei Tagen eine Visite Jesu erlebten, der ihnen in der Hölle predigte. Was war es wohl? Ein Predigen der frohen Botschaft oder eine Strafpredigt? Dieses Gedankenspiel sollte die Kreativität beflügeln: Im zweiten und im vierten christlichen Jahrhundert wurden diese Leerstellungen in Apokryphen schließlich ausgestaltet. Im apokryphen Petrusevangelium gab es dann beispielsweise Überlegungen, was Jesus den Sündern in der Hölle gepredigt haben könnte. Im Nikodemusevangelium aus dem vierten Jahrhundert zeigt sich zudem eine Zusammenschau mit Zitaten aus Psalm 24 (also ebenfalls eine Einordnung in das jüdische Schriftgut). Jesus betritt, entsprechend des Psalmwortes, als „König der Herrlichkeit" die Hölle. Schnell macht er dort reinen Tisch: nachdem er zunächst die Tore der Hölle zerschlägt, sich also gewaltsam Zutritt verschafft hat, wird der Teufel entmachtet und der dunkle „Hades“ wird durch sein Licht erhellt. Tatsächlich, das Wort *Hades* wird hier im griechisches Text verwendet und somit eine Verbindung zu den griechischen Unterweltsvorstellungen hergestellt.

Bild 15: Jesus in der Hölle
In dieser Darstellung des italienischen Malers Fra Angelico, die im 15. Jahrhundert entstand, sehen wir Jesus, der die Tür zum Limbus, also zur Vorhölle, eingetreten hat.

Unabhängig von den Texten christlicher Autoren entwickelt sich etwa ab dem achten Jahrhundert eine Ikonographie[38]. Zum Beispiel wurde es in der Ostkirche zu einem beliebten Motiv, dass Jesus sich an die Befreiung von Adam und Eva macht. Dieses Bild wurde später auch in

[38] *Christliche Ikonographie*
Dass christliche Kunstwerke als Kunst verstanden werden, ist eine spätere Zuschreibung. Zunächst hatten die Bilder einen funktionalen Wert. Durch die Darstellungen sollten biblische Geschichten oder theologische Ideen für die nicht lesekundige Bevölkerung eindrücklich dargestellt werden. Im Begriff Ikonografie steckt das altgriechische Wort εἰκών (eikṓn), was „Bild“ bedeutet. Während das Bilderverbot (wir erinnern uns an die *Zehn Gebote*: „Du sollst dir kein Bildnis machen“) lediglich auf Gott angewendet wurde, führte die christliche Kunst insbesondere in der Ostkirche zu einer eigenen Form. Auf sogenannten *Ikonen* werden zum Beispiel Heilige dargestellt. Dies sind Kultbilder zur Verehrung. In der Reformation, zu der wir noch kommen werden, kam es zum sogenannten *Ikonoklasmus*. Dazu gesellt sich noch der altgriechische Begriff τὸ κλάσμα (tó klásma), was „das Zerbrochene“ meint. Also das Zerbrechen der Bilder. Der Begriff evangelisch, also die Bezeichnung der Kirchen der Reformation, bezieht sich auf das Evangelium, die frohe Botschaft. Lediglich das Wort sollte im Vordergrund stehen, weshalb entsprechend des Bilderverbots in den Kirchengebäuden, die reformiert wurden, die religiösen Bilddarstellungen von den Wänden gerissen und zerstört wurden.

der Westkirche aufgenommen, wo Adam und Eva dann in den bildlichen Darstellungen im Feuer schmoren.
Die bildlichen Darstellungen von Adam und Eva, den ersten Sündern, und von Jesus, der die Schuld der Menschen überwunden und den verführerischen Teufel besiegt hat, kommen nicht von ungefähr. Hierzu müssen wir einmal exkursorisch auf den Aspekt der Alphabetisierung blicken. Wie viele Menschen konnten eigentlich schreiben und lesen? Zugegeben ist dies nicht so einfach zu erfassen. Schreiben und Lesen wurde in den Klöstern und bei den Adeligen am Hofe gelernt und eingeübt. Bis in das 16. Jahrhundert hinein bestand der überwiegende Teil der europäischen Bevölkerung aus Analphabeten. Eine Wende brachten hier Reformation und Buchdruck, wozu wir noch kommen werden. Dieser geringe Grad an Alphabetisierung lässt sich auch an den sogenannten *dunklen Jahrhunderten* festmachen. Gemeint ist dabei nicht das Klischee, dass es im Mittelalter dunkel war und gestunken hat. Gemeint ist damit, dass es zu bestimmten Jahrhunderten des Mittelalters extrem wenige Quellen gibt. Dies bedeutet im übertragenden Sinne, dass sich kein Licht ins Dunkel der Geschichte bringen lässt. Die *Patrologia Latina* ist ein Werk, das zur Mitte des 19. Jahrhunderts erstmalig erschien und die bekannten Schriften christlicher Autoren auflistete, die selbstverständlich auf Latein verfasst wurden. Der *Lingua Franca* des europäischen Mittelalters.
Was meinen Sie, wie viele Werke für das siebte Jahrhundert aufgeführt werden? Bevor wir darauf kommen, widmen wir uns dem Spitzenreiter, dem zwölften Jahrhundert. Für dieses Jahrhundert sind lediglich 39 Werke erfasst. Wie viele werden es dann im siebten Jahrhundert sein? Lediglich acht Werke sind aufgenommen. Veröffentlichungsmüder fallen nur das achte und das zehnte Jahrhundert mit jeweils sieben erfassten Werken aus. Wobei festzuhalten ist, dass in der Spätantike zwischen dem dritten und sechsten Jahrhundert viele Schriften verloren gingen. Teilweise kamen diese über den arabischen Raum zurück, da sie Texte über das antike Grie-

chenland in den Orient gelangt waren. Diese Schriften konnten in europäische Sprachen zurückübersetzt werden. Manchmal sorgte auch der Papiermangel dafür, dass in Klöstern christliche Texte auf nun verschmähten Papierstücken, auf denen antike Werke verschriftlicht waren, verfasst wurden. Heutige Technologien können mitunter die alten Texte wieder sichtbar machen. Doch was hat dieser Exkurs über die Alphabetisierung mit unserem Thema zu tun? Erinnern wir uns an die Darstellung Jesu, der Adam und Eva aus dem Höllenfeuer befreit. Durch diese bildhafte Darstellung konnte die Überwindung der Erbsünde für die damaligen Betrachterinnen und Betrachter eindeutig dargestellt werden: Jesus Christus zieht eigenhändig die ersten Sünder aus dem Feuer. Diese Darstellung hatte nicht nur eine erzählerische Funktion, sondern warnte gleichzeitig vor den Feuerqualen, welche auf die Sünder warteten.

Parallel dazu entwickelten sich sehr angsteinflößende Vorstellungen des Teufels. Wiederum etwas, das uns nun bekannt vorkommen durfte: Es wurden insbesondere griechische Götter dämonisiert und mit den Teufelsvorstellungen in Verbindung gebracht. Teufelsvisionen boomten gerade zur ersten Jahrtausendwende. Im elften Jahrhundert schreibt der Benediktiner-Mönch[39] Rudolfus Glaber, dass der Teufel ein widerliches Wesen in menschenähnlicher Gestalt sei, etwa mittelgroß mit einem dünnen Hals, sein Gesicht hager, die Augen dabei tiefschwarz und mit einen auffälligen Mund; dazu ei-

[39] *Mönchstum und Klöster*

Mönche und Nonnen gibt es in verschiedenen Religionen. Sie leben in verbindlicher Religiosität. Oftmals ist ihr Alltag von Gebetszeiten geprägt und sie bringen sich, zum Beispiel in eine Klosterkultur, mit Arbeitsdiensten ein. Zu Beginn des vierten Jahrhunderts entstanden die ersten christlichen Klöster, in denen mehrere Mönche oder auch Nonnen als spirituelle Kommunität miteinander lebten. Allerdings waren es in der Regel reine Mönchs- oder reine Nonnenklöster, die geschichtlich entstanden. So bildeten sich verschiedene Orden mit verschiedenen Ausprägungen. Im Mittelalter wurden Klöster zunehmend in Burganlagen eingerichtet und sie hatten eine eigene Versorgung. Oftmals waren sie Horte des Wissens, in denen riesige Bibliotheken zu finden waren und auch Schreibstuben, in denen von Schreibern das Wissen der Welt kopiert, also abgeschrieben wurde. In seinem Roman *Der Name der Rose* (1980) führte Umberto Eco im Rahmen einer mittelalterlichen Kriminalgeschichte in die intellektuelle Welt der Mönche ein, die aber dennoch die Angst vor dem Bösen kannten.

nen Ziegenbart und behaarte Ohren, die spitz zu laufen. Diese Darstellung erinnert an den griechischen Gott Pan.
Eine weitere Teufelsvision findet sich zur Mitte des zwölften Jahrhunderts von einem Regensburger Mönch. Dieser beschrieb den Teufel als schwarzes Wesen, etwa so dunkel wie ein Rabe. Zudem hätte der Teufel viele Hände und einen Schwanz.
In der *Göttlichen Komödie* von Danthe Alighieri, aus dem frühen 14. Jahrhundert, zeichnete der italienische Dichter ein ausführlicheres Bild der Hölle, die bei ihm *Inferno* hieß. Für Alighieri war die Hölle ähnlich aufgebaut wie das antike Amphitheater: es war ein Trichter, der sich zum Erdmittelpunkt verengte, quasi der Krater nach dem Sturz Luzifers, hinterlassen nach dem Sturz aus dem Himmel. Ausgehend von einer Vorhölle gab es neun Kreise der Hölle. Je nach Schwere der Sünde wurde der frevelhafte Mensch tiefer hinabgezogen. Mit der Vorhölle griff Alighieri die katholische Vorstellung des Limbus auf. Im frühen fünften Jahrhundert entstand die Idee, dass ungetaufte (auch ungetaufte Kinder) in die Hölle kämen, da allein die Taufe die Voraussetzung für den Himmel darstellte. Im zwölften und 13. Jahrhundert entwickelte sich immer mehr die Vorstellung einer Vorhölle, ein Ort, der weniger drastisch sei, lediglich die Ungetauften kämen dorthin und ihnen bliebe das Angesicht Gottes vorenthalten. Gleichzeitig wurde die Idee des Fegefeuers immer stärker. Verbunden ist damit die Vorstellung eines Endgerichts als *Partikulargericht*, was bedeutet, dass jede Seele ein persönliches Gericht erhält. Das Feuer galt dabei als Reinigung der Seele. Bis in das zwölfte Jahrhundert gestaltete sich dazu die Vorstellung des *Purgatoriums*, des Fegefeuers, immer weiter aus. Das Fegefeuer wurde als ein Teil der Vorhölle erdacht. Unter anderem wurde zur Ausformulierung der Vorstellung der erste Korintherbrief (1. Korinther 3,13-15) herangezogen:

> 13 Das Werk eines jeden wird offenbar werden; denn der Tag
> wird es sichtbar machen, weil er sich mit Feuer offenbart.
> Und wie das Werk eines jeden beschaffen ist, wird das Feuer
> prüfen. 14 Hält das Werk stand, das er aufgebaut hat, so emp-
> fängt er Lohn. 15 Brennt es nieder, dann muss er den Verlust
> tragen. Er selbst aber wird gerettet werden, doch so wie durch
> Feuer hindurch.

Dies befeuerte, im wahrsten Sinne des Wortes, den *Ablasshandel*. Beim Kauf eines Ablassbriefes sollte die Zeit im Fegefeuer verkürzt werden. Durch den Ablass, so das Versprechen der Verkäufer, konnten bestimmte Sünden getilgt und dadurch die Zeit der Reinigung der Seele im Feuer reduziert werden. Bezogen auf die evangelischen Vorstellungen werden wir darauf noch einmal zurückkommen. Es entstand aber im 15. Jahrhundert eine besondere Angst, ohne den Empfang des Sterbesakraments, etwa durch Krieg oder die grassierenden Krankheiten, etwa wenn der *Schwarze Tod*, die Pest umherging, ums Leben zu kommen. Denn solchen Menschen, die ohne die Sakramente verstorbenen waren, denen drohte – als *arme Seelen* – das Fegefeuer, da von einer besonderen Notwendigkeit der Reinigung ausgegangen wurde. Daher entwickelten sich Gebete, um für das Seelenheil der Toten zu bitten, um die Zeit der Reinigung der Seelen geliebter Menschen zu verkürzen. Immer mehr bildete sich also durch die Christianisierung und schließlich durch die kirchliche Vormachtstellung in Europa die Vorstellung des Teufels heraus, die uns heute vertraut geworden ist: Der Teufel als Herrscher der Hölle, in der die Seelen brennen. Bekräftigt wurden diese Vorstellungen stets durch kirchliche Konzilien und die Furcht vor den jenseitigen Qualen war eine reale Größe und gleichzeitig ein gutes Geschäft. Dagegen sollte sich im 16. Jahrhundert der Wittenberger Mönch Martin Luther stellen. Doch eine ganz andere Angst war nicht etwa im Jenseits verortet, sondern ganz diesseitig: die Angst vor den teuflischen Machenschaften in der Welt.

Ein Panoptikum teuflischer Gestalten unter christlichen Vorzeichen

Im biblischen Buch des Predigers (Altes Testament) steht (Prediger 1,9): „Es gibt nichts Neues unter der Sonne.“ Sie haben es bestimmt schon gemerkt, wenn wir uns dem Exorzismus nähern wollen, dann müssen wir ziemlich in den Zeiten springen, da viele Motive frühere Vorbilder haben. Wie wir ebenfalls festgestellt haben, gab es immer wieder einen Kulturtransfer mit der Vorstellungswelt der griechischen und römischen Antike. Ideen unheimlichen Treibens finden sich auch schon dort, all dies sind Puzzleteile für die Annahmen dämonischen Wirkens, das sich schließlich im Mittelalter unter christlichen Vorzeichen mannigfaltig herausbildete. Gespenster gab es auch schon im alten Rom. Plinius der Jüngere, der etwa 61 nach Christus in Italien geboren wurde, verfasste ein Schriftstück, das als sein *Gespensterbrief* bekannt wurde. Das Ereignis, von dem Plinius schreibt, das will er allerdings nicht selbst erlebt haben, sondern der Philosoph Athenodorus, der in einem Spukhaus übernachtet habe. In ebendiesem Spukhaus wäre ihm ein Geist erschienen, der mit Eisenketten rasselte. Also Spukhäuser und Geister, die mit Ketten rasseln, dabei handelt es sich um ganz alte Vorstellungen, die nicht der Schauerliteratur des 19. Jahrhunderts entstammen. Und nun sei dieses Gespenst, so schrieb es Plinius, in den Hof des Hauses gegangen, wo Athenodorus am nächsten Tag eine Grabung angeordnet habe. Tatsächlich seien dort die Überreste eines Mannes gefunden worden, der scheinbar ermordet wurde. Erst nachdem die Gebeine ordnungsgemäß bestattet wurden, hörte der Spuk auf. Die ordnungsgemäße Bestattung ist nur eines der Kriterien, welches das Christentum übernahm. Zweifelsohne ein wichtiges Kriterium, denn die ordnungsgemäße Bestattung war ein Bestandteil, um zu verhindern, dass ein Toter zurückkehrte. Doch dieser Gespensterbrief des Plinius war keineswegs eine antike Ausnahme. Auch sein Zeitgenosse Sueton wusste von so einem Vorfall zu berichten. Am Grab des ermordeten Kaisers Caligula sei es ebenfalls zu Spukphänomenen gekommen, was sich mit der Verbrennung der Überreste Caligulas geklärt hätte. Die Idee entstand, dass die Vernichtung der Hülle dazu führte, dass das Dämonische darin nicht wirken konnte. Diese Idee setzt sich bis zu den Vampirvorstellungen im 18. Jahrhundert fort. Während die späteren Geister- und Vampirvorstellungen, zumindest von den Gelehrten, gemeinhin als Schabernack abgetan wurden, nahm man im Grunde solche Begebenheiten zu Zeiten der Römischen Republik sehr ernst. Seltsame Ereignisse oder Übersinnliches galten als *Prodigien* (oder im Singular *Prodigium*). So etwas konnte schonmal als Vorzeichen mit Warncharakter gesehen werden. Somit waren die Bürgerinnen und Bürger zur Meldung solcher Phänomene bei den Staatsbeamten aufgerufen. Schließlich konnte es sich bei so einem Vorzeichen auch um Auswüchse göttlichen Zorns handeln. Rasch geschah eine Vermischung mit der platonischen Dämonenlehre, sodass der Glaube vorherrschte, dass Seelen, die Schuld auf sich geladen hatten, nicht in die Welt der guten Geister eintreten konnten, weshalb sie zum Spuken verdammt waren. Die spukenden Seelen einte, dass ihr Leben vorzeitig beendet wurde, etwa durch Mord, Selbstmord oder durch einen Unfall, weshalb sie fortan als untote Geister unweit ihres Grabes umherstreifen. Dies war zumindest die Vorstellung. Auch darin sind Mosaiksteine einer Vorstellung zu finden, die bis heute in der Idee des untoten Vampirs zu entdecken sind – der Widergänger kommt allerdings in sehr körperlicher Form zurück und auch hier ist es die Zerstörung des Leibes (bzw. die Pfählung), wie bereits in der Antike, die dem Spuk ein Ende bereitet.

Übrigens hat auch unser Brauch, dass an Silvester Feuerwerk in die Luft geschossen wird, seine Ursprünge in der römischen Antike: Am 09., 11. und 13. Tag des Monats Mai blieben in der römischen Republik bestimmte Tempel geschlossen. Zum Glauben gehörte es, dass Lemuria, Totengeister von Verstorbenen, an diesen Tagen zurückkehrten und von ihrer Verwandtschaft umsorgt werden wollten. Auch hier steht ein alter Brauch Pate für etwas, das wir heute kennen. Die Rückkehr kam um Mitternacht, dies ist die Geisterstunde. Da nicht alle dieser Totengeister freundlich gesinnt waren, warf der Hausherr einige Bohnen hinter sich und sprach dazu eine Bannformel, mit welcher er erklärte, dass er mit diesen Bohnen sich selbst und die Seinen frei werden. Bisweilen wurde wohl zusätzlich im Haus ein ziemlicher Lärm veranstaltet, um die Geister fernzuhalten. Überlebt hat sich dies alles eben in unserem Feuerwerk um Mitternacht von Silvester auf Neujahr. Wiederum gibt es Interpretationen, dass dahinter ein animistisches[40] Erbe stehe, um das Dämonische zu bannen.

Doch bleiben wir bei weiteren Gestalten der römischen Vorstellungswelt, wovon Elemente im Christentum, unter teuflischen Vorzeichen, überlebten. Auffällig ist, dass eine bestimmte Gattung gefährlicher Figuren weiblichen Geschlechts ist. In der Weiblichkeit lag in diesen Vorstellungen nicht nur eine Faszination, sondern auch eine Gefahr. Wenn wir an die verführerisch-gefährlichen Vampirinnen der Filme denken, dann sehen wir auch hier, dass sich dieses Motiv überlebt hat. Teilweise waren diese Geschichten Ammenmärchen. Der Begriff des Ammenmärchens ist weitgehend in Vergessenheit geraten. Er kam im 18. Jahrhundert auf und bezeichnete die Geschichten, die Ammen, also Frauen die zur Erziehung der Kinder bestellt waren, erzählten. Wir können hierbei an die Schreckgestalten denken oder an die Korndämonen, die bereits vorkamen. Denn oftmals hatten diese Geschichten eine warnende Funktion. Mit diesen Erzählungen sollte Angst gemacht und damit

---

[40] *Animismus*
Hinter dem Animismus steht wieder ein altgriechischer Begriff, nämlich ἄνεμος (ánemos). Dies bedeutet *Windhauch.* Nach der bisherigen Lektüre dieses Büchleins kann man sich wohl denken, was das lateinische Lehnwort *anima* bedeutet. Es heißt *Seele.* Zur Vorstellung des *Animismus* gehört es, dass alles, was lebendig und alles, was nicht lebendig ist, eine eigene Seele besitzt. Während diese Vorstellungen in den Religionen, die in Europa bekannt sind, ein Nischendasein fristet, ist sie in Kulturen auf dem afrikanischen oder asiatischem Kontinent oder bei den ursprünglichen Bewohnern Amerikas oder Australiens sehr viel verbreiteter. Und dennoch steht auch diese Vorstellung Pate für bestimmte Ideen im Bereich des Exorzismus. Wie wir noch feststellen werden, können auch, der Vorstellung nach, Dämonen in Objekte eindringen.

zur Ordnung gerufen werden. Gewarnt wurde beispielsweise vor den blutrünstigen *Strigen*. Dahinter steht das Wort *Strix*, was auf Lateinisch die *Nachtohreule* kennzeichnet. Diese Wesen wurden aus blutrünstig vorgestellt. Auch dieser Punkt überlebte sich: Auf Rumänisch heißen die Vampire *Strigoi*, hergeleitet vom Wort Strix. Aber gewarnt wurde auch vor der *Lamia* bzw. im Plural den *Lamien*. Einstmals soll die Lamia eine lybische Prinzessin gewesen sein, die sich mit dem Gott Zeus einließ, dessen Frau auf Rache gegen die Ehebrecherin aus war, sodass die Lamia gestraft wurde und zu einem Nachtgespenst verkam, von dem man verschlungen werden konnte. Doch erzählt wurde auch, dass die *Lamien* auf der Jagd nach allein reisenden Männern waren. Ähnliches wurde den *Empusen* nachgesagt, die angeblich jungen Männern das Blut aussagen konnten. Hier findet sich eine warnende Funktion an die heranwachsenden Männer, sich nicht mit fremden Frauen einzulassen. Übrigens: Es wäre ein Schnellschuss zu vermuten, dass sich auch im Bild der Hexe einer Vorstellung gefährlicher und dämonischer Weiblichkeit überlebt hat. Als Hexen bzw. Zauberer bezichtigt und verfolgt wurden historisch sowohl Männer als auch Frauen. Weiblichkeit ist kein exklusives Merkmal hexenkundiger Personen. Diese Vorstellungen eint aber, das mit zunehmender Verbreitung des Christentums der Teufel hintergründig als Strippenzieher hinter solchen Phänomenen vermutet wurde.

Doch neben diesen Geschichten gab es auch ganz reelle Phänomene, die sich nur schwer erklären ließen. Stellen Sie sich vor: Sie sind des Nachts an einem Bach, an einem See, auf einer Brücke oder in einem Wald unterwegs. Sie sind alleine. Vielleicht schlendern sie auch im Mondlicht über einen Kirchhof oder gar einen Friedhof. Vielleicht kommen Sie sogar an einem Ort vorbei, an dem einmal ein Mord begangen wurde. Und plötzlich setzt sich etwas auf ihre Schultern, was gar nicht mehr fortgehen will. Jeder Schritt fällt ihnen nun schwer und sie atmen immer schwerer. Der 1950 verstorbene Germanist und Ethnologe Friedrich Ranke zog der übernatürlichen Vorstellung eines dämonischen Aufhockers, der sich einsamen Wanderern auf den Rücken setzt, den Zahn: Ranke vermutete dahinter eine Krankheit wie etwa Angina pectoris oder eine besondere Anspannung, die aus Unwissenheit zur Annahme führte, ein Aufhocker habe sich auf den Rücken gesetzt. Dazu gesellt sich die Vorstellung des Nachtalbs, der sich des Nachts auf den schlafenden Körper setzt und beim Schlafenden zu Luftnot führt. Auch wenn die Vorstellung dieser Wesenheiten eigentlich wie bei den Dämonen unkörperlich war, gibt es dazu dieses populäre Bild des Malers Nikolaj Abraham Abildgaard, es trägt den dänischen Namen *Mareridt*, was *Albtraum* heißt, es entstand um 1800:

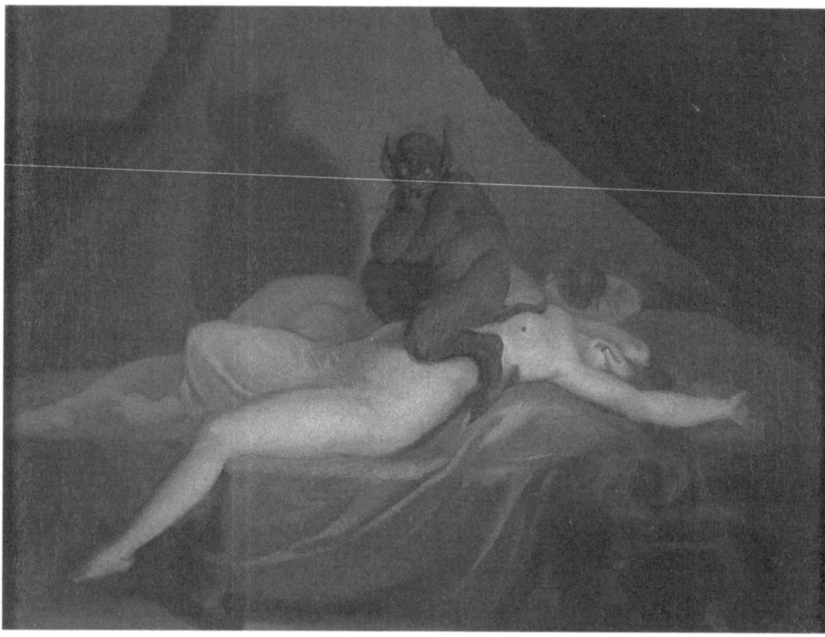

Bild 16: Nachtmahr
Dieses Bild des dänischen Malers Nicolai Abildgaard zeigt die Vorstellung eines Nachtmahrs, eines Nachtalbs, der sich auf den Körper setzt, sodass die Schlafende weniger Luft bekommt, womöglich Albträume erleidet. Dies ist wiederum eine sehr körperliche Dämonenvorstellung.

Man stelle sich vor: Es ist spät in der Nacht, plötzlich schnürt sich Ihre Kehle zu, in Ihrer Brust wird es ganz eng. Sie atmen hektischer, während es in Ihrem Brustkorb pocht und er immer schwerer wird. Sie suchen nach dem Lichtschalter. Schweiß rinnt Ihnen von der Stirn. Irgendwie können Sie das Licht anschalten. Sie stehen auf, aber etwas zieht Sie nach unten, sodass Sie stolpern, Sie liegen am Boden und besitzen kein Zeitgefühl mehr. Ziemlich unangenehm. Dahinter steckt allerdings kein dämonisches Treiben, sondern es ist die Skizze einer Panikattacke. Menschen, die so etwas zum ersten Mal erleben, geht alles Mögliche durch den Kopf. Nun stellen Sie sich vor, dass diese Angst und Unsicherheit gepaart ist, mit Geschichten um Aufhocker oder um Nachtalbe, schon hat man eine Erklärung für das, was man nicht verstehen kann. Dies ist auch ein wichtiger Aspekt zur Funktion solcher Interpretationen. Durch die Vorstellungen dämonischen Wirkens lassen sich eben auch körperliche und seelische Zustände erklären, die sich den eigenen Erklärungsmöglichkeiten entziehen. Die ungarische Ethnologin Tekla Dömötör sagt in einer ihrer Arbeiten sehr passend, dass die Menschen etwas Unerklärliches entsprechend dem wahrnehmen, was ihnen in ihrer Kultur vorher erzählt wurde. So erklärt es sich auch (dies hatten wir einmal randständig am Anfang unserer Betrachtungen), warum mit dem Aufkommen des UFO-Phänomens die Berichte um Begegnungen mit Engeln oder Entführungen durch Dämonen ersetzt wurden, durch die Vorstellungen von guten oder bösen Aliens entführt worden zu sein.

Apropos: Da gibt es ja nicht nur die Vorstellungen engelhafter Aliens, die den Menschen wichtige Botschaften mitgeben, während sie sich im Raumschiff befinden und eigentlich gar nicht so übel sind. Es gibt auch immer wieder Erzählungen, dass Menschen sexuellen Verkehr mit Außerirdischen gehabt haben wollen. Dies ist wiederum eine Wandlung des Succubus- bzw. Incubus-Motivs, das in den Betrachtungen um Teufel und Dämonen einen besonderen Platz einnimmt. Die Vorstellung des Nachtalbs bekam in diesen Vorstel-

lungen noch eine sexuelle Komponente hinzugedichtet. Der Succubus ist ein weibliches dämonisches Wesen, das mit Männern verkehrt, sich bisweilen sogar als Samenräuber versucht, um diesen Samen dem Teufel zu übergeben, der wiederum als männlicher Incubus damit im Stande ist, teuflische Nachkommen zu erzeugen. Erotische Träume oder morgendlicher Samenerguss galten als Indikator für den Besuch eines solchen Wesens im teuflischen Auftrag.
Doch gehen wir von unerklärlichen körperlichen Phänomen zu unerklärlichen Naturphänomenen. Haben Sie schon einmal ein Irrlicht gesehen? Auf Latein sind sie bekannt als *Ignis fatuus*, was in etwa *Narrenlicht* bedeutet. Dabei handelt es sich um kleine bläuliche Lichterscheinungen von kurzer Leuchtdauer, die in den Morgenstunden beispielsweise in Mooren oder sumpfigen Gebieten auftauchen können. Wahrscheinlich erstmalig wissenschaftlich beschrieben wurden sie durch den Astronomen Friedrich Wilhelm Bessel, der in den *Annalen der Physik* (1838) seine Beobachtungen aus dem Teufelsmoor in Osterholz-Scharmbeck (Niedersachsen) niederschrieb. Bereits am 2. Dezember 1807 hatte er in den Morgenstunden nach einer windstillen Nacht, in der leichter Regen gefallen war, verschiedene kleine Flammen an unterschiedlichen Stellen des Teufelsmoores erblicken können. In seinem Bericht beschrieb er die Flämmchen, die von kurzer Leuchtdauer waren und die er von einem Kahn inmitten der Moorlandschaft aus beobachtet hatte. Im anglo-amerikanischen Raum sind diese Lichter als *Will-O-Wisp* oder *Jack-O-Lantern* bekannt. Die frühere Vorstellung war es, dass dies die Seelen ungetauft Gestorbener seien oder jene von Selbstmördern oder Sündern. Bestenfalls alles drei: Ungetaufte Sünder, die durch eigenes Zutun gestorben sind.
Festzustellen ist, dass dahinter wieder einmal antike Motive stehen, die christlich neu interpretiert wurden. Die Taufe, als entscheidendes Merkmal zur Erlösung, ist hier natürlich ein Kriterium, um die Irrlichter mit ebenjenen ungetauft Verstorbenen in Verbindung zu bringen. Oder aber eben auch mit Sünderinnen und Sündern. Inner-

halb dieser Kategorie ist die Geschichte um *Jack-O-Lantern* besonders bekannt geworden. Übersetzen könnte man hier frei als *Jack mit der Laterne*. Im Grunde ist dies die Erzählung, zumindest im anglo-amerikanischen Raum, der Halloween zu Grunde liegt. Der Begriff Halloween kommt von *All Hallows' Eve*. Gemeint ist damit der Vorabend vor Allerheiligen. Sowohl *Allerheiligen* als auch *Allerseelen* wurden ja bereits hinreichend in einer Fußnote erklärt. Während also Allerheiligen eben aller Heiligen gedacht wird und an Allerseelen, der ursprünglichen Vorstellung nach, für die Seelen im Fegefeuer, am Ort der Reinigung, gebetet wird, auf dass sie bald in den Himmel eintreten, ist der Vorabend ein besonderer Termin. In protestantischen Regionen liegt an diesem 31. Oktober der Reformationstag. Halloween selbst ist eine spätere Entwicklung, die wohl mit der Auswanderung irischer Protestanten in die USA im 19. Jahrhundert so richtig an Fahrt aufnahm. Während beim europäischen Re-Import auch evangelische Kirchen, damit also die Kirchen der Reformation, immer wieder gegen Halloween auftraten und betonten, dass Reformationsfest und nicht Halloween ist, war dieses Fest für die irischen Protestanten wohl auch ein Protest gegen die Katholiken (vielleicht erinnern Sie noch, geneigte Leserin, geneigter Leser an den konfessionellen Nordirland-Konflikt – der Protest hat also einen unschönen Hintergrund, wenn man sich die blutigen Auseinandersetzungen ins Gedächtnis ruft). Spätere, aber zunehmend angefragte Deutungsmöglichkeiten gehen davon aus, dass sich Halloween am keltischen Samhain-Fest orientiert. Das Samhain-Fest war ein Erntefest am Vorabend des 1. November. Traditionell gehören die Vorstellungen von Tot und Leben bzw. dem Kreislauf des Lebens zu den Erntefesten dazu. So entstand bei den Kelten die Vorstellung, dass in dieser Nacht die Toten auch die Welt der Lebenden betreten könnten. Druiden führten Rituale durch und allerorten gab es wohl Lagerfeuer, die im Englischen als *bonfires*[41] be-

[41] *Bonfire*
Das englische Wort *bonfire* wird gemeinhin mit Lagerfeuer übersetzt. Tatsächlich kommt es aber wortgeschichtlich von *bone fires,* also Knochenfeuer. Eigentlich handel-

kannt sind. Den Verstorbenen wurden Gaben dargebracht, damit die Geister möglichst milde wurden. Für den Fall, dass dies nicht gelang, maskierten sich auch die Lebenden, um die Geister zu erschrecken (ein Aspekt, der bis in das heutige Halloween-Fest überlebt hat, wohl aber kaum bekannt sein dürfte). Im siebten Jahrhundert verfügte die katholische Kirche, dass an diesem Tag in den Gebieten der christianisierten Kelten nur noch Allerheiligen zu feiern sei; somit erfuhr womöglich Samhain eine christliche Neudeutung. Allerdings ist dies, wie schon angesprochen, in jüngerer Forschung umstritten. Die Frage, die uns aber nicht weiter beschäftigen soll, lautet, ob es eine direkte Traditionslinie zwischen Samhain und Halloween gibt oder erst einen späteren Rückbezug von Halloween auf Samhain. Eine eher akademische Frage.

Festhalten wollen wir uns lieber nun an der Frage, um wen es sich bei *Jack-O-Lantern* gehandelt haben soll. Nicht, dass er nun in Vergessenheit gerät. Es gibt verschiedene Varianten der Erzählung, somit ist diese als eine Möglichkeit der Erzählung zu verstehen: Jack soll ein trunksüchtiger und geiziger Schmied gewesen sein. Am Vorabend von Allerheiligen hatte er wieder einmal die Zeche geprellt. Da der Trunkenbold aufgrund seines Konsums auch dem Tode nahe war, kam der Teufel, um ihn zu holen. Doch Jack bat den Teufel noch ein letztes Mal den Wirt hereinlegen zu dürfen. „Lass mich", so sagte Jack, „lass mich noch einen Drink bestellen. Verwandele du dich in eine Münze, damit will ich bezahlen, damit der Wirt leer ausgeht, wenn du dich wieder zurückverwandelst." Der Teufel, immer für einen Schabernack bereit, stimmte zu. So verwandelte sich der Leibhaftige in eine Münze, die Jack allerdings nicht dem Wirt gab, sondern in seine Tasche zu einem Kruzifix steckte. So konnte der Teufel nicht entweichen und Jack versprach ihn freizulassen, wenn dieser ihm noch ein Jahr schenken würde. Der Teufel willigte eine, sodass Jack ihn befreite. Es verging ein

te es sich dabei um Reinigungsrituale, bei denen Tierknochen verbrannt wurden. Verbunden ist dies auch mit dem Hexenglauben, da dies traditionell zur Walpurgisnacht geschehen konnte.

Jahr und Jack stand abermals am Vorabend von Allerheiligen unter einem Apfelbaum als der Teufel kam. Der Satan wollte ihn holen, doch Jack bat um einen letzten Wunsch. „Bitte“, sagte Jack, „hole du mir doch den Apfel vom Baum, dass ich noch ein letztes Mal davon koste, bevor du mich in die Hölle ziehst.“ Der Teufel, der auch im Paradies als Schlange den Apfel als Frucht der Sünde erkoren hatte, wollte ihm diesen Wunsch erfüllen und stieg auf den Baum. Flugs nahm Jack sein Taschenmesser heraus und schnitzte ein Kruzifix in den Stamm, sodass der Teufel nicht herabsteigen konnte. „Ich lasse dich herab“, sagte Jack, „wenn du mir noch ein weiteres Jahr schenkst.“ Erneut willigte der Teufel ein. Doch bereits vor Ablauf des Jahres kam Jack durch einen Unfall zu Tode. Als großer Sünder fand er keinen Einlass in den Himmel. Als er vor die Pforten der Hölle trat, wollte auch der Teufel nichts von ihm wissen, zu sehr hatte Jack den Leibhaftigen selbst betrogen. Doch der Teufel hatte Mitleid und gab Jack eine Rübe und ein brennendes Stück Kohle, sodass er fortan mit diesem Rübenlicht des Nachts umherziehen musste.

In dieser Geschichte um Jack und den Teufel sind mehrere Motive, die einer Betrachtung wert sind (und das Zugeständnis an die christliche Bildsprache, die in der Frucht vom Baum der Erkenntnis einen Apfel sah, was so nicht in der Bibel steht, übergehen wir mal): In der Erzählung begegnet uns der Teufel als einfältig. Dies ist oft beim Teufel als Märchenfigur der Fall. Er lässt sich nur allzu leicht von Jack hereinlegen. Letztlich hat sich dieses Teufelsbild auch ins Kasperletheater überlebt, wo der Teufel zwar als deutlicher Antagonist auftritt, aber alle schlauer sind als er. Auffällig ist zudem, dass der Teufel mit einem Kruzifix gebannt wird. Diese ganz klar christliche Symbolik bannt in Erzählungen nicht nur Vampire, nein auch im Exorzismus spielt es als Symbol eine entscheidende Rolle (zu den Filmen werden wir ja noch kommen, doch zu denken ist an ikonische Filmbilder von Exorzisten, die das Kreuz vor sich ausstrecken). Gleichzeitig spielen Varianten dieser Geschichte mit den Motiven der Paradiesschlange und des Garten Eden, nur dass Jack hier den Apfel gegen den Teufel verwendet, der Teufel wird mit seinen eigenen Waffen geschlagen. Während für Jack der Teufel kein ernstzunehmender Gegner ist, findet sich aber in der Geschichte doch eine Erklärung für eine besondere Frage: Was passiert denn wohl mit Seelen, die weder Einlass in den Himmel noch in die Hölle erhalten und wie kommt es überhaupt dazu? Diese Seelen werden zu diesen Irrlichtern und somit wird der einfachen Geschichte um Irrlichter als böse Geister eine umfangreiche Entstehungsgeschichte gegeben. Außerdem mag man hier stolpern: Jack bekommt eine Rübe, keinen Kürbis. Ursprünglich war Halloween mit Rüben verbunden. Da die irischen Einwanderer in Amerika überwiegend Kürbisse vorfanden, wurde die Geschichte einfach angepasst. Dennoch: In vielen Regionen, auch in Deutschland, war es lange Zeit Tradition mit Rübengeistern umherzuziehen. Vielleicht denken Sie daran, wenn Sie zu Halloween einen Kürbis schnitzen wollen und kaufen stattdessen eine Rübe.

Luther, der den Teufel mit Tinte bekämpft haben soll

Gerade waren wir noch gedanklich beim Halloween-Fest und wir werden auch am Vorabend von Allerheiligen bleiben. Vorerst zumindest – dabei bewegen wir uns in eine Zeit, in der lange noch nicht an Halloween gedacht wurde. Doch diese Zeit konnte bisweilen ebenfalls ganz schön gruselig sein. Es ist der 31. Oktober 1517. An eben diesem Tag soll der Mönch Martin Luther zur Tat geschritten sein. Er kam mit 95 Thesen, die er an die Schlosstür der Wittenberger Kirche hämmerte. Und diese Thesen lösten dann mit seiner Bibelübersetzung in die deutsche Sprache die Reformation aus, also eine neuerliche Kirchenspaltung, sodass die evangelische Kirche entstand. Dies ist zumindest die Kurzfassung, von der man sich freut, wenn sie wenigstens in dieser Form von Konfirmandinnen und Konfirmanden[42] wiedergegeben werden kann.

[42] *Konfirmation*
Vom lateinischen *confirmare* ist es die *Bestätigung*; gemeint ist damit die Bestätigung

Doch gehen wir ein paar Schritte zurück – oder besser gesagt um 34 Jahre. Am 10. November 1483 wird Martin als Sohn von Hans Luder, einem Bergmann, in Eisleben geboren. Bereits einen Tag später, am 11. November, ist der Tauftag. Getauft wird er auf den Namen des Tagesheiligen – auf den Namen des Heiligen Martin. Gemeint ist jemand, den wir heute als Sankt Martin kennen, der seinen Mantel geteilt haben soll. Ein Soldat, der durch Schnee und Wind ritt (wie es in einem Lied heißt) und mit dem halben Mantel einem Obdachlosen half. Dieses war für den historischen Martin von Tours, der im vierten Jahrhundert lebte, wohl eine Art von Bekehrungserlebnis, sodass er Christ wurde und später im französischen Tours auch das Bischofsamt bekleidete. Nach damaliger Tradition wurde also der Sohn von Hans Luder nach dem Tagesheiligen benannt und erhielt so einen Namenspatron. Aus diesem Grund gibt es für die rheinischen Protestanten am 11.11. drei Dinge zu feiern (denn, wie man so sagt, der Rheinländer ist katholisch, auch wenn er evangelisch ist): Beginn der neuen Karnevalssession (um 11:11 Uhr), Gedenktag des Heiligen Martin von Tours und der Tauftag Martin Luthers. Übrigens gibt sich an dieser Stelle das aktuelle Kapitel mit dem vorherigen die Hand: Die heutigen Laternen, die bei den Laternenumzügen anlässlich Sankt Martin aus Papier und mit elektrischer Beleuchtung vor sich hergetragen werden, entstanden vielerorts aus den Rübenlichtern. Doch zurück ins ausgehende 15. Jahrhundert: Der junge Martin besuchte von 1498 bis 1501 die Latein-

---

der Taufe, sobald die Religionsmündigkeit besteht (wobei es im Falle einer Nicht-Konfirmation nicht zur „Aberkennung" der Taufe kommt). Auch wenn dies zumeist im gleichen Alter durchgeführt wird, wie die Firmung in der katholischen Kirche, ist dies kein sakramentaler Akt. In der Regel geht der Konfirmation ein Konfirmandenunterricht voraus (bzw. *Konfirmandenarbeit* oder heute auch vermehrt *Konfirmandenzeit*). Während es bis vor einigen Jahren tatsächlicher Unterricht mit Prüfungen war, da kirchenrechtlich die Konfirmation auch dazu legitimiert, etwa bei einer Taufe das Patenamt zu übernehmen oder Ämter in ehrenamtlichen Leitungsgremien einer Kirchengemeinde, ist inzwischen vielerorts weniger die Vorbereitung sowie eine Prüfung im Vordergrund der Konfirmandenzeit, sondern das Miteinander. Die Kirchenordnungen haben sich zudem vielfach dahingehend liberalisiert, dass auch beispielsweise im Falle des Patenamtes inzwischen auch nicht-konfirmierte oder ungetaufte Personen als sogenannte *Taufzeugen* berufen werden können.

schule in Eisenach und nahm im Januar 1505 ein Jurastudium in Erfurt auf. Der Thüringer wollte Jurist werden. Sein Studium währte allerdings nicht lange, es kam zu etwas, das als *Gewitterereignis zu Stotternheim* in die Geschichte einging. Am 2. Juli des Jahres 1505, so erzählte es Luther später, geriet er bei Stotternheim in ein Gewitter. In seiner Nähe schlug ein Blitz ein. Durch die Veränderungen des Luftdrucks wurde er zu Boden geworfen. Wer einmal ein Gewitter aus nächster Nähe erlebt hat, kann sich wohl vorstellen, dass einem dabei angst und bange werden kann. Als guter Katholik rief Luther eine Heilige an, nämlich die Heilige Anna, die in Heiligendarstellungen, genährt durch apokryphe Texte, die zwischen dem zweiten und sechsten Jahrhundert entstanden, als Mutter Marias, also als Jesu Großmutter angesehen wird. Wie wir festgestellt haben, gibt es für alles eine Heilige. Ihr Gedenktag wurde als Annentag durch Papst Gregor XIII. im Jahr 1584 auf den 26. Juli festgelegt. Insofern war Luther mit seiner Anrufung der Heiligen im Juli seiner Zeit voraus. Allerdings gilt die Heilige Anna auch bei ihrer Anrufung als Schutz gegen Gewitter, insofern war es naheliegend, dass Luther sie anrief, als er in ein ebensolches geriet. Nicht naheliegend war aber der zweite Teil seiner Anrufung: „Hilf du, heilige Anna, ich will ein Mönch werden!" Er gelobte der Heiligen, sollte er das Gewitter überleben, würde er Mönch werden.

Der Diakoniewissenschaftler Nils Petersen schrieb 2014 in seiner Arbeit *Luther und Wechselbälge*[43] *– ein Beitrag zur Rezeption zweier Tischreden Luthers* (auf Seite 39) dazu eine passende Bemerkung, die

---

[43] *Wechselbälge*
Wechselbälge sind z.B. aus der deutschen Synchronisation von *Star Trek: Deep Space Nine* bekannt. Dies beruht auf einer schrägen Übersetzung des englischen *Changeling*. So wird der Formwandler Odo kurzerhand zum Wechselbalg. Im Mittelalter glaubte man, dass der Teufel Kinder ausgewechselt hatte. Luther sprach sich leider für ein brutales Vorgehen gegenüber den vermeintlichen Wechselbälgern aus. Allerhand Methoden wurden auch im Märchen überlegt, um Wechselbälger zum Sprechen zu bringen. Dies wurde als Grundvoraussetzung gesehen, um den Tausch rückgängig zu machen. Der traurige Hintergrund ist eine missverstandene Behinderung, so dass, den historischen Beschreibungen angeblicher Wechselbälger nach, eine geistige Behinderung sowie ein Hydrocephalus (im Volksmund als sogenannter „Wasserkopf" bekannt) vorlag.

aufgrund ihrer Prägnanz als Zitat wiedergegeben werden soll. Doch vorab: Auch die Diakoniewissenschaft reiht sich in den Kanon der bereits angesprochenen theologischen Fächer ein (in der katholischen Theologie ist dies die Caritaswissenschaft). Vereinfach gesagt handelt es sich dabei um die kirchliche Soziallehre. Doch nun zu Petersen:

> Mit Luther begegnet uns ein abergläubischer Mensch, der aus Angst vor einem Gewitter viele Jahre seines Lebens im Kloster verbracht hat. Für alles, was es in der Welt gibt, was aber nach Luthers Sichtweise eigentlich nicht sein darf, für das Unerklärliche, nimmt er die Wirksamkeit des Teufels an. Für ihn bewegt sich die Welt zwischen den guten und bösen Mächten.

Nur 15 Tage nach diesem Ereignis trat Luther am 17. Juli als Novize in das Kloster der Erfurter Augustiner-Eremiten ein. Bereits am 4. April 1507 wurde er in Erfurt zum Priester geweiht und nahm im Sommer des Jahres sein Theologiestudium auf. Das mag aus heutiger Perspektive seltsam klingen. Ein Theologiestudium (evangelisch) dauert gut und gerne fünf Jahre. Oft kommt noch ein Jahr mit den Sprachen hinzu (Hebräisch, Griechisch und Latein werden in der Regel verlangt und immer seltener von der Schule mitgebracht), manche fallen auch mal durch eine Prüfung und verbringen ein Semester im Ausland. Danach findet ein Vikariat statt, das je nach Landeskirche zumeist mindestens zwei Jahre dauert. So ist eine Kandidatin oder ein Kandidat für Pfarramt oftmals zwischen sieben und zehn Jahren auf dem Weg bis zur Ordination. In der katholischen Kirche kann der Weg bis zur Priesterweihe heutzutage ähnlich lange andauern. Das Verständnis des 16. Jahrhunderts ist aber ein anderes. Hier ist die Weihe die Eintrittskarte zum priesterlichen Dienst, den er anstrebt. Im Rahmen dieses Dienstes studierte Luther die Theologie. Nachdem er sich im Sommer des Jahres 1507 eingeschrieben hatte, legte er auch im Herbst des Jahres sein

Mönchsgelübde ab. Gleichzeitig begann eine Zeit starker innerer Glaubenskämpfe. So wird es zumeist in der Literatur beschrieben. Zu denken ist hier bereits, als eine Art Vorzeichen, an seine späteren theologischen Auseinandersetzungen mit der Kirche. Aber denkbar ist hier auch ein Vorausblick auf spätere seelische Probleme, die ihn noch ereilen werden. Doch zunächst hatte Luther zu studieren. Im November 1510 reiste er im Auftrag seines Ordens mit einem Mönchsbruder nach Rom, um dort seine Gemeinschaft zu vertreten. In Rom hatte er die Möglichkeit eine Generalbeichte abzulegen, also ein vollständiger Ablass, ein vollständiger Sündenerlass. Dies brachte Luther ins Zweifeln und er war enttäuscht von der Selbstgefälligkeit seiner Kirche, die aus sich selbst heraus nach eigenem Ermessen durch ihre Vertreter Sünden vergab. Zudem wurde er Zeuge eines unvorstellbar teuren Bauvorhabens: Im Jahr 1506 wurde mit dem Bau des Petersdoms begonnen (abgeschlossen erst 1626 – also nach 120 Jahren). Bezahlt wurde der Bau nicht etwa aus Kirchenkassen oder von Adeligen oder durch reiche Kirchenmitglieder. Für den Bau des Petersdoms hatte sich die Kirche einen besonderen Ablass einfallen lassen. Wenn man diesen Ablassbrief zur Unterstützung des Baus kaufte, wurde einem die Vergebung der Sünden versprochen (zumindest ist dies die populäre verkürzte Darstellung).
Luther kehrte zurück und unterrichtete dann im Jahr 1511 Moralphilosophie an der Wittenberger Universität. Im folgenden Jahr wurde er zum Doktor der Theologie promoviert und übernahm eine Professur für Bibelauslegung an der Theologischen Fakultät zu Wittenberg. Gleichzeitig übernahm er weiterhin Funktionen für seinen Orden. Im Frühjahr des Jahres 1513 hatte er eine Art von Erkenntnis im Turm des Schwarzen Klosters zu Wittenberg. Luther, der sich immer wieder fragte, *wie bekomme ich einen gnädigen Gott*, entdeckte im Bibelstudium, dass die Gnade von Gott geschenkt ist, es kommt also nicht auf die guten Werke an (was in lutherischer Theologie *Werkgerechtigkeit* heißt), also nicht darauf,

dass ich als Mensch etwas leisten muss, um von Gott angenommen zu werden, sondern aus seiner Gnade heraus, sind wir gerettet. Mit dieser Idee ging er weitere vier Jahre schwanger. Im Jahr 1507 kam es durch Papst Leo X. zu einem Jubiläumsablass. Der 1506 ausgeschriebene Ablass zum Bau des Petersdoms wurde neu ausgeschrieben, da das Geld ausblieb. Ein ganz besonderer Verkäufer wurde für diesen Ablass auserkoren: Johann Tetzel verkaufte im Auftrag von Albrecht, Erzbischof von Mainz und Magdeburg, den Ablass in Magdeburg und Brandenburg. Tetzel galt als berüchtigter Verkäufer, der sich nicht zu schade gewesen sein soll, seine Hand mit einer Substanz zu präparieren und diese dann ins Feuer zu halten, um seine Worte zu unterstreichen und den Menschen zuzuschreien: „Stellt euch vor, dass euer ganzer Leib in der Hölle verbrennt!" Tetzel war aber, trotz der negativen Zeichnungen seiner Person, wohl kein hinterlistiger Geldeintreiber. Er war ein Überzeugungstäter, der später verarmt starb, da er selbst nichts an den Verkäufen verdiente, sondern nur sein Dienstherr.
Doch nun kam der 31. Oktober 1517. Zehn Tage also vor Luthers 34. Geburtstag. Luther, ein früher Experte der Öffentlichkeitsarbeit (wohl später unter Mithilfe von Cranach, der den Reformator malte, und natürlich mit Hilfe der Medien, des Buchdrucks), streute er wohl im Nachhinein selbst die Geschichte, dass er seine 95 Thesen an die Tür der Schlosskirche zu Wittenberg nagelte, damit alle sie lesen können. Wahrscheinlich ist das eine schöne Geschichte und die Wirklichkeit ist viel akademischer. Zunächst veröffentlichte Martin Luther seine Thesen auf Latein, um eine fachliche Diskussion anzuregen. Bis dato ging er davon aus, dass der Papst von seinen Untergebenen mit der Art und Weise der Durchführung des Ablasswesens über den Tisch gezogen wurde. Luther hatte zunächst wenig gegen den Papst und auch nichts gegen das Fegefeuer. Hier eine kleine Auswahl seiner Thesen in deutscher Übersetzung:

1. Als unser Herr und Meister Jesus Christus sagte: „Tut Buße, denn das Himmelreich ist nahe herbeigekommen“, wollte er, dass das ganze Leben der Gläubigen Buße sei.

5. Der Papst will und kann nicht irgendwelche Strafen erlassen, außer denen, die er nach dem eigenen oder nach dem Urteil von Kirchenrechtssätzen auferlegt hat.

6. Der Papst kann nicht irgendeine Schuld erlassen; er kann nur erklären und bestätigen, sie sei von Gott erlassen. Und gewiss kann er ihm selbst vorbehaltene Fälle erlassen; sollte man diese verachten, würde eine Schuld geradezu bestehen bleiben.

20. Deshalb meint der Papst mit „vollkommener Erlass aller Strafen“ nicht einfach „aller“, sondern nur derjenigen, die er selbst auferlegt hat.

Luther sprach auch über das kanonische Recht, also das Recht der katholischen. Somit könnte der Papst, befand Luther, nicht Strafen erlassen, die von Gott bestimmt wären, sondern lediglich solche, die seinem eigenen Rechtskanon entsprächen. Vielmehr formulierte Luther im Rahmen der Thesen, dass wir Menschen durch die Liebe Gottes gerettet sind und eben nicht durch unser Handeln die Gnade Gottes beeinflussen können. Seine anfänglichen Ideen über die Werkgerechtigkeit hatten sich zwischenzeitlich zur Veröffentlichungsreife fortentwickelt. Der kirchliche Apparat benötigte eine Weile, um darauf zu reagieren. Am 15. Juni 1520 erschien von Papst Leo X., also etwa 2,5 Jahre später, eine sogenannte Banndrohungsbulle unter dem Titel *Exsurge Domine* (*Erhebe dich, Herr*). Luther wurde darin die Exkommunikation, also der Ausschluss vom Abendmahl und damit von kirchlichen Ämtern und überhaupt des kirchlichen Miteinanders angedroht. Luthers Thesen wurden als

Irrtümer dargestellt, die er innerhalb von 60 Tagen öffentlich zu widerrufen hat. An die Öffentlichkeit ging er, doch anders als von seiner Kirche gefordert: Er verbrannte die päpstliche Bulle, die ihm einen Bann androhte. Insofern kam es am 3. Januar 1521 zu einer neuerlichen Bulle von Papst Leo X. gegen Martin Luther. Unter dem Titel *Decet Romanum Pontificem* (*Es ist angemessen für den römischen Papst...*) verbannte der Papst Luther mit sofortiger Wirkung, er exkommunizierte ihn und brandmarkte seine Anhänger als Häretiker. Mit Häretiker waren jene gemeint, die vom rechten Glauben abgewichen waren. Unfreiwillig wurde damit Leo X. zum Wegbereiter der Reformation. Da eine innerkirchliche Reformbewegung dadurch nicht mehr möglich war, kam es zwangsläufig zur Kirchenspaltung. Letztmalig 1971 kam es übrigens zu einem Versuch, die Exkommunikation Martin Luthers posthum wieder aufzuheben, doch dieser Versuch blieb erfolglos, da es das römische Kirchenrecht nicht vorsieht, posthum eine Exkommunikation rückgängig zu machen.
Doch gehen wir wieder 450 Jahre zurück, in das Jahr 1521. Luther bekommt noch einmal die Möglichkeit, öffentlich zu widerrufen. Angeblich sagte er: „Ich stehe hier, denn ich kann nicht anders." Wahrscheinlich ist auch dies eine spätere Legendenbildung, so wie der Thesenanschlag. Doch sein Verhalten führte dazu, dass er für vogelfrei erklärt wurde. Dies bedeutete, dass ein Jeder hätte Martin Luther töten können und dabei straffrei geblieben wäre. Im Rahmen eines fingierten Überfalls durch einen Freund wurde Martin Luther auf die Wartburg verbracht. Dort ließ er sich einen Bart wachsen und arbeitete, unter dem Decknamen Junker Jörg, an seiner Bibelübersetzung. Zwar gab es auch frühere Bibelübersetzungen, doch für die Lutherbibel kam die Erfindung Johannes Gutenbergs, der Buchdruck, gerade zur rechten Zeit. Martin Luther gilt sprachgeschichtlich als erster, der öffentlichkeitswirksam die deutsche Sprache standardisiert hat. Er überlegte sich, bei den verschiedenen Varietäten der gesprochenen Formen der Sprache, wie er

schreiben müsste, um von möglichst vielen Menschen verstanden zu werden. Dabei, wie oft zitiert, wollte er „dem Volk aufs Maul" schauen. Nur eines seiner kernigen Worte, die in die Geschichte eingingen.

Bild 17: Wartburg
Diese Skizze der Wartburg fertigte um das Jahr 1807 der deutsche Dichter Johann Wolfgang von Goethe an.

Hier auf der Wartburg soll es dann passiert sein, dass Luther dem Teufel höchstpersönlich begegnete. Auf der Wartburg, verkleidet als Junker Jörg, durchlitt Luther Krisen. Auch hier soll aufgrund der Prägnanz wieder ein Zitat folgen. Der Theologe Martin Jung brachte in seinem Buch über die Reformation (2017, Seite 68-69) Luthers Zustand treffend zum Ausdruck:

> Die Zeit auf der Wartburg [...] war nicht einfach für Luther. Er durchlitt Krisen, Anfechtungen, wie er als Mönch dazu sagte. Er fühlte sich vom Teufel bedroht. Luther glaubte an die Existenz des Teufels, eines gefährlichen Widersachers Gottes.

Sicher ist es vorstellbar, dass es im Lichte der Gesamtsituation viele Dinge waren, die Luther aufs Gemüt drückten. Um Worte war der Reformator nicht verlegen, so hieß es dann, dass er den Teufel mit Tinte bekämpft habe. Lange Zeit soll ein Tintenfleck in Luthers Studierstube auf der Wartburg ein Zeugnis dessen persönlichen Kampfes gegen den Teufel gewesen sein. Wahrscheinlich, so stellte man sich vor, war Satan persönlich in seine Studierstube getreten und Luther hatte das Tintenfass auf ihn geworfen. Der Fleck wurde in regelmäßigen Abständen erneuert, bis die Denkmalschutzbehörde dies unterband. Zwar stellte der Teufel für Luther eine reale Größe dar, doch wahrscheinlich ist davon auszugehen, dass er mit seinem Kampf mit der Tinte gegen Satan meinte, dass er übersetzt und geschrieben hat. Denn Luther wurde nicht müde, theologische Schriften zu verfassen.

Luther verfasste unter anderem einen *Kleinen Katechismus*, eine Art Lehrbuch über den Glauben. Als Anhang dazu findet sich sein Taufbüchlein. Das katholische Erbe wird darin deutlich, denn der lutherische Ablauf einer Taufe enthält die *Abrenuntiatio diaboli*, also die Absage an den Teufel. Ein waschechter Taufexorzismus – so ähnlich wie wir ihn bereits kennen. Die Evangelisch-Lutherische Kirche in Sachsen hält eine neubearbeitete Übersetzung des Taufbüchleins online vor (Link im Anhang). Wagen wir einen Blick hinein, denn der gesamte Taufablauf steht unter dem Gedanken der Überwindung des Bösen:

Zunächst grüßt darin Martin Luther „alle Christlichen Leser“ und wünschen ihnen die Gnade und den Frieden Christi. Luther betont in seiner Schrift die Wichtigkeit des Taufablaufs in der deutschen Sprache, damit Patinnen und Paten sowie die Taufgemeinde dem Vorgang folgen können. Gleichzeitig mahnt er die Priester, dass sie deshalb, „um der Zuhörer willen“ eine größere Sorgfalt an den Tag legen müssen. Zudem betont er:

> Darum wollest du bedenken, dass es durchaus kein Scherz ist, gegen den Teufel vorzugehen und denselben nicht nur von dem Kind fortzujagen, sondern dem Kind auch einen solch mächtigen Feind für die Dauer seines Lebens auf den Hals zu laden, so dass es wirklich nötig ist, dem armen Kind aus ganzem Herzen und mit starkem Glauben beizustehen und aufs andächtigste zu bitten, dass ihm Gott entsprechend dem Wortlaut dieser Gebete nicht allein aus der Gewalt des Teufels heraushelfe, sondern es auch stärke, dass es ritterlich gegen ihn im Leben und im Sterben bestehen möge. Und ich fürchte, dass die Leute nach der Taufe sich auch deshalb so übel entwickeln, weil man so kalt und nachlässig mit ihnen umgegangen ist und ohne jeden Ernst für sie gebetet hat in der Taufe.

Luther spricht sich dafür aus, dass die äußeren Handlungen nur den geringsten Teil der Taufe ausmachen. Vor allem ist wichtig, dass die Taufe mit dem nötigen Ernst vollzogen werde (wir erinnern uns an *ex opere operato*, also eine Handlung ist dann wirksam, wenn sie richtig durchgeführt werde, dagegen widerspricht allerdings Luther, vielmehr betont er die innere Haltung). Der Reformator gibt ferner praktische Hinweise und sagt, die Priester sollten die Gebete „recht deutlich und langsam sprechen“, damit sie von der Gottesdienstgemeinde im Herzen mitgebetet werden können. Dem Teufel müsse man sich im Gebet „mit aller Kraft [widersetzen]“ und, er wiederholt es nochmal, mit Ernst bei der Sache sein, da dies alles „für den Teufel kein Scherz ist“. Außerdem schreibt er:

> Deshalb ist es auch angemessen und richtig, dass man nicht betrunkene und grobe Pfaffen die Taufe vollziehen lässt, auch nichtleichtfertige Personen als Paten bestellt, sondern würdige, ehrbare, ernste, rechtschaffene Priester und Paten, von denen man erwarten kann, dass sie die Handlung mit Ernst und

rechtem Glauben vornehmen, damit man das hohe Sakrament nicht dem Spott des Teufels preisgebe und Gott missachte, der uns darin mit so überschwänglichem und grundlosem Reichtum seiner Gnade überschüttet, dass er es selbst eine „neue Geburt" nennt, durch die wir von aller Tyrannei des Teufels frei, von Sünden, Tod und Hölle los, Kinder des Lebens und Erben aller Güter Gottes und zu Gottes Kindern und Geschwistern Christi werden.

Nun aber geht es ans Eingemachte. Der Priester, der die Taufe vollzieht, spricht: „Fahre aus, du unreiner Geist, und gib Raum dem Heiligen Geist." Dann macht er über dem Täufling ein Kreuzzeichen[44] und spricht: „Nimm das Zeichen des Heiligen Kreuzes an der Stirn und auf der Brust!" Anschließend wird gebetet. Die Gebete enthalten Verweise auf verschiedene Bibelstellen. Erneut erfolgt danach eine Beschwörung: „Ich beschwöre dich, du unreiner Geist, bei dem Namen des Vaters+ und des Sohnes+ und des Heiligen Geistes+, dass du ausfahrest und weichest von diesem Diener Jesu Christi, N., Amen."

---

[44] *Kreuzzeichen*
Es gibt verschiedene Formen des Kreuzzeichens, auf Latein *signum crucis*. Als Symbol symbolisiert es Christi Leiden, seinen Tod und seine Auferstehung. Somit ist es ein Kennzeichen für die Kernelemente des Glaubens, das auf die Kreuzigung Christi zurückgeht. Auch wenn die Kreuzigung als Tötungsart, nachdem das Christentum im römischen Reich Staatskirche wurde, aus Respekt vor Jesus Christus nicht mehr durchgeführt wurde, blieben nicht nur die bildlichen und figürlichen Darstellungen, sondern eben auch die Zeichenhandlungen. In der katholischen Tradition gibt es das große und das kleine Kreuz, das geschlagen werden kann. Wenn man sich selbst bekreuzigt, berührt man Stirn, Brust und danach die linke sowie die rechte Schulter. Ursprünglich wurde dabei auf Latein gedacht oder gesagt: „In nomine Patris, et Filii, et Spiritus Sancti. Amen." Heute ist in der Regel die deutsche Übersetzung zu hören: „Im Namen des Vaters und des Sohnes und des Heiligen Geistes. Amen." Daneben gibt es auch das Kreuz, das der Priester schlägt, dies kann auch ein großes Zeichen sein, etwa beim Schlusssegen im Gottesdienst, oder auch nur eine kleine Zeichenhandlung mit den Fingern, etwa bei der Taufe. Symbolisch gibt es vielfältige Varianten (wie das Aschekreuz oder die Zeichnung eines Kreuzes mit Öl auf die Stirn) oder Formen, wie die Finger gehalten werden. In den Ostkirchen berühren sich beispielsweise Daumen, Zeige- und Mittelfinger als Symbol für die Trinität.

Anmerkung: Das Pluszeichen (+) markiert das Schlagen des Kreuzes und „N." den Namen des Täuflings. Mit dem Wort „Amen" – „So ist es!" – wird geschlossen. Nach einer biblischen Lesung legt der Priester seine Hände auf den Kopf des Täuflings, spricht das Vaterunser und einen Segen. Nun folgt die Absage an den Teufel. In diesem Fall steht „N." für den Namen der angesprochenen Patin bzw. des Paten:

> Danach lasse der Priester das Kind durch seine Paten dem Teufel absagen und spreche:
> „N., entsagest du dem Teufel?"
> Antwort: „Ja."
> „Und-allen seinen Werken?"
> Antwort „Ja."
> „Und allem seinem Wesen?"
> Antwort: „Ja.

Es geht weiter mit Glaubensfragen und der Täufling wird im Taufbecken durch Untertauchen und diese Worte getauft: „Und ich taufe dich im Namen des Vaters und des Sohnes und des Heiligen Geistes." Danach wird dem Täufling ein Taufkleid angezogen und mit der Formel „Friede mit dir", worauf mit „Amen" geantwortet wird, schließt der Ablauf der Taufe.

Auffällig sind bei diesem Ablauf verschiedene Aspekte. Einerseits wird unterstellt, dass sich ein neugeborener Mensch ohne die Taufe automatisch im Machtbereich des Teufels befindet. Andererseits wird hier der „unreine Geist", also der Dämon, direkt angerufen(„Ich beschwöre dich, du unreiner Geist [...]"). Zwar wird auch Gott angebetet, aber eben auch der Dämon beschworen. In der katholischen Theologie werden wir dazu an späterer Stelle noch eine Unterscheidung feststellen.

Im Zuge der Reformation bildeten sich verschiedene Lager. Anhänger des Genfer Theologen Johannes Calvin (1509-1564) strebten in den 1570er-Jahren danach, dass dieses Element der Taufe, also der Taufexorzismus, in Kursachsen abgeschafft werde – sie befanden, dass ein ungetaufter Mensch nicht zwangsläufig der Macht des Teufels ausgeliefert ist.

Doch bleiben wir noch einmal bei den evangelischen Kirchen und beim Taufexorzismus. Während, so viel kann schon vorweggenommen werden, der Exorzismus weitgehend aus den Landeskirchen verschwunden ist, ist dies für den Taufexorzismus nicht ganz der Fall.

Ein Blick in evangelisches Kirchenrecht: Im *Kirchengesetz über die Einführung einer neuen Agende für die Taufe vom 18. April 1956* der Vereinigten Evangelischen Lutherischen Kirche in Deutschland, findet sich folgende Formulierung: „Doch soll die [...] vorgesehene Absage an den Teufel vorgenommen werden, wenn der Kirchenvorstand dies ausdrücklich beschließt." Dies bedeutet, wenn das ehrenamtliche Gremium, das zur Gemeindeleitung bestellt ist, dem zustimmt, wird die Absage an den Teufel im Rahmen der Taufe durchgeführt. In der lutherischen Taufagende (Agenden sind quasi vorbereitete Abläufe für kirchliche Amtshandlungen, als auch für Taufen) aus dem Jahr 1988 findet sich in der „Erste[n] Form", also der erstgenannten Variante zur Durchführung einer Taufe, die Möglichkeit, dass die Pfarrerin bzw. der Pfarrer sagt: „In der Taufe nimmt Gott dieses Kind an und befreit es von der Macht des Bösen und schenkt ihm ewiges Heil." Eine ähnliche Formulierung findet sich auch als Frage im Taufbuch der Evangelischen Kirchen der Union (ein ehemaliger landeskirchlicher Bund, der nun Teil der EKD, der Evangelischen Kirche in Deutschland, ist). Darin gibt es die Option, bei einer Taufe eines Erwachsenen den Täufling zu fragen: „Sagst du der Macht des Bösen ab und willst du Christus als deinem Herrn zugehören?" Die Antwort lautet: „Jesus Christus soll mein Herr sein. Darum sage ich ab der Macht des Bösen." Die Taufagende der Vereinigten Evangelischen-Lutherischen Kirche in Deutschland (ohne Jahresnennung) kennt die Frage „Sagst du dem

Bösen/Satan und all seinem Werk und Wesen ab?" So wird es zitiert in der Taufagende, „Entwurf zur Erprobung", des Kirchenamts der EKD (2018).
Doch vorerst bleiben wir im 16. und 17. Jahrhundert und wenden unsere Blicke wieder der katholischen Kirche zu.

Herausbildung eines Rituals: *Der große Exorzismus*

Bis es im 17. Jahrhundert zu einem Ritual kam, das in der katholischen Theologie als *großer Exorzismus* bekannt ist, gab es im Vorfeld allerlei Exorzismus-Handbücher. Während es in der frühen Kirche eine deutliche Orientierung an der biblischen Überlieferung gab und Berichte von Kirchenvätern weitergegeben wurden, bildeten sich mit der Zeit daraus eigene ritualisierte Formen, die auch zum frühen Exorzistenamt führten. Entsprechend der biblischen Texte wurde davon ausgegangen, dass eben nicht nur Menschen vor ihrer Taufe vom Bösen befreit werden müssen, sondern das Böse auch einzelne Personen bedrängen kann. Doch nicht nur dies. Ebenfalls bildeten sich Sachbeschwörungen heraus, da die Vorstellung entstand, dass böswillige Geister auch in Gegenstände eindringen können und dies auch zum Schaden der Menschen geschieht. Im zehnten Jahrhundert wurden einige diese Ideen zusammengeführt und im Rahmen des *Römisch-Germanischen Pontifikale* in eine einheitliche Form gebracht. Beim Pontifikale handelte es sich um ein katholisches Ritualienbuch, das fünf Abläufe für Exorzismen enthielt. Ebenfalls enthielt es eine Variante für eine Messe, in der es darum gehen sollte, Personen, die von bösen Geistern besessen waren, zu befreien. Vielfach wurden außerhalb der verfassten Kirche Bücher geschrieben, die sich mit dem Exorzismus auseinandersetzten. Im 16. Jahrhundert verfasste Griolami Menghi (1523-1609) Schriften unter beeindruckenden Titeln wie *Flagellum Daemonum*, was übersetzt *Die Dämonengeißel* bedeutet, oder *Fuga Daemonum*, also *Dämonenangst*. Die beiden katholischen Theologen Manfred Probst und Klemens Richter sehen in einer Arbeit aus dem Jahr 2002 eine große inhaltliche Nähe der Schriften Menghis zum berüchtigten *Malleus maleficarum*, auf Deutsch besser bekannt als der *Hexenhammer*, aus dem Jahr 1486; dieses Buch wird in einem Exkurs noch einmal Erwähnung finden. Bemerkenswert ist aber, dass sich Menghi einige Gedanken darüber machte, welche Vorbereitung ein Exorzist haben solle, wie er sein Gewissen rein halten müsse und ebenso skizzierte Menghi verschiedene Schwierigkeiten, mit denen ein Exorzist bei der Ausführung seines Dienstes konfrontiert werden könne. Ähnlich zusammenhängende Gedanken finden sich auch in Maximilian von Eynatten Exorzismushandbuch: *Manuale Exorcismorum* (1619). Probst und Richter betonen allerdings, dass das im Jahr 1614 erschienene *Rituale Romanum*, eben jenes Buch, das den *großen Exorzismus* enthält, im Vergleich zu anderen Privatschriften „wohltuend zurückhaltend" ist.

Zuvor sei gesagt, dass das *Rituale* nicht das einzige Ritenbuch seiner Art ist. Auch andere Schriften, wie das *Missale*, *Brevier* oder das schon genannte Pontifikale, nahmen stets einen hohen Stellenwert ein. Doch mit seinen vorgegebenen Abläufen für Sakramente und Messen nahm das *Rituale* bald eine Sonderstellung ein, auch wenn es niemals zwingend vorgeschrieben war. Seine Verwendung war zudem ausschließlich Priestern vorbehalten. Bis in das 19. Jahrhundert hinein entstanden auch deutschsprachige Übersetzungen, sodass das Buch in den deutschen Bistümern der katholischen Kirche seine Verbreitung fand. Ursprünglich entstand das *Rituale* zur Zeit des Papstamtes von Paul V., der zwischen 1605 und 1621 diese Position bekleidete. Später erhielt das Exorzismus-Ritual Ergänzungen, dies geschah während Leo XIII. als Papst diente (zwischen 1878 und 1903). Diese Zusätze fanden allerdings erst 1925 offiziell Eingang in das *Rituale*. Das Exorzismusritual ist im Abschnitt X. (zehn) des *Rituale Romanum* zu finden. Selbstverständlich sind Priester angehalten, keine Übersetzung zu verwenden, sondern mit der lateinischen Originalausgabe zu arbeiten. Dies ergibt sich aus einer inneren Logik heraus, wie wir noch feststellen werden.

Der Abschnitt über den Exorzismus steht unter der Überschrift „De exorcizandis obesessis a Dæmonio". Dass es hier mit der Übersetzung nicht so leicht ist, soll folgender Übersetzungsvergleich zeigen: Bereits erwähnte Probst und Richter übersetzen hier „Von der Beschwörung (Exorzismus) Besessener". Ein nicht näher identifizierbarer Jürgen Althoff schreibt in einer deutschen Übersetzung „von Besessenen, denen ein Geistwesen ausgetrieben werden soll." Die weitere vorliegende Übersetzung ist verbunden mit einer kleinen Kuriosität. Herausgegeben wurde das zweisprachige Büchlein (Latein/Deutsch) über den Exorzismus, in dem diese Übersetzung zu finden ist, vom katholischen Theologen Georg Siegmund, einem Mitglied der Päpstlichen Theologischen Akademie in Rom. Dort ist zu lesen: „Der Exorzismus an den vom Teufel Besessenen." Die Kuriosität besteht darin, dass das Vorwort von einem Pfarrer Ernst Alt verfasst wurde. Alt betont darin, dass es sich beim Exorzismus um ein „notwendiges Instrument der Kirche" handele, welche aber vom Teufel seit 150 Jahren nichts mehr wissen wolle. Alt sah darin eine Gefahr für eine „satanische Durchmächtigung". Ernst Alt ist in Bezug auf Exorzismen keine unbekannte Person ist, da er maßgeblich am Fall Klingenberg als exorzierender Priester beteiligt war; der benannte Fall wird noch Berücksichtigung finden, da er im 20. Jahrhundert – bezogen auf den kirchlichen Umgang mit exorzistischen Handlungen – eine Wende darstellte. Zudem sollte bei dieser Übersetzungsvariante nicht unbesehen bleiben, dass es hier tatsächlich um den Teufel geht und dieser für die Besessenheit verantwortlich gemacht wird. Eine Übersetzung ist immer auch eine Interpretation. Doch zurück zum *Rituale*. Eine eigene Übersetzungsvariante soll aber einleitend nicht vorenthalten werden: *Vom Exorzismus derer, die von Dämonen besessen sind.*

Beschäftigt man sich mit dem Exorzismus im Rahmen des *Rituale* fällt auf, dass 21 Richtlinien angegeben sind, die im Vorfeld der Durchführung des Exorzismus zu beachten sind: Zuvorderst werden konkrete Anforderungen an den Priester gestellt, dieser muss sich durch einen frommen Lebenswandel und durch Klugheit auszeichnen. Ferner muss sein exorzistischer Einsatz von der Kirchenleitung ausdrücklich genehmigt werden. Vorausgesetzt wird zudem ein fortgeschrittenes Alter des Priesters gepaart mit entsprechender Lebenserfahrung. Zudem (2.) solle sich dieser Priester einlesen und möglichst auch exorzistische Praxis vorweisen können (also durchaus eine Art Praktikum bei einem anderen Exorzisten). Nachfolgend (3.) werden die Zeichen einer Besessenheit angegeben und der Priester wird davor gewarnt, nicht zu leichtfertig von einer solchen auszugehen. Genannt werden folgende „Zeichen", um eine Besessenheit von einer Krankheit zu unterscheiden: das Reden in einer Sprache, die der betroffene Mensch nicht gelernt hat (selbst darin zusammenhängend reden und verstehen, wenn jemand anders diese spricht), das Wissen um ferne und verborgene Dinge (Wahrsagerei – wir erinnern uns, frühe Kirchenvertreter sahen dies als durch den Teufel verliehene Kraft, im Gegensatz zur Prophetie), Kräfte, die über den Gesundheitszustand und das Alter der betroffenen Person hinausgehen sowie weitere (nicht genannte) Zeichen, wenn sie gemeinsam auftreten. Der Exorzist wird zudem vor den Täuschungsmöglichkeiten der Dämonen gewarnt, auch könne der Exorzist ermüden oder es könnte so scheinen, dass der besessene Menschen gar nicht besessen sei. Es werden weitere mögliche Täuschungen des Teufels beschrieben, sodass dieser den Besessenen mitunter erlauben könne, die Eucharistie, also das Abendmahl, zu empfangen, und somit fälschlich von einer bereits erfolgreichen Befreiung ausgegangen werden würde. Empfohlen wird außerdem (11.), dass der Exorzismus bestenfalls in der Kirche durchgeführt werde, nur falls der besessene Mensch dazu körperlich nicht mehr in der Lage wäre, könne der Exorzismus zu Hause stattfinden. Auch wird dem Exorzisten geraten (14.) sich vom Dämon nicht in ein Gespräch verwickeln zu lassen; er solle dem unreinen Geist befehlen zu schweigen und nur auf die Fragen des Priesters zu antworten. Allerdings müsse (15.) nach folgenden Dingen gefragt werden: Namen und Anzahl der Dämonen, wann sie eingefahren sind und wann sie gedenken auszufahren. Zu den weiteren Empfehlungen gehört es, dass der Priester befehlend zum Dämon spricht, auch wird zum Einsatz des Weihwassers geraten, um damit das Zeichen des Kreuzes auf den betroffenen Menschen zu bringen. Außerdem (18.) soll der Exorzist den erkrankten Menschen keine Medizin geben, dies solle er den Ärzten überlassen. Geregelt wird ferner, wenn eine Frau exorziert wird (19.), müsse eine weitere (bestenfalls verwandte) Frau anwesend sein. Zu den abschließenden Empfehlungen gehört es (20.), dass der Exorzist nicht mit eigenen Worten, sondern mit jenen aus der Bibel agiere, und schließlich (21.), wenn die Befreiung geglückt ist, müsse der befreite Mensch ermahnt werden, sich von der Sünde fernzuhalten. Der Exorzismus selbst beginnt, in dem der Priester, der dazu bevollmächtigt wurde, beichtet und um Gottes Beistand bittet. Mit dem Chorhemd und einer violetten Stola[45] begegnet er dann dieser besessenen Person. Der Priester eröffnet liturgisch mit dem Zeichen des Kreuzes und besprengt alle Anwesenden mit Weihwasser. Nach einem Vaterunser und der Rezitation von Psalm 54 beginnt die erste Exorzismushandlung. Insgesamt werden im *Großen Exorzismus* vier Exorzismushandlungen ausgeführt, die

[45] *Liturgische Kleidung*
Ursprünglich gab es im Christentum keine liturgische Kleidung. Zwar ist von frühen christlichen Gemeinden belegt, dass sich die Teilnehmerinnen und Teilnehmer eines Gottesdienstes zum Abendmahl festlich anzogen, doch eine Amtskleidung von Bischöfen und Priestern bildete sich erst im vierten Jahrhundert heraus. Dadurch, dass im römischen Reich das Christentum zur Staatsreligion wurde, kleideten sich kirchliche Funktionäre in der Art römischer Beamter. Letztlich übernahmen dies auch die evangelischen Kirchen, die zunächst noch die Kleidungsstücke des katholischen Erbes wie Messgewänder, eine Albe oder die Stola beibehielten (was gerade auch wieder eine Renaissance erfährt). Zudem kleideten sich evangelische Pfarrer ab 1811 im schwarzen Talar, im Stile preußischer Beamter. In den Landeskirchen besteht dies bis heute fort. Das im Text erwähnte Chorhemd ist ein Gewand aus Leinen mit weißen Ärmeln. Es wird von den Priestern über der Soutane, einem schwarzen Gewand getragen, wenn liturgisch gehandelt aber kein Abendmahl durchgeführt wird. Die erwähnte Stola, ursprünglich auch ein Teil römischer Tracht, ist ein Streifen aus Stoff, der in der katholischen sowie in der orthodoxen Kirche verbreitet ist und bisweilen auch in der evangelischen Kirche. Eine Stola ist in liturgischen Farben, etwa in den Farben des Kirchenjahres, gehalten.

Schriftlesungen und Gebete sowie die Ausfahrbefehle beinhalten. Den Abschluss bilden verschiedene Gebete bzw. Bekenntnisse (*Magnificat, Benedictus,* das *Athanasische Glaubensbekenntnis*) sowie verschiedene Psalmlesungen. Das Ritual schließt mit einem *Gebet nach der Befreiung* („Oratio post liberationem").
Zur Erläuterung: Das *Magnifact* oder besser gesagt *Mangificat anima mea Dominum (Meine Seele preist den Herrn)* ist auf Deutsch bekannt als *Lobgesang der Maria* (Lukas 1,46-55) und ist zu finden nach der Ankündigung Jesu Geburt durch einen Engel. Das *Benedictus* (übersetzt: *[sei] gepriesen* bzw. *gesegnet*) ist ein weiterer Lobgesang, nämlich der *Lobgesang des Zacharias* (Lk 1,68-79). Auch dieser stammt aus dem Evangelium nach Lukas. Zacharias ist der Vater von Johannes dem Täufer (von ihm soll Jesus im Jordan getauft worden sein). Nach der Geburt seines Kindes erfolgt der Lobgesang. Schließlich gesellt sich dazu das *Athanasische Glaubensbekenntnis.* Es gehört zu den frühen Glaubensbekenntnissen der Kirche. Lassen wir den Abschluss des Bekenntnisses etwas auf uns wirken (eingedenk dessen, dass katholisch übersetzt allgemein bedeutet):

> [Jesus] ist aufgefahren in die Himmel, er sitzt zur Rechten Gottes, des allmächtigen Vaters, von wo er kommen wird, um die Lebenden und die Toten zu richten. Bei seiner Ankunft müssen alle Menschen mit ihren Leibern auferstehen und werden über ihre Taten Rechenschaft ablegen. Und die Gutes getan haben, werden ins ewige Leben eingehen, die hingegen Böses [getan haben], in das ewige Feuer. Dies ist der katholische Glaube. Nur wer diesen aufrichtig und fest glaubt, wird selig werden können.

Bereits angesprochen wurde, dass Ergänzungen, die während des Pontifikats (Amtszeit als Papst) von Papst Leo XIII. angefertigt wurden, im Jahr 1925 ihren Eingang in das *Rituale* fanden. Vorgeschaltet ist ihnen ein Hinweis, dass es sich dabei um ein Beschwörungsgebet handelt, das gegen Satan und die gefallenen Engel gerichtet ist. Im Gegensatz zum großen Exorzismus darf es von Priestern als auch Laien als Gebet verwendet werden. Da es als ein Gebet zur Befreiung vom Bösen gedacht, kann dies auch im Sinne eines *Befreiungsgebets* gesehen werden. *Befreiungsgebe*t – eine gegenwärtige Bezeichnung für den Exorzismus, auf die wir noch kommen werden. Angegeben wird zu den Ergänzungen von Papst Leo, dass der öffentliche Einsatz einer kirchlichen Erlaubnis bedarf. Die Ergänzungen werden trinitarisch (Vater-Sohn-Heiliger Geist) eingeleitet und es wird zum Erzengel Michael gebetet (wir erinnern uns an den Einsatz eines Erzengels im apokryphen Tobit-Buch zum erfolgreichen Exorzismus). Es folgt eine „Beschwörung" (zitiert nach Probst und Richter):

> Im Namen Jesu Christi, unseres Herrn und Gottes, und auf die Fürsprache der makellosen Jungfrau und Gottesmutter Maria, des heiligen Erzengels Michael, der heiligen Apostel Petrus und Paulus und aller Heiligen (* und gestützt auf die heilige Autorität unseres Amtes) unternehmen wir es voll Zuversicht, die Angriffe des arglistigen Teufels zurückzuschlagen.
> *Wird nur vom Kleriker gebetet.

Es folgen Gebete und Schriftworte mit der abschließenden Bitte, dass der Herr von den „Nachstellungen des Teufels" befreien möge. Wagen wir dazu auch einen Blick in kirchliches Recht: Entsprechend des kanonischen Rechts sind die Befreiungsdienste unter den Sakramentalien erfasst. In der Rechtsnorm Can. 1172 § 1 (gekennzeichnet wird damit das kanonische Recht, also das Recht der römisch-katholischen Kirche) wird angegeben, dass nur jemand „rechtmäßig Exorzismen über Besessene aussprechen" dürfe, wenn er vom Ortsordinarius (im Regelfall vom Bischof der Diözese) eine „besondere und ausdrückliche Erlaubnis erhalten" hat (nach § 2 qualifiziert sich der Priester durch frommen, untadeligen, klugen und gottesfürchtigen Lebenswandel – dies entspricht den einleitenden Bedingungen zum großen Exorzismus im *Rituale Romanum*, so wird deutlich, dass dies Eingang in die katholische Rechtspraxis gefunden hat). Das kanonische Recht normiert damit die Anwendung des großen Exorzismus.

Doch nun zu einer Reihe von Fragen, die man stellen könnte. Warum wird das Ritual auf Latein durchgeführt? Die Idee, die dahinter steht, ist, dass Latein die Sprache geweihten Priester ist. Es ist nicht die Sprache der Laien, also die Sprache der Menschen, die womöglich von einem Dämon bedrängt werden. Kann die betroffene Person auf Latein oder in einer anderen fremden Sprache, die sie nicht gelernt hat, antworten, gilt dies als ein Indiz dafür, dass eine Besessenheit vorliegt. Dass dieses Merkmal nach aktuellen psychologischen Erkenntnissen einen Fallstrick hat, wird uns noch im Klingenberg-Fall begegnen. Wiederum geht es im Rituale um die Aspekte, dass der Priester gebeichtet haben muss und sich auf kein Gespräch mit dem Dämon einlassen soll. Die Konfrontation des Priesters mit seinen eigenen Sünden ist ein beliebtes Motiv späterer Exorzismusfilme. Daneben gestellt ist aber in den historischen Handlungsanweisungen, dass sich der Priester auf keine Diskussion mit dem Dämon einlassen solle. Allerdings soll er, entsprechend dem biblischen Vorbild, die Namen und die Anzahl der Dämonen erfragen, die den Menschen bedrängen. Deutlich ist zudem die christliche Symbolik (schon allein durch die Kleidung und durch die Sprache) sowie die Empfehlung, den Exorzismus in einer Kirche durchzuführen, um den Dämon möglichst im kirchlichen Machtbereich zu bekämpfen. Zudem befasst sich dieses Ritual aus dem 17. Jahrhundert bereits mit Geschlechterfragen sowie mit der Trennung von Krankheit und Besessenheit. Priesterliches Amt und ärztlicher Dienst werden nicht vermischt. Insofern ist die angegebene Einschätzung von Probst und Richter zu verstehen, dass die Form des Exorzismus im *Rituale Romanum* im Gegensatz zu früheren und zu zeitgenössischen einschlägigen Handbüchern überraschend zurückhaltend ist. Tatsächlich ist es wohl einem Buch jener Zeit wohl sogar positiv anzurechnen, einen derartigen Vorgang in irgendeiner Form zu normieren und einen Kriterienkatalog für etwas zu entwickeln, das man nicht versteht.

Exkurs I: Nachzehrerglaube - Der Teufel in Verdacht

Eigentlich wird der Nachzehrer immer wieder zusammenhängend mit dem Vampirglauben betrachtet. Tatsächlich - und da kommen wieder zu Luther - sind die historischen Debatten gar nicht so weit von exorzistischen Auseinandersetzungen entfernt. Schaut man in die Literatur, findet sich bisweilen der Nachzehrer als deutsche Variante des Vampirs, der eher im slawischen Raum vertreten ist. All diese Vorstellungen eint, dass es sich um lebende Leichname handeln soll. Wobei der Nachzehrer im Grab liegen bleibt. Er zieht auf magische Art und Weise seine Familienmitglieder in den Tod nach, daher auch sein Name. Zudem, so schrieb es im 18. Jahrhundert der evangelische Geistliche Michael Ranft, vernimmt man von ihnen das „Kauen und Schmatzen der Toten in den Gräbern". Was damals medizinisch noch unerklärlich war, ist der Aspekt, dass Gase in den Körpern von Verstorbenen für die Geräusche sorgen. Schließlich dringen die Gase durch jede erdenkliche Körperöffnung nach Außen und pressen auch Körperflüssigkeiten hinaus, was vermeintliche Funde frischen Bluts in angeblichen Vampirgräbern erklärt. Doch beim Nachzehrern mischt sich noch hinein, dass der Verstorbene im Grab sein Leichentuch verzehre. Denkbar sind hier tatsächlich Fälle von Scheintot.

Dies stellte im 19. Jahrhundert eine wirkliche Angst dar, die im Lichte moderner Medizin unbegründet ist.

Bild 18: Der lebendig Begrabene.
Dieses Bild, des belgischen Malers Antoine Wiertz, trägt den schaurigen Titel *Der lebendig Begrabene* (1854).

Die Nachzehrer eint meistens, dass sie es nur auf ihre Familie abgesehen haben. In manchen Geschichten wurde ihnen nachgesagt, des Nachts auf den Kirchturm zu steigen und die Glocken zu läuten. In blumigeren Geschichten bewegen sie sich tatsächlich aus ihrem Sarg heraus, sodass dann davor gewarnt wird, mit ihnen das Gespräch zu suchen (wir erinnern uns an die Warnung für Exorzisten sich von Dämonen in ein Gespräch verwickeln zu lassen). Klar ist, wie auch beim Vampir, dass der Körper des Verstorbenen zerstört werden muss, damit dieser kein Unheil mehr anrichten kann.
Doch kommen wir wieder zu Luther, der einen Brief seines Schülers Georg Rörer erhielt. Rörer war übrigens der erste evangelische Pfarrer, der ordiniert wurde. In der sogenannten Weimarer Ausgabe sind Luthers Tischreden aufgeschrieben. Folgende Begebenheit ist dort zu finden unter der Nummer 6823:

> Es schreibt ein Pfarrherr M. Georgen Rörer gen Wittenberg, wie ein Weib auf einem Dorf gestorben wäre, und nun, weil sie begraben, fresse sie sich selbst im Grabe, darum wären schier alle Menschen im selben Dorf gestorben. Und bat, er wolle D. Martin fragen, was er dazu riethe. Der Sprach: „Das ist des Teufels Betrügerei und Bosheit; wenn sie es nicht gläubeten, so schadete es ihnen nicht, und hieltens geweiß für nichts anders, denn für des Teufels Gespenst. Aber weil sie so abergläubisch wären, so stürben sie nur immerdar je mehr dahin. Und wenn man solchs wüßte, sollte man die Leute nicht so freventlich ins Grab werfen, sondern sagen: Da friß, Teufel, da hast du gesalzenes! Du betreugest uns nicht!"

Luther glaubte aber eigentlich nicht, dass ein Geist dahinter stünde, der die Menschen plage. Für Luther war es der Teufel persönlich, den Menschen aus Angst anbeten würden. Seine Medizin gegen solches teuflisches Treiben war es, dass dann die Gemeinde in der Kirche zusammenkommen und um die Vergebung ihrer Sünden bitten sollte. Ähnliches ist auch bei Martin Behm (1557-1622) zu finden, einem frühen evangelischen Pfarrer und Kirchenlieddichter. Er versah seinen Dienst in der Oberlausitz.

Im Jahr 1601 erschien von ihm eine Predigtsammlung unter dem Titel *Die drei großen Landplagen, Krieg, Teuerung und Pestilenz*. Darin schrieb er *von etlichen wunderlichen Fällen so sich zu Pestzeiten zugetragen*. Auch Behm hatte zu Pestzeiten erlebt, dass nicht bestattete Leichname Geräusche von sich gaben. Tatsächlich war Behm aber medizinisch auf der Hut. Er riet schon alleine deshalb davon ab, die Leichen zu verstümmeln, da er die Gefahr einer Neuansteckung vermutete. Und auch dahinter sah er den Teufel, der das Ziel verfolge, dass sich nur noch mehr Menschen anstecken würden und auch an den Toten versündigen. Schauen wir, was Behm selbst schrieb:

> Wer das Grab eines solchen todten Cörpers auffmacht und dazu raht und that gibt, das man den todten Cörpers scherzet: der thut ubel und unrecht. Er spottet Gottes im Himmel: er wird des teuffels Knecht, hilfft ihm [...] sein Reich vermehren, thut ubel an todten Lebendigen. Wie er das heut oder Morgen in seinem Gewissen, ja für Gottes Gericht verantworten wolle, da mag er zugeben.

Auffällig ist hierbei, dass die angeblichen Spukphänomene nicht als solche angesehen wurden. Sowohl Luther als auch Behm (der ähnlich wieder Luther argumentierte) sahen dennoch den Teufel als eigentlich Verursacher, der die Menschen durch die Inszenierung eines Spuks in die Sünde triebe. Oftmals blieben die evangelischen Gemeinden mit Fällen mutmaßlichen teuflischen Treibens ziemlich alleine, da die Pfarrer dies als „papistisch“ abtaten, also als einen alten Aberglauben zugehörig zum Papsttum.

Ein Zeugnis für die innerkirchlichen Auseinandersetzungen ist eine Quelle, die von Schwierigkeiten der evangelischen Kirche Siebenbürgens im 18. Jahrhundert berichtet. Siebenbürgen heißt auf Rumänisch Transylvania, es geht also um die angebliche Heimat der Vampire (dies würde den Exkurs zu sehr ins Abseits führen, doch so viel sei gesagt: für ein breites Publikum wurde durch Bram Stokers Roman *Dracula* aus dem Jahr 1897 diese Region zur Heimat der Vampire). Siebenbürgen besitzt eine deutschsprachige Minderheit, die eine eigene Reformation durchlaufen hat und evangelisch-lutherisch geprägt ist. Einem kirchlichen Bericht des Jahres 1726 (überliefert durch den Historiker und Theologen Friedrich Teutsch) ist zu entnehmen, dass ein Pfarrer aus der Ortschaft Langenthal mit Schelker Pfarrbezirk die „Austreibung von Dämonen“ von der Kanzel gepredigt habe. Außerdem habe er andere Pfarrer in „bekehrte“ und „unbekehrte“ eingeteilt, sodass die Kirchenleitung ihn vernehmen wollte.

Die Auseinandersetzungen, wie überhaupt mit dem Thema Teufel und Dämonen umzugehen sei, blieb weiterhin kirchliches Thema. Auffällig ist aber, dass die Diskurse bei Luther und Behm in die Richtung gehen, dass nicht etwa Dämonen für den vorgeblichen Spuk verantwortlich sind, sondern dahinter der Teufel mit allerhand Tricks arbeitet, um die Menschen durch ihre Abwehrmaßnahmen in die Sünde zu führen.

Exkurs II: Hexenglaube - Teufelspakte

Bereits angeklungen ist der *Hexenhammer* des Inquisitors[46] Heinrich Kramer (oder auf Latein Henricus Institoris). Dieses Machwerk aus dem Jahr 1486 war ein früher Beststeller und wurde mehrfach aufgelegt. Das Buch ist die praktische Anleitung zur Hexenverfolgung. Während beim Exorzismus die Opfer dämonischer Angriffe im Blickfeld der Kirche waren, sah man in den Hexen, die keineswegs nur weiblich waren (sowohl Frauen als auch Männern wurde Hexerei vorgeworfen), willige Erfüllungsgehilfen des Teufels und seiner Dämonen. Die Fantasie der Hexenverfolger kannte keine Grenzen, so stellte man sich Hexen vor, die Verkehr mit Dämonen hatten (Incubus und Sucubus - wir erinnern uns) oder sogar mit dem Teufel höchstpersönlich und durch den Geschlechtsverkehr gar einen Pakt mit ihm besiegelt hatten - eine Teufelsbuhlschaft. Dieser Pakt,

---

[46] *Inquisition*
Wenn es ein Kirchenrecht gibt, wie wir festgestellt haben, muss es auch kirchliche juristische Verfahren geben. Dazu gehörte die *Inquisition* (vom Lateinischen *inquisitio*, auf Deutsch *Untersuchung*), die zur Beginn des 13. Jahrhunderts entstand und im 18. Jahrhunderts praktisch von der Bildfläche verschwand. Inquisitorische Verfahren richteten sich gegen Glaubensabweichler, denen der Prozess gemacht wurde. Durchaus wurde bei Verhören die Folter eingesetzt und das Strafmaß erstreckte sich bis hin zur Todesstrafe. Der Tod auf dem Scheiterhaufen konnte somit das Höllenfeuer vorwegnehmen und aus Sicht der Inquisition sogar reinigenden Charakter haben. Doch ist festzuhalten, dass sich nicht nur die Kirche der Inquisition bediente. Exemplarisch gilt hier die *Spanische Inquisition* als brutales Beispiel. Eingesetzt wurde die Inquisition unter kirchlicher Legitimation im Jahr 1478 und fortgeführt bis in das Jahr 1834. Die kirchliche Erlaubnis führte dazu, dass die spanische Krone eigene Exorzisten ernennen durfte. Ebenfalls gab es einen Generalinquistor, der von der spanischen Krone vorgeschlagen und durch den Papst legitimiert wurde. Die Inquisition wurde zudem durch ein eigenes Organ, der *Consejo de la Suprema y General Inquisición*, was übersetzt etwa *Hoher und Allgemeiner Rat der Inquisition* heißt, gewissermaßen institutionalisiert.

wo wurde behauptet, verlieh ihnen Kräfte, sodass sie etwa das Wetter beeinflussen konnten. In Verbindung mit dem „Wetter machen" steht auch eine Vermutung jüngerer Forschung: Die sogenannte Kleine Eiszeit (1303 bis 1850) und damit verbundene Missernten sorgten dafür, dass nach Ursachen gesucht wurde. Auch im Falle des Ausbruchs der Pest wurde vielfach nach einer Verursacherin oder einem Verursacher gesucht. Je nach gültiger Rechtsprechung musste eine entsprechende Anzahl von Zeugen ihre Beweise gegen die verdächtigte Person vorbringen. War diese Person missliebig, kam es schnell zu Aussagen, dass man die Person des Nachts beim Hexentanz gesehen habe. Wiederum bezichtigten sich auch die Angeklagten gegenseitig, um der Strafe zu entgehen. Hexenprozesse sind ein inzwischen vielfach betrachtetes eigenes Thema, doch interessant ist für unsere Betrachtungen die Frage nach dem Teufelspakt. Ein Pakt mit dem Teufel oder gar eine „Teufelsbuhlschaft", also Geschlechtsverkehr mit dem Teufel, damit man zu Vertragspartner wurde, markieren einen Kernaspekt, der aus den Verhören herausgearbeitet werden sollte. Während den Hexen unterstellt wurde, ganz bewusst einen Vertrag mit dem Satan eingegangen zu sein, gerieten in das Blickfeld der Exorzisten mehr jene Menschen, die fahrlässig gehandelt hatten. Also Personen, die keine Hexen waren, sich aber zu sehr mit schwarzmagischen Praktiken, mit Okkultismus oder dem Aberglauben beschäftigt hatten, sodass dies Dämonen als Einfallstor dienen konnte. Hierin unterscheiden sich Hexen- und Dämonenglaube sowie die Praktiken von Hexenverfolgern und von Exorzisten.

Die Hexenprozesse selbst, die nur querschnittartig in diesem Rahmen betrachtet werden können, bestanden oft aus einer ersten „gütlichen Befragung" und einer nachfolgenden „peinlichen Befragung". Letzteres ist herzuleiten vom Wort „pein", also eine schmerzhafte Befragung, die zunächst damit begann, den angeblichen Zauberern und Hexen überhaupt die Folterinstrumente zu zeigen. Nicht nur die Hexenverfolger entwickelten eine blühende Fantasie, auch die reelle Todesgefahr trieb die Menschen, die verhört wurden, zu kreativen Leistungen. Insofern kam es zu Berichten über einen Hexensabbat, bei dem der Teufel persönlich auftrat und eine Umkehr, eine Pervertierung der Heiligen Messe, inszenierte. In weltanschaulichen Gruppen, die sich dem Satanismus zuordnen, wurden Parodien auf die Heilige Messe bisweilen aufgenommen. Vielfach geschah dies aber als Religionskritik oder als Schablone für Hemmungslosigkeit in einem ritualisiert-religiösen Gewand.

Der Fall Klingenberg und die Auswirkungen

Über den Fall Anneliese Michel ist bereits vieles geschrieben worden und in großer Zahl beschäftigen sich Fernsehdokumentationen und sogar Kinofilme damit. Da der Fall aber für den Umgang der katholischen Kirche mit dem Exorzismus eine Zäsur darstellt, darf das Schicksal der Studentin nicht unerwähnt bleiben. Geboren wurde Anneliese Michel im Jahr 1952. Sie wuchs mit ihrer Familie in Unterfranken, in Klingenberg am Main, auf. Ihre Familie war stark katholisch geprägt. Aufsehen erregte der Fall, da Anneliese an den Folgen der Durchführung von 67 Durchgängen des großen Exorzismus starb. In den Jahren 1968 und 1969 erkrankte Anneliese und wurde längere Zeit aufgrund von Lungenentzündung und Tuberkulose behandelt. In dieser Zeit zeigte sich bei ihr eine Epilepsie-Erkrankung. Da sie Teile des Schuljahres verpasst hatte, wechselte sie die Klasse. Dies führte dazu, dass sie weniger soziale Kontakte pflegte, zumal ihre Mutter wohl sehr genau darauf achtete, dass sich Anneliese nicht zu sehr Welt hingab. Die strenge katholische Prägung durch ihre Mutter soll dabei eine Rolle gespielt habe, was sich bei ihr in den 1970er-Jahren abspielte: Im Jahr 1973, als sie zum Wintersemester ihr Studium aufnahm, soll sie begonnen haben Stimmen oder Klopfgeräusche zu hören. Angebliche Stimmen aus der Hölle – davon war sie immer fester überzeugt und sollte darin bald von ihrem Umfeld bestärkt werden. Anneliese studierte katholische Religionspädagogik. Parallel begann sie zu ihrer stärker gewordenen

Erkrankung eine Behandlung in Würzburg, die sie jedoch irgendwann abbrach. Anneliese absolvierte noch im November 1975 die Prüfungen, um die kirchliche Lehrerlaubnis zu erhalten und reichte auch im folgenden Jahr ihre Examensarbeit ein, die sich mit *Angst als religionspädagogische Aufgabe* befasste. Doch ihr Allgemeinzustand war zu diesem Zeitpunkt wohl schon kritisch. Zumal nicht klar ist, ob Medikamente, die ihr verschrieben wurde, auch von ihr eingenommen wurden.

Um nicht nur medizinisch ihren Problemen beizukommen, sollte ihr Glaube parallel eine Stütze sein. Dies entwickelte sich noch einmal sehr konkret ab dem Sommer 1973. Anneliese nahm an einer Wallfahrt zu religiösen Stätten teil, wo sie, so glaubte es zumindest die Gruppenleiterin, aggressiv auf alles Religiöse reagierte, sodass ein Aschaffenburger Priester hinzugezogen wurde. Dieser Priester sah allerdings keine Anzeichen einer Besessenheit bei Anneliese. Einer seiner Kollegen baute aber Kontakt zu Pfarrer Ernst Alt auf (wir erinnern uns an sein Vorwort in einer deutschen Übersetzung des großen Exorzismus). Alt soll zunächst Anneliese motiviert habe, ärztliche Hilfe in Anspruch zu nehmen, womit er sich gänzlich innerhalb der Vorgaben und Empfehlungen des *Rituale Romanum bewegte*. Doch dann wurde der Pater Adolf Rodewyk eingeschaltet. Er galt als Experte für entsprechende Fragen und beriet auch die Deutsche Bischofskonferenz. In seinem Buch *Dämonische Besessenheit heute, Tatsachen und Deutungen* (1966) schrieb Rodewyk circa ein Jahrzehnt zuvor:

> [Ich habe] alles, was ich in der Literatur über Besessenheit finden konnte [...] eingesehen. [Deshalb] bin ich zu der Überzeugung gekommen, daß es einmal gut wäre, einen Besessenheitsfall in seinen Tatsachen und Deutungen in der ganzen Breite vorzulegen, damit sich jeder [...] ein Bild machen kann [...].

Rodewyk galt deshalb als ein Experte, da er von einem Exorzismusfall während des Zweiten Weltkriegs zu berichten wusste; bei einer Krankenschwester habe er einen „Exorcismus probativus“ durchgeführt, einen Probe-Exorzismus. Dies bedeutet: ein stilles Gebet in ihrer Anwesenheit zur Probe, was dazu führte, dass sie, aus seiner Perspektive, „heftig und eindeutig“ reagierte. Während Rodewyk von einer Besessenheit ausging, gelangte Alt im Herbst des 1974 immer mehr zu der Auffassung, es könne sich um eine „Umsessenheit“ handeln, also um Dämonen, die Anneliese von außen bedrängen, aber nicht in sie eingedrungen sind. Alt führte bei Anneliese einen Probe-Exorzismus durch, worauf sie angeblich mit der Zerstörung eines Rosenkranzes reagiert habe. Gemäß des kirchlichen Rechts brauchte es die Erlaubnis des Bischofs, um den großen Exorzismus zu vollziehen. Die Erlaubnis erteilte der Würzburger Bischof Josef Stangl, der von Alt darum gebeten wurde. Zunächst wurde aber ein kleiner Exorzismus am 03. August 1975 durchgeführt. Darauf reagierte Anneliese – den Aussagen nach – sehr seltsam: Sie schlief noch weniger, sie schlug wild um sich, verletzte sich selbst und andere und fügte sich auf unterschiedliche Arten selbst Schaden zu. Später gab Alt an, dass er neuerlich für eine psychiatrische Behandlung geworben hätte. Doch aus Angst, dass Anneliese nach so einer Behandlung nicht mehr ins Lehramt dürfte, hätten die Eltern gebeten, den Exorzismus fortzusetzen. Bereits informierter Rodewyk war nun an der Reihe ein Gutachten zu erstellen, um den großen Exorzismus bei Josef Stangl zu beantragen. Hinzugezogen wurde noch der Pater Arnold Renz, der ebenfalls exorzistisch agieren sollten. Die kirchliche Erlaubnis zur Durchführung des *großen Exorzismus* entsprechend dem *Rituale Romanum* erfolgte am 16. September 1975. Insgesamt wurden 67 Exorzismen an ihr durchgeführt. Auf den Aufnahmen ist zu hören, wie Anneliese mit veränderter Stimme spricht. Der Dämon wird entsprechend dem Ritual nach seinem Namen gefragt, er nennt sich Luzifer, aber auch Menschendämonen wie der Brudermörder Kain oder der Verräter Judas, der römische Kaiser Nero und sogar Adolf Hitler wollen Anneliese Michel besessen haben. So reifte immer mehr die Auffassung heran, dass Anneliese stellvertretend für andere dies alles durchlitt, um diese so vor dem Teufel zu schützen. Vermutet wurde auch ein Fluch, den eine Nachbarin vor ihrer Geburt ausgesprochen habe. Der Exorzismus wurde im Geheimen durchgeführt, sodass Anneliese Michel parallel ihr Studium beenden konnte, was zuletzt immer schwieriger wurde, da Selbst- und Fremdverletzungen stärker wurden. Schließlich starb sie unterernährt am 01. Juli 1976.

Dieser Fall rief die Staatsanwaltschaft auf den Plan, die Anneliese Michel obduzieren ließ. Schließlich wurden Verfahren gegen ihre Eltern, Alt, Renz und Stangl sowie im weiteren Verlauf auch gegen Rodewyk aufgenommen. Der Vorwurf: fahrlässige Tötung. Allerdings wurden gegen Rodewyk als Gutachter und gegen Stangl als genehmigender Bischof die Verfahren eingestellt, da sie keinen persönlichen Kontakt mit der Verstorbenen hatten. Deutlich muss hier dies hervorgehoben werden: Rodewyk, der als kirchlicher Gutachter mit seiner Arbeit maßgeblich zur Genehmigung des Exorzismus beitrug, konnte vor Gericht glaubhaft machen, die Verstorbene nie persönlich gesehen zu haben. Demnach basierte sein Gutachten auf dem, was ihm die Priester mitgeteilt hatten. Die Urteile erfolgten am 21. April 1978. Alt, Renz und Annelieses Eltern wurden zu Haftstrafen von sechs Monaten aufgrund fahrlässiger Tötung verurteilt, die auf drei Jahre zur Bewährung ausgesetzt wurden.

Im Nachgang gab es unterschiedliche Deutungen des Erlebten. Zu den psychologischen Interpretationen gehört, dass sich Anneliese Michel aufgrund ihrer psychischen Disposition und ihrer Prägung entsprechend den Erwartungen eines Exorzismus verhielt, sie praktisch gar nicht anders konnte, da es zu einer Art von Rollenspiel wurde, das sich verselbstständigte, über das sie keine Kontrolle mehr hatte. Aufmerksamkeit erregte zudem ein Buch der US-amerikanischen Ethnologin Felicitas Goodman, die den Fall Anneliese Michel mit verschiedenen Exorzismusfällen aus anderen kulturellen

Zusammenhängen verglich und ein verschriebenes Medikament für den Tod Anneliese Michels verdächtigte, letztlich für ihren Zustand und ihren Tod verantwortlich zu sein. Wissenschaftlich ist ihr Buch umstritten.

Ein weiterer Aspekt, der in der nachfolgenden Diskussion aufkam, war, ob nicht die Exorzisten bewusst Anneliese Michel durch Suggestivfragen etwas in den Mund legten, um gegen die Liberalisierung der Kirche vorzugehen und diesen Fall der Welt als „Beweis“ zu präsentieren, dass der Teufel hinter jenen stecke, die Reformen in der Kirche anstreben.[47] Doch was ist mit den Kriterien für eine Besessenheit entsprechend dem *Rituale Romanum*? Besessene, die in fremden Sprachen reden oder Kräfte entwickeln, die über sie hinausgehen? Wenig berücksichtigt wurde lange Zeit, dass Anneliese Michel Religionspädagogik studiert und in diesem Rahmen auch Einführungen in die biblischen Sprachen hatte. Es sind inzwischen psychische Zustände bekannt, in denen der menschliche Geist beginnt, auf Erlerntes zuzugreifen, was im Alltagswissen nicht verfügbar ist. Auch gibt es immer wieder psychische Ausnahmesituationen und in denen schwer nachvollziehbar körperliche Kräfte aktiviert werden (zu beobachten etwa bei Menschen, die andere Personen in Notsituationen retten). Es ist davon auszugehen, dass solche Phänomene im Fall von Annelie Michel maßgeblich waren.

Doch welche innerkirchlichen Diskussionen löste dieser Schock vom Klingenberg aus? Der katholische Theologe Herbert Haag (1915-2001), der erstmals mit seiner Schrift *Abschied vom Teufel* (1969) seinen Buchtitel zur Parole erhob, stellte in seiner Arbeit

[47] *Kirchliche Reformen – Das zweite vatikanische Konzil*
In den Jahre 1962 bis 1965 fand das sogenannte Zweite Vatikanische Konzil, bzw. das zweite Vatikanum statt. Die Zeichen standen auf Reform, so beschäftigten sich die Teilnehmer damit, wie die Kirche mehr in Verbindung zur sich verändernden Welt treten könne und sich anpassen müsse. Auch wurde das Verhältnis zu anderen Weltanschauungen reflektiert. Zu den wichtigen Entwicklungen gehörten auch liturgische Anpassungen. Zudem wurde erlaubt, dass die Liturgie in der jeweiligen Landessprache gefeiert werden durfte. Zuvor hätte man im katholischen Gottesdienst Latein verwendet.

Teufelsglaube (1974) fest, noch unbeeinflusst vom Klingenberg-Fall, dass der Teufel als Figur nur mehr eine Projektionsfläche darstelle und er nicht mehr als ein verbindlicher Erklärungsansatz für das Böse herhalten könne. Dompropst Christoph Casetti (1943-2020), der vom Schweizer Bistum Chur als „Beauftragter im Befreiungsdienst“ (= Exorzist) bis in das Jahr 2019 eingesetzt war, sah in einem Interview mit der katholischen TAGESPOST in den Arbeiten Herbert Haags den Beginn einer Zäsur dahingehend, dass vom Teufel nur noch symbolisch geredet wurde und dieser aus dem Theologiestudium zunehmend verschwand und infolgedessen auch aus dem pastoralen Dienst. Ebenso wird in einer aktuellen Einordnung der Evangelischen Kirche in Deutschland auf ihrer Homepage erklärt, dass der Teufel für „die meisten Christinnen und Christen“ eine nicht mehr „sichtbar und körperlich erfahrbare“ Figur sei, vielmehr könne der Teufel demnach als eine Art Chiffre für das Böse in der Welt angesehen werden.

Nach dem Tod Anneliese Michels setzte die Deutsche Bischofskonferenz (1979) eine Kommission von Theologen und Humanwissenschaftlern ein; aus diesen Bemühungen heraus entstand eine „Liturgie zur Befreiung vom Bösen“, um Menschen zu helfen, die sich „von der Macht des Bösen in besonderer Weise bedroht fühlen“. Ähnlich wie im *Rituale Romanum* gibt es auch zu dieser Liturgie einleitende Normen: So wird als 6. Punkt angeführt, dass diese Liturgie nur in einem interdisziplinären Team von Priestern und Ärzten vollzogen werden dürfe. Weiterhin (7.) liegt die Zuständigkeit beim Ortsordinarius (also beim Bischof) und die Priester müssen bereit sein (8.), mit dem medizinischen Personal zusammenzuarbeiten: es wird empfohlen, dass sie wenigstens zwei Monate in einer psychiatrischen Klinik hospitieren, um einen gesicherten Eindruck von Menschen zu gewinnen, die von psychischen Krankheiten betroffen sind. Der liturgische Ablauf ist geprägt von Schriftlesungen, (Fürbitten-)Gebeten sowie Segenshandlungen. Abschließend wird unter Norm 27 festgestellt, dass sich dieses Ritual von „Magie und Aberglauben“ dahingehend unterscheide, dass es im „Auftrag der Kirche“ vollzogen werde und auf dem trinitarischen Segen beruhe. Am 1. Oktober 1998 approbierte Papst Johannes Paul II. den *Großen Exorzismus* neuerlich, sodass dieser Eingang in das *Rituale Romanum* aus dem Jahr 1999 fand. Die Normierung wurde noch einmal erweitert (auf 39 Normen) und den jeweiligen Inhalten wurde eine größere Breite gegeben: Zum Beispiel ist unter Punkt 31 eingegeben, dass der Exorzist entsprechend dem Jesus-Wort im Blick behalten müsse, dass manche Dämonen nur durch „Fasten und Gebet“ ausgetrieben werden könnten. Der Große Exorzismus des Jahres 1999 enthält weiterhin imprekative, also beschwörende, Formeln sowie deprekative Formen – also Fürbitten. Doch zuvor, im Rahmen des zweiten Vatikanums, wurde auch festgelegt, keine „Sachexorzismen“ mehr durchzuführen, also nicht Gegenstände von vermeintlichen Dämonen befreien zu wollen.

Diese Entwicklungen führten dazu, dass im Falle von Exorzismen die katholische Kirche sehr viel enger mit Psychologinnen und Psychologen bzw. Psychiaterinnen und Psychiatern zusammenarbeiten soll. Es folgt die Zusammenfassung einer Stellungnahme verschiedener katholischer Theologinnen und Theologen, die im Rahmen der Recherchen zur Verfügung gestellt wurde: Diese Stellungnahme wurde im Jahr 2006 verfasst; darin wird anerkannt, dass das „Böse [...] eine furchtbare Realität“ darstellt. Dennoch aber eine „Rede vom Teufel oder von der Personalität des Bösen“ nur eine Art „Verstehenskategorie und Deutungshilfe“ sei; diese Betrachtung könne wiederum, so die Autoren der Stellungnahme, bei einer „Verständigung über Ursprung, Wesen und Bewältigung des Bösen“ dienlich sein. Es wird in der Stellungnahme anerkannt, dass sich Menschen subjektiv als „besessen“ erleben können, es aber keine objektiven Kriterien dafür gäbe, da auch humanwissenschaftliche Erklärungsmuster für derartige Symptome vorliegen. Selbst die „immer wieder genannten Anzeichen“, wie etwa im *Rituale*, seien in der Summe unzureichend, um eine Besessenheit anzunehmen, weshalb es das

Ziel sein müsse, Menschen, die sich als besessen erleben, „einer eventuellen Therapie zuzuführen“. Zum „traditionelle[n] Großen Exorzismus“ wird festgehalten, dass er „in unserem Kulturkreis nicht mehr als angemessene Form liturgischer Hilfe gelten“ könne, was auch im Jahr 1984 eine von der Deutschen Bischofskonferenz bestellte Kommission festgestellt habe und daher eine „Liturgie zur Befreiung vom Bösen“ vorschlug. Notwendig sei die Erinnerung daran, dass durch Jesus Christus der Sieg über das Böse bereits errungen ist. Die „imprekative (imperative) Gebet[sform]“, also das direkte Anreden des Teufels, wirke bestenfalls „magisch“ und eine Anrede von „Teufel und Dämonen“ sei somit in einer „gottesdienstlichen Feier“ zu unterlassen; „Adressat eines Gebets um Befreiung kann nur Gott sein“. Angesichts dessen scheint nur die „deprekative (fürbittende) Form“ als angemessen, um einem Menschen zu helfen, der nach Unterstützung sucht.

Exorzismus – Seelsorge und (Religions-)Psychologie

In Rumänien begegnete mir vor einigen Jahren ein Pfarrer und Humorist aus der rumäniendeutschen Minderheit der Siebenbürger Sachsen. Er erzählte mir, dass er zu Zeiten des dortigen Nationalkommunismus an einem Humor-Wettbewerb teilgenommen habe. Da Kommunismus, Religion und Kirche einander nicht gerade zugeneigt waren bzw. lokale Parteifunktionäre wohl Mühe hatten, einen Pfarrer auf der Teilnehmer zu entdecken, entschied sich der Veranstalter kurzerhand „Psychiater“ als Beruf für den Pastor aufzuschreiben. Warum? Da ein Pfarrer immer auch Seelsorger ist. Der Begriff ψυχή (Psyche) steht altgriechisch für die *Seele* und ἰατρός (Iatros) ist der *Arzt*. Somit wurde aus dem Seelsorger ein Seelenarzt, ein Psychiater. Die christliche Seelsorge kann vieles umfassen. Grundsätzlich kann sie christliche Lebensberatung im Gemeindekontext bedeuten, aber eben auch Begleitung – Sterbebegleitung, Trauerarbeit oder auch Eheberatung. In den letzten Jahrzehnten hat sich die seelsorgerliche Ausbildung immer weiter professionalisiert. Zwar handelt es sich bei Seelsorge nicht um eine Form der Therapie, dennoch werden zunehmend auch psychotherapeutische Erkenntnisse berücksichtigt. Zudem gibt es Bereiche der Spezialseelsorge wie etwa in Krankenhäusern, Gefängnissen und auch Polizei- und Feuerwehrseelsorge. Standortpfarrerin und -pfarrer bei der Bundeswehr sind Militärseelsorgerinnen und -seelsorger. Insbesondere im Bereich der Notfallseelsorge gibt es eine Einbindung in den Apparat der psycho-sozialen Unterstützung, etwa bei Unfällen oder bei der Übermittlung von Todesnachrichten – und eben auch bei der Nachbetreuung der Einsatzkräfte nach belastenden Einsätzen.

Beim Blick in die Geschichte erfuhren wir, dass sich evangelische Gemeinden vielfach alleingelassen fühlten, wenn sie sich (denken wir an die Zeit der Reformation zurück) vermeintlich dem Bösen gegenüberstehen sahen. Ihre Pfarrer taten dies als „papistisch" ab – kein Geist würde die Gemeinden bedrängen. Dies wurde vielfach als Aberglaube lächerlich gemacht. Dennoch ist davon auszugehen, dass die Betroffenen eine reale Angst spürten und damit ist eigentlich die Seelsorge ganz deutlich angefragt.

Aus dem deutschen Protestantismus ist ein besonderer Fall von dämonischer Besessenheit oder Umsessenheit und dessen Überwindung bekannt geworden. Auch wenn wir uns damit zeitlich erneut zurückbewegen, soll dieser Fall nicht unerwähnt bleiben. Denn für die Fachliteratur blieb hier die Frage, ob es sich dabei um Seelsorge oder um Exorzismus handelte. Akteur dieses Falls war Johann Christoph Blumhardt (1805-1880), der vermeintlich als Exorzist tätig wurde. Er war Pfarrer und lebte zu Zeiten der schwäbischen Frömmigkeitsbewegung, des Pietismus. Eine junge Frau aus seiner Gemeinde erkrankte und Blumhardt sei davon überzeugt gewesen, dass hier Dämonen am Werke wären. Daher orientierte er sich an den biblischen Texten und betete und fastete bzw. verordnete auch letzteres. Blumhardt verfasste proaktiv einen Bericht an die Kirchenleitung und er schrieb über die 28 Jahre alte unverheiratete Frau, die von Krampfanfällen geplagt wurde. In seinem Bericht ist über ein Ereignis an Weihnachten 1843 folgendes zu lesen:

> Um 2 Uhr morgens brüllte der angebliche Satansengel, wobei das Mädchen den Kopf und Oberleib über die Lehne des Stuhls zurückbog, mit einer Stimme, die man kaum bei einer menschlichen Kehle für möglich halten sollte, die Worte heraus: „Jesus ist Sieger!" [...] Nun schien die Macht und Kraft des Dämons mit jedem Augenblicke mehr gebrochen zu werden. [...] Das war der Zeitpunkt, da der zweijährige Kampf zu Ende ging.

Dass die Ereignisse um Johann Christoph Blumhardt und sein Gemeindemitglied unterschiedlich gedeutet werden können, verdeutlicht die Biografie Blumhardts von Dieter Ising (S. 153):

> Blumhardt als Exorzist? Man möge die Assoziationen, die sich beim Lesen dieser Sätze einstellen, kritisch prüfen. [...] Blumhardt vollführt keine exorzistischen Handlungen; er rezitiert keine vorgegebenen Texte, etwa aus dem Rituale Romanum. [...] Gewöhnlich spricht er ein freies Gebet, zu dem er auch Gottliebin auffordert. Nicht Exorzismus, sondern seelsorgerliche Begleitung ereignet sich.

Die Einschätzungen Isings verweisen auch auf die Schwierigkeit der Verortung exorzistischen Handelns innerhalb des theologischen Fächerkanons. Daher soll hiermit zunächst diese Verortung erfolgen: Der Exorzismus ist im Rahmen der katholischen Theologie als *Sakramentalie* vereinfacht gesagt den Heilungs- und Segnungshandlungen zugeordnet. Tatsächlich zeigt sich, dass der Exorzismus in Verwandtschaft zum Sakrament der Krankensalbung steht, die auch als „letzte Ölung" bekannt ist und ebenfalls vor dem Bösen schützen soll. Krankensalbungen orientieren sich an einem biblischen Wort (Jakobus 5,13-16):

Das Gebet für die Kranken
13 Leidet jemand unter euch, der bete; ist jemand guten Mu-
tes, der singe Psalmen. 14 Ist jemand unter euch krank, der
rufe zu sich die Ältesten der Gemeinde, dass sie über ihm be-
ten und ihn salben mit Öl in dem Namen des Herrn. 15 Und
das Gebet des Glaubens wird dem Kranken helfen, und der
Herr wird ihn aufrichten; und wenn er Sünden getan hat,
wird ihm vergeben werden. 16 Bekennt also einander eure
Sünden und betet füreinander, dass ihr gesund werdet. Des
Gerechten Gebet vermag viel, wenn es ernstlich ist.

Deutlich wird also hier, dass der Dienst am Kranken eigentlich zur Verringerung der Gottesferne gedacht ist, damit die erkrankte Person ihr Gottesverhältnis klären, also die Sünde verringern kann. Doch inwiefern hängen Seelsorge und Exorzismus zusammen? Während aktuelle seelsorgerliche und religionspsychologische Literatur bisweilen davor warnt, mit den Begriffen von Geistern und Dämonen zu operieren, da sie in Menschen etwas auslösen können, wurden historisch andere Geschütze aufgefahren. In der historischen evangelischen Seelsorge-Literatur widmete sich beispielsweise Eduard Thurneysen (1888-1974) dem Exorzismus in seiner Seelsorgelehre, wobei darin der Exorzismus in erster Linie metaphorisch zu verstehen ist. Unter der Überschrift Seelsorge als Exorzismus erläutert Thurneysen:

> Hinter der Gefangenschaft des Menschen unter der Sünde sieht die Heilige Schrift ein unsichtbares Reicht böser Geister […]. […] Wo Vergebung der Sünden ist, da ist Satans Reich zu Ende.

Bei Thurneysen findet sich der Gedanke des Herrschaftswechsels durch die Neuausrichtung des Lebens durch die Vergebung – „letztlich [ist dies] zu verstehen als Exorzismus“. Zudem wird deutlich, dass Thurneysen die Themenfelder des sogenannten Aberglaubens, aber auch der Zauberei und des Spiritismus allgegenwärtig in der Seelsorge wahrnahm. Zudem werden in den Ausführungen die Erfahrungen Blumhardts aufgegriffen und als seelsorgerlichen Umgang mit einer Krankengeschichte verstanden – aber dennoch wird „die große Erfahrung göttlicher Hilfe im Streit gegen die dunklen Mächte“ betont. Zudem fällt auf, dass sich Thurneysen warnend mit der Anthroposophie Rudolf Steiners und dem darin verankerten „Geister- und Dämonenglauben“ beschäftigte. Als Seelsorger sollte man sich, empfiehlt Thurneysen, auf keine weltanschaulichen Gespräche betreffend „übersinnliche[r] Dinge“ einlassen, sondern das Gespräch auf den Boden der Bibel stellen. Somit kann davon ausgegangen werden, dass diesem Seelsorgeverständnis der Disziplin auch Komponenten der Weltanschauungsarbeit zugesprochen werden. Thurneysen:

> [Seelsorge, die] der Ausrichtung des Sieges [u.] Barmherzigkeit Christi zu dienen hat [...] wird zum Kampfgespräch.

Der Psychotherapeut Manuel Krenzlin führte in seiner Arbeit unter dem Titel *Exorzistische Handlungskonzepte in Beratung, Seelsorge und Therapie* (2007) aus, dass im landeskirchlichen Bereich bei entsprechenden Anfragen „je nach Situation mit Gebeten“ sowie mit „Weiterleitung an psychologische Beratungsstellen, Psychotherapeuten oder Psychiater“ reagiert werden würde (Seite 43). Und tatsächlich wird in der Psychologie der Exorzismus nicht außer Acht gelassen. Nach dem Tod der Religionspädagogikstudentin Anneliese Michel beschäftigte dieser Fall nicht nur die deutschen Gerichte. Auch aus psychiatrischer und (religions-) psychologischer Perspektive wurden Exorzismen stärker in den Blick genommen. Insofern wird medizinisch heute im Fall Michel nicht von einer Besessenheit ausgegangen, sondern von einer epileptischen Erkrankung. Diese Erkrankung wurde von ihrem „religiöse[n] Milieu“ als eine dämonische Inbesitznahme verstanden. Aufgrund dessen sei eine „Psychodynamik“ entstanden. „Die Kranke, die Angehörigen und der Exorzist teilten dieselben psychotischen Grundüberzeugungen“, was letztlich den „Zustand der Besessenheit“, der „einer Psychose“ ähnele, induziert habe. Derartige Trance- und Besessenheitszustände finden sich im *International Statistical Classification of Diseases and Related Health Problems* (ICD):

> *F44.3 Trance- und Besessenheitszustände – Info:*
> Bei diesen Störungen tritt ein zeitweiliger Verlust der persönlichen Identität und der vollständigen Wahrnehmung der Umgebung auf. Hier sind nur Trancezustände zu klassifizieren, die unfreiwillig oder ungewollt sind, und die außerhalb von religiösen oder kulturell akzeptierten Situationen auftreten.

Der evangelische Religionspsychologe Michael Utsch zeigt auf (in einem Reader zum Exorzismus der Evangelischen Zentralstelle für Weltanschauungsfragen, S. 28 bis 33), dass lediglich „1 Prozent der Allgemeinbevölkerung und 5 Prozent der psychiatrischen Patienten von einer dissoziativen Identitätsstörung betroffen“ sind. Utsch verweist auf den Schweizer Jesuiten und Psychiater Ulrich Niemann (1935-2008), der während seiner Berufstätigkeit von „25 Jahren [...] nur 15 Menschen fachlich-seelsorgerlich begleitet habe, die sich als vom Bösen überwältigt erlebt“ hätten. Dies bedeute, dass sich in etwa 90 Prozent der Fälle „andere Ursachen für die psychischen Probleme“ ergaben; insofern plädiert Utsch für eine gründliche Diagnostik. Aus psychiatrischer Sicht weist Michael Utsch auf die fachliche Empfehlung hin, „religiöse Aspekte, die sich auch in subjektiven Krankheitsmodellen ausdrücken können“ deutlicher in den Blick zu nehmen. Utsch plädiert im Rahmen der (interkulturellen) Seelsorge dafür, das „Weltbild des Betroffenen“ zu berücksichtigen und den „Umgang mit dem Bösen“ systematisch-theologisch zu reflektieren. Zudem betont er (Seite 32):

> Generell gebührt dem Bösen keine übertriebene Aufmerksamkeit – nicht umsonst kommt es in keinem Glaubensbekenntnis vor. Ein wichtiger Schritt auf dem Weg zu einem angemessenen Umgang mit dem Thema Besessenheit kann darin bestehen, die Wirklichkeit der Engel, also der guten Mächte Gottes, wiederzuentdecken.

Als problematisch wird zudem vielfach in der Fachliteratur angesehen, dass es sich beim Exorzismus um keine „integrative" Methode handelt. Während heute einige psychotherapeutische Verfahren mehr darauf hinwirken würden, Persönlichkeitsanteile zu integrieren, sorgt gerade der Exorzismus dafür, etwas als „fremd" und nicht zugehörig wahrzunehmen und dies auch so zu behandeln.

Dennoch zeigt der Blick in katholische Länder, dass vielfach – entsprechend den Änderungen innerhalb der katholischen Kirche nach dem Fall von Klingenberg – Psychotherapie und Theologie zusammenarbeiten, wenn jemand subjektiv von einer Besessenheit ausgeht. In Polen ist beispielsweise ein psychologisches Gutachten erforderlich, bevor ein Exorzismus durchgeführt wird. Auch kann die Zusammenarbeit ein „Abholen" sein, dort wo die Patientin bzw. der Patient gerade steht. Dem Ansatz von Michael Utsch folgend, kann auch dies den Raum öffnen, den Blick – neben der subjektiven Bedrängung durch das „Böse" – auf das Gute zu lenken. Wir denken an die bösen und an die guten Engel bei Thomas von Aquin. Neben allem Bösen in der Welt, von dem man sich durchaus bedrängt fühlen kann, darf das Gute nicht vergessen werden, das genauso existiert.

Kleines Glossar exorzistischer Begrifflichkeiten

Kein Fachbereich ohne Fachsprache. Fachsprachen haben sich etabliert, um sich einerseits von einer nicht-fachlichen Community abzugrenzen und andererseits, um sich noch differenzierter über das Betrachtungsfeld austauschen zu können. Nachdem nun im Rahmen dieses Buches verschiedene Hintergründe des Exorzismus erläutert werden, sollen hiermit noch einmal zusammenfassend Elemente der einschlägigen Fachsprache aufgegriffen werden – als „Wiederholung" sozusagen.

Zunächst ist der grundlegende Begriff „Exorzismus" aus fachlicher Sicht noch einmal zu klären. Im *Handwörterwörterbuch Religion in Geschichte und Gegenwart* (4. Auflage) ist dazu dies angegeben: Es handelt sich bei dem Begriff um eine Latinisierung des griechischen Terminus ἐξορκισμός – auf Deutsch übersetzt heißt dies „Hinausbeschwörung". Gemeint sind damit „Handlungen, deren Ziel es ist, psychische, soziale oder materielle Störungen zu beseitigen". Als Grund für diese Störungen wird die „Anwesenheit unerwünschter Geister" angenommen. Im Falle des Exorzismus geht es um eine weltweit vorkommende rituelle Praxis (nicht nur im Christentum), bei welcher sich „der Exorzist in direkte Kommunikation mit dem Geist" begibt. Im christlichen Sinne ist daher von einer „Teufelsaustreibung" oder einer „Dämonenaustreibung" die Rede.

Doch kann hier differenziert werden (diese Differenzierung findet sich in *Apage Satana! Das Brevier der Teufelsaustreibung, Historische Fälle bis zur Gegenwart* von Jean-Baptiste Delacour): Eine *Umsessenheit*, bzw. eine „satanische Oppression", kann vorliegen, wenn auf das Opfer von außen supranaturale Belastungen einwirken. Eine solche *Oppression*, ein Drücken/Pressen, führe – gemäß einschlägiger Literatur – dazu, dass diese Einwirkung „schwer auf dem Körper laste und den Menschen daran" hindere, dass er aufstünde oder sich ankleide (beispielhaft wird die Heilung einer verkrümmten Frau am Sabbat durch Jesus genannt; Lukas 13,10-16). Bei einer *Obsession* (Besessenheit) wird davon ausgegangen, dass „von innen kommende Angriffe“ stattfinden, so seien „Opfer [...] in einem fortwährenden Zustand der Niedergeschlagenheit“. Bei einer „dämonische[n] Besessenheit“ läge demnach schließlich die „wirkliche Anwesenheit eines Dämons im Menschen“ vor, so dass dieser seine „personale Autonomie und seine Willensfreiheit“ verliere. Zudem gibt es die „teuflische Infestation“ (lateinisch *infestare = angreifen*), worunter zu verstehen ist, dass eine „teuflische Belästigung von Gegenständen oder Örtlichkeiten und auch Tieren“ stattfände. Als Grund für teuflisches und/oder dämonisches Eindringen werden Versuchungen angegeben, welchen die Menschen erliegen und woraufhin sie okkulte „Bindungen“ eingegangen sind .

Hierzu lassen sich zudem auch „okkulte Belastungen“ zählen, also die Annahme, dass die Anwendung okkulter Praxen als Einfallstor für das Einfahren des Teufels oder der Dämonen diene. Von der katholischen Kirche in Polen gibt es sogar eine Liste mit möglichen Gefahrenquellen. Der Theologe Helge Stadelmann hat sich im Rahmen einer Veröffentlichung mit okkulten Herausforderungen in der Seelsorge beschäftigt. Darunter fasst er magische Handlungen, Praktiken der Esoterik, „Hexenglaube - Satanismus - Spiritismus“, Wahrsagerei und auch „sexuelle Okkultphänomene“, wozu er Vorstellungen körperlicher Sexualdämonen wie Succubus (weiblich, hat es auf Männer abgesehen) und Incubus (männlich, hat es auf Frauen abgesehen) heranzieht - „Phänomene sexueller Verbindungen zwischen Menschen und übernatürlichen Wesen“.

Monsignore Stephen Rossetti, Priester, Psychotherapeut und leitender Exorzist der Erzdiözese Washington (USA), betont dies ebenfalls in seinem aktuellen Buch (siehe Literaturempfehlungen) - mit einem Verweis auf Deuteronomium 18,10-12 -, worin Wahrsagerei, zauberische Praktiken oder Totenbefragungen unter Strafe gestellt werden. Mit Verweis auf den Rechtskodex der katholischen Kirche erläutert er, dass darunter auch Astrologie, Handlesen oder die Inanspruchnahme eines Mediums, um etwa mit Verstorbenen Kontakt aufzunehmen, zu fassen sind (CCC 2116-2117/CCC meint das kanonische Recht). Abschließend ist anzumerken, dass der *terminus technicus* „Exorzismus“ sowohl im deutschsprachigen Katholizismus (insbesondere in den Diözesen in Österreich) als auch im freikirchlichen Spektrum dem „Befreiungsdienst“ (international auf Englisch auch deliverance/Befreiung) weitgehend gewichen ist (bzw. ist in den Diözesen Österreichs die Bezeichnung *Beauftragte im Befreiungsdienst* in Verwendung).

Exorzismus – Schlussbetrachtungen: Medialisierung einer Praxis

Nachdem wir bestens vorbereitet sind durch diese kulturgeschichtlichen Entdeckungsreise, geht es abschließend um die Medialisierung der Praxis des Exorzismus. Dieser Teil fällt im Vergleich weniger umfangreich aus und ist als Schlussbetrachtung gedacht – schließlich könnte er ein eigenes Büchlein füllen, denn es gibt derlei viele filmische Auseinandersetzungen mit dem Exorzismus. Im Folgenden gibt es einen Überblick über verschiedene Filme und Motive, die aufgegriffen werden. Tatsächlich sind die Auseinandersetzungen mit teuflischem Wirken fester Bestandteil der Literatur, geprägt durch den christlichen Einfluss. Die Nonne und Mystikerin Hildegard von Bingen erdachte beispielsweise im elften Jahrhundert in ihrem Mysterienspiel *Ordo Virtutum* (zu Deutsch etwa *die Ordnung der Tugenden*) ein Stück zum Einfluss des Teufels. Mit der Zeit entwickelte sich aus dem christlichen Motiv eine weltliche Figur. Im britischen Theater entstand beispielsweise die Figur des *Vice*, was sich mit „Laster" übersetzen lässt (vom Lateinischen *vitium*, was „Fehler" bedeutet). Im *Vice* war die Sünde in Form einer Person dargestellt. War es im Mysterienspiel noch der Teufel selbst, wurde im Vice das Böse immer mehr zu einer menschlichen Gestalt und regelrecht zum Antagonisten.

Auf der Leinwand tritt der Teufel erstmals im Rahmen von Bibelverfilmungen oder auch in bibel-artigen Filmen prominent in Erscheinung: Im Jahr 1920 drehte der dänische Regisseur Carl Theodor Dreyer den Stummfilm BLÄTTER AUS DEM BUCHE SATANS. Der Teufel treibt auf Erden allerlei Unfrieden. Im ersten Teil von vier Episoden, die diesen Film bilden, geht es um den Leidensweg Jesu Christi. Über Judas gelingt dem Teufel das, was wir aus der Bibel kennen. Der Weg führt ans Kreuz.

Im Jahr 1971 veröffentlichte der US-amerikanische Autor William Peter Blatty seinen Roman Der Exorzist. Bereits im Jahr 1973 kam dieser Film unter der Regie von William Friedkin in die Kinos. Der Film beinhaltet alles, was zu einem echten Exorzisten-Film gehört. Na klar, er ist auch die Schablone für viele Nachahmer: Die Tochter einer Schauspielerin findet ein Hexenbrett, ein sogenanntes *Quija-Board* – eine okkulte Belastung (den Begriff kennen wir nun). Dadurch ergreift ein Dämon von ihr Besitz. Doch eine Besessenheit zeichnet sich noch nicht so rasch ab und sie wird psychologisch und psychiatrisch untersucht. Die Maßnahmen helfen nichts und es kommt zu Wahrsagerei, Verrenkungen, viel Geschrei und einem Reden in fremden Stimmen. Einer der Ärzte empfiehlt, vielleicht doch einen Priester hinzuzuziehen, was natürlich zunächst als Unfug abgetan wird. Doch da nichts hilft, tritt die katholische Kirche auf den Plan. Ein Jesuit, also ein Priester aus einem Orden, der bei archäologischen Grabungen einmal auf eine Pazuzu-Figur gestoßen ist (am Rande wurde Pazuzu erwähnt, er stammt aus der Mythologie Mesopotamiens), nimmt sich schließlich der Sache an. Und dann wird der große Exorzismus durchgeführt. Ebenfalls mit einem Überspringen des Dämons auf eine andere Person – also das volle Programm.

In den Jahren 2004 und 2005 entstanden mit Exorzist: Der Anfang und Dominion: Exorzist – Der Anfang des Bösen zwei Prequels. Es sind Verfilmungen, die auf der gleichen Idee beruhen. Es zeigt die erste Begegnung des Jesuitenpaters mit dem Dämon in Ostafrika. Auch hier bildet sich etwas heraus, das zum festen Bestandteil von Exorzismus-Filmen gehört: Der Exorzist wird durch den Dämon mit seinen eigenen schlimmen Erlebnissen und womöglich seiner Schuld konfrontiert.

Zu einer ähnlichen Zeit entstanden auch zwei Verfilmungen des Falls um Annelise Michel. Zunächst der Spielfilm Der Exorzismus von Emily Rose (2005) und dann, durch den deutschen Regisseur Hans-Christian Schmid, Requiem (2006). Schmid zeigt in seiner Arbeit die Spirale des religiösen Wahns, die sich immer weiter zuspitzt. Hingegen ist die Geschichte von Emily Rose eine freiere Interpretation des Vorbilds.

Im Jahr 2011 erschien starbesetzt mit Anthony Hopkins der Film The Rite – Das Ritual. Dieser Film spielt auf einen Aspekt an, dem in den Betrachtungen in diesem Buch kein großer Raum eingeräumt wurde: Seit einigen Jahren bietet die katholische Kirche in Rom wieder Kurse für den Exorzismus an. Diese Kurse werden auch über eine internationale Vereinigung exorzistisch tätiger Priester organisiert und koordiniert. Dass dies im Buch ausgespart wurde, hat folgenden Grund: Es gibt zu diesem Thema vieles zu finden, was nach Kuriosität schreit. Tatsächlich handelt es sich jedoch um theologische Fortbildungen, da theoretisch jedes Bistums (eine Organisationsgröße der katholischen Kirche) einen Beauftragten im Befreiungsdienst vorhalten sollte, was aber längst nicht der Fall ist.

Doch direkt an den Vatikan angekoppelte Exorzismen gehören inzwischen zu einem beliebten Thema des Genres. Im Jahr 2021 erschient mit The Seventh Day ein Film über einen leitenden Exorzisten des Vatikans, der selbst vom Teufel besessen ist und Dämonen austreibt, um von seiner Machtposition abzulenken (war da nicht etwas mit der Beelzebul-Kontroverse? Blättern Sie ruhig noch einmal zum Abschnitt mit dem Neuen Testament zurück – dies erlaubt auch einen spannenden Alternativblick auf die Kontroverse). Mit The Devil's Light im folgenden Jahr (2022) geht es wieder um die katholische Exorzistenausbildung, hier lässt sich eine Nonne als erste Frau zur Exorzistin ausbilden.

Jüngst (2023) erschien auch The Pope's Exorcist. Russel Crowe spielt darin den Exorzisten Gabriele Amorth (1924-2016), der tatsächlich „Chef-Exorzist" im Vatikan war und einige Bücher veröffentlicht hat.

Und nun schließt sich ein Bogen zum Anfang: Im Oktober 2023 kam Der Exorzist – Bekenntnis als nunmehr sechster Teil der Filmreihe (neben zwei Romanen und einer Fernsehserie) in die Kinos. In dieser neusten Interpretation des Stoffes wird der Bogen weltanschaulich weiter gespannt. Dämonenaustreibungen anderer Religionen, zumal sich der Priester verweigert, werden angeführt. Tatsächlich ist es ja auch eine Praxis, die in anderen weltanschaulichen Kontexten vorkommt. Ebenfalls wird auch das Glaubensbekenntnis angesprochen und die Leerstelle – Jesu Abstieg in die Hölle.

Gehen wir noch einmal in der Zeit zurück. Wir gehen zurück in die 1970er-Jahre. Wir befinden uns auf dem Londoner *Highgate Cemetery*. Der Friedhof ist zu dieser Zeit verwildert, gar unheimlich sieht er aus. In einer Zeitung veröffentlicht ein Mann namens David Farrant, Präsident der *British Occult Society*, einen Leserbrief, dass er eine große graue Gestalte auf dem Friedhof habe herumschleichen sehen. Er fragt in seinem Leserbrief, ob noch jemand diese Sichtung bestätigen könnte. Alsbald meldet sich darauf Sean Manchester. Er ist selbsternannter Priester und Bischof einer Kirche, die sich *British Old Catholic Church* nennt. Er schreibt in seinem Antwortbrief, dass er die große graue Gestalt für einen rumänischen Vampirgrafen hält, der von Satanisten zum Leben erweckt worden sei. Zudem mischt sich noch ein Geschichtslehrer ein, der (wie passend) Allan Blood heißt. Gewisser Mister Blood zettelt eine Vampirjagd auf dem Friedhof an, die medial begleitet wird. Mit einem Kruzifix und einem Pflock will er den Grafen dingfest machen. Dieser Vorfall erregte ein großes Medieninteresse. In einem Aufsatz weist die Religionswissenschaftlerin Anna-Katharina Höpflinger darauf hin, dass die selbsternannten Vampirjäger und Exorzisten nur wussten, was zu tun ist, weil sie es in Filmen gesehen hatten. Ebenso entsprach der *High Cemetery* gängigen Vorstellungen eines verfluchten Ortes. Vorstellungen, die ebenjenen Filmen entsprungen waren. Der *High Cemetery* wurde durch die aktionsfreudigen Menschen, die des Nachts – von Kameras begleitet – den Friedhof stürmten, um nach allerhand Bösem Ausschau zu halten, in Teilen verwüstet. Eine Geisterjagd mit Eventcharakter.

Die Filme, in denen Exorzisten umherziehen, um den Teufel und seine Schergen mit dem Kruzifix zu bannen, bedienen sich an der biblischen Tradition sowie an der institutionalisierten Praxis des Exorzistenamtes. Die Priester der Exorzismus-Filme, auch wenn sie mitunter Glaubenskrisen durchleben, sind Diener Christi, Diener Gottes, die gegen den Teufel als Antagonisten vorgehen. Sie sind sozusagen Frontkämpfer im übernatürlichen Kampf. Ein Kampf, der durchaus theologisch kontrovers diskutiert wurde und wird: zum Beispiel, warum ein Exorzist einen Dämon „anbeten" kann, die imprekativen Gebete, der Ausfahrbefehl. Schließlich sind Gebete an Gott adressiert bzw. es werden Heilige der katholischen Auffassung nach angerufen.

Neben all diesen Inkarnationen des Themas auf der Kinoleinwand, die ein über 2000-jähriges Erbe in eine phantastische Form pressen, gibt es inzwischen auch allerhand YouTube-Kanäle, wo mehr oder weniger qualifizierte Personen über Dämonen und über dämonische Um- und Besessenheiten sprechen. Auch hier geben sich diese abschließenden Betrachtungen mit dem Anfang die Hand: Hierin liegt tatsächlich eine Gefahr. Nämlich das Risiko, dass sich psychisch-labile Personen, darüber selbst diagnostizieren. Zumal sich der Diskurs im Internet zwischen Zustimmung und Ablehnung bewegt – Reaktionen, die sowohl von der Seite der Skepsis als auch von der Frömmigkeit kommen. Im letzteren Fall darf nicht vergessen werden: So wie zu Zeiten der Reformation, wo sich die Gemeinden, im Angesicht vermeintlicher Geister, die ihnen habhaft werden wollten, von ihren Pfarrern alleine gelassen fühlten, kann die Angst, die ein Mensch empfindet, durchaus real sein. Eine reelle Emotion. Dadurch bekommen die phantastischen Interpretationen auf der Leinwand noch einmal ganz lebensweltlichen Bezug.

Abschließend sei noch erwähnt, dass sich der Theologe und Phantastik-Experte Marco Frenschkowski Gedanken über das Vorkommen von Religion in der Phantastik gemacht hat (im Handbuch der Phantastik von Hans-Richard Brittnacher und Markus May).

Frenschkowski arbeitet darin vier „Explizite Bezüge der Phantastik auf Religion“ heraus. Zwei sollen hier benannt werden. Einerseits „Phantastik“ als ein „Ausdruck von Religion“. Die Phantastik ist von religiösen Überzeugungen getragen, ohne dabei apologetisch zu werden. Anderseits sieht er auch „Phantastik“ im „Widerspruch gegen Religion“. Auffällig ist, dass in aller Regel Exorzismus-Filme das über 2000-jährige religiöse Erbe bewahren und bejahen. Insofern sind Exorzismus-Filme religiöse Filme par excellence. Nur wenige stellen sich gegen die Religion. Ein Beispiel ist *Requiem* als ein Film über religiösen Wahn, als Interpretation des Klingenberg-Falls.
Und so kommen wir fast zum Ende dieser phantastischen Reise. Wohlgemerkt: Die ein oder andere Bibelstelle gäbe es noch, zudem ist das Thema „Exorzismus“ in anderen Religionen und Weltanschauungen ein weites Feld. Auch ließe sich tiefer und näher auf die gegenwärtige exorzistische Praxis eingehen. Im erwähnten Reader der EZW (Evangelische Zentralstelle für Weltanschauungsfragen) ist beispielsweise ein Bericht eines evangelischen Pfarrers zu finden, der über Exorzismus als Seelsorge-Anliegen berichtet. Auch in seinem Bericht taucht ein beliebtes Motiv aus dem Exorzismus-Film auf: Er behauptet, dass ein Gegenstand geweiht sei – und schon reagiert, die Person, die sich subjektiv als besessen empfindet, entsprechend der Erwartungshaltung darauf. Dabei ist gar nichts Besonderes an dem Objekt.
Kurzum: Diese kulturgeschichtliche Entdeckungsreise ist immer auch ein *Sightseeing* an besonders augenfälligen Plätzen.
Die Erwartungshaltung ist hinlänglich medial bekannt geworden und fußt auf einer weit zurückreichenden Kulturgeschichte, die immer wieder neuen Interpretationen unterworfen wurde.

Am Ende dieser Reise bleibt nur zu sagen:

Don’t try this at home!

Literaturempfehlungen

Anmerkungen:

- Bibelstellen wurden – wenn nicht anders angegeben – zitiert nach Luther 2017.
- Benanntes Themenheft der Evangelischen Zentralstelle für Weltanschauungsfragen ist folgendes: EZW-Texte Nr. 236/2015
- Hrsg. = Herausgeber
- o.J. = Ohne Jahr
- Angesprochene Übersetzung ins Deutsche von Luthers Taufbüchlein ist über die Evangelisch-Lutherische Landeskirche Sachsens zu finden: https://www.evlks.de/fileadmin/userfiles/EVLKS_interessiert/C._Glauben/2._Bekenntnisse/Kleiner-K-Das-Taufbuechlein-ins-Deutsche-uebersetzt-und-neu-bearbeitet-Que....pdf
- Bei der nachfolgenden Literatur wurde versucht, einordnende und überblicksartige Literatur zu wählen

Althoff, Jürgen: *Exorzismus aus dem RITUALE ROMANUM – Abschnitt X.* Leer 1999.

Amorth, Gabriele/Tosatti, Mario: *Memoiren eines Exorzisten*. Kisslegg-Immenried 62023 (Erstausgabe: unbekannt).

Blatty, William Peter: *The Exorcist.* London 2011 (Erstausgabe: 1971).

Blumhardt, Johann Christoph: *Sieg über die Hölle. Die Krankheits- und Heilungsgeschichte der Gottliebin Dittus im Möttlingen.* Bad Schwartau ^{5}2012 (Erstausgabe: 1843).

Collinet, Benedikt (2020): *Baal-Sebub* (NT). In: Das Wissenschaftliche Bibellexikon im Internet. Online-Abruf unter https://www.bibelwissenschaft.-de/fileadmin/buh_bibelmodul/media/wibi/pdf/Baal_Sebub_NT___2020-07-29_14_05.pdf.

EKD.de (Hrsg./o.J): *Teufel.* Online-Abruf unter https://www.ekd.de/Teufel-11270.htm.

Frenschkowski, Marco: *Phantastik und Religion.* In: Brittnacher, Hans-Richard/May, Markus (Hrsg.): *Phantastik. Ein interdisziplinäres Handbuch.* Stuttgart 2013. S. 553-561.

Frey-Anthes, Henrike (2006/2008): *Dämonen/Dämonenbeschwörung (AT).* In: Das Wissenschaftliche Bibellexikon im Internet. Online-Abruf unter http://www.bibelwissenschaft.de/stichwort/16101/.

Frey-Anthes, Henrike (2007): *Satan (AT).* In: Das Wissenschaftliche Bibellexikon im Internet. Online-Abruf unter https://www.bibelwissenschaft.de/fileadmin/buh_bibelmodul/media/wibi/pdf/Satan_AT___2020-07-16_08_01.pdf.

Grünschloß, Andreas: *Exorzismus – V. Missionswissenschaftlich.* In: RGG[4], Band 2 (2008/Erstausgabe: Tübingen 1999). Sp. 1831.

Haag, Herbert: *Teufelsglaube.* Tübingen [2]1980 (Erstausgabe: 1974).

Höpflinger, Anna-Katharina: *A Top-Hat, a Mad Murderess, a Vampire King. Practices, Imaginations, and the Materiality of Haunted Highgate.* In: Mäder, Marie-Therese/Saviello, Alberto/Scolari Baldassare (Hrsg.): *Highgate Cemetery. Image Practices in Past and Present.* Baden-Baden 2020. S 235–252.

Naegeli-Osjord, Hans: *Besessenheit und Exorzismus.* 22007.

Ney-Hellmuth, Petra: *Der Fall Anneliese Michel: Kirche, Justiz, Presse.* Würzburg 2014.

Ostmeyer, Karl-Heinrich: *Satan (NT).* Das Wissenschaftliche Bibellexikon im Internet. Online-Abruf unter https://www.bibelwissenschaft.de/fileadmin/buh_bibelmodul/media/wibi/pdf/Satan_NT___2018-09-20_06_20.pdf. Letzter Zugriff am 14.06.2023.

Probst, Manfred/Richter, Klemens: *Exorzismus oder Liturgie zur Befreiung vom Bösen – Informationen und Beiträge zu einer notwendigen Diskussion in der katholischen Kirche.* Münster 2002.

Rust, Heinrich Christian: *Und wenn die Welt voll Teufel wär... Christen in der Auseinandersetzung mit dunklen Mächten*. Schwarzenfeld 2007.

Sandler, Willibald (2009): *Jesus Christus, Sieger über Teufel und Dämonen (Biblische Perspektiven für einen effektiven Widerstand gegen den Sog des Bösen).* Online-Abruf unter https://www.uibk.ac.at/theol/leseraum/texte/801.html.

Stadelmann, Helge: *Das Okkulte, Herausforderungen – Einordnung – Seelsorge.* Niederbüren (CH) 32020 (Erstausgabe: Gießen 1981).

Streib, Heinz: *Exorzismus – III. Praktisch-theologisch.* In: RGG[4], Band 2 (2008/Erstausgabe: Tübingen 1999). Sp. 1829-1830.

Tuczay, Christa Agnes: *Geister, Dämonen – Phantasmen, Eine Kulturgeschichte.* Wiesbaden 2015.

Wetz, Christian (2015): Dämonen/Dämonenbeschwörung (NT). In: Das Wissenschaftliche Bibellexikon im Internet. Online-Abruf unter https://www.bibelwissenschaft.de/fileadmin/buh_bibelmodul/media/wibi/pdf/D%C3%A4monen_D%C3%A4monenbeschw%C3%B6rung_NT___2018-09-20_06_20.pdf. Letzter Zugriff am 15.06.2023.

Ziemer, Jürgen: *Pastoralpsychologie.* In: RGG[4], Band 6 (2008/Erstausgabe: Tübingen 1999). Sp. 988-991.

Zingsem, Vera: *Lilith: Adams erste Frau.* Leipzig 2009.

Die Bedeutung des Phantastischen in der Gegenwart erschließt sich längst nicht mehr nur über seinen Unterhaltungswert. Phantastik ist nie nur eine bloße Widerspiegelung der uns bekannten Realität, sondern erweitert, unterminiert sie und bringt sie mitunter subversiv ins Wanken. Fantasy – und in einer weiten Fassung die Phantastik, die dann die Science Fiction und den Horror miteinschließt - und das Wissen in, von und über Fantasy können heute nicht allein als ein rein imaginäres Produkt betrachtet werden. Sie brechen vielmehr aus ihrem imaginären Gefängnis über den Brückenkopf des Lesers aus in die intersubjektiv geteilte Wirklichkeit. Ausbruchshelfer sind heute zudem das Digitale und KI-Systeme, mit deren Hilfe das Phantastische sich vielfältig im Alltag platziert und neue Formen ausbildet.

172 Seiten, 15 Euro, ISBN 978-3-910869-04-2, www.oldib-verlag.de